教育部人文社科规划基金项目资助
山东省社会科学规划研究项目资助
山东科技大学学术著作出版基金资助
山东科技大学知识产权特色学科资助

科技法律秩序的
刑法保护研究

牛忠志　著

KEJI FALÜ ZHIXU DE
XINGFA BAOHU YANJIU

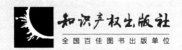

知识产权出版社

全国百佳图书出版单位

图书在版编目（CIP）数据

科技法律秩序的刑法保护研究／牛忠志著．—北京：知识产权
出版社，2019.1（2019.11 重印）
  ISBN 978 - 7 - 5130 - 6015 - 8

  Ⅰ．①科… Ⅱ．①牛… Ⅲ．①科学技术管理—刑法—保护—研究
Ⅳ．①D914.04②D912.170.4

    中国版本图书馆 CIP 数据核字（2018）第 300304 号

责任编辑：彭小华   责任校对：王　岩
封面设计：SUN 工作室   责任印制：孙婷婷

科技法律秩序的刑法保护研究
牛忠志　著

出版发行：	**知识产权出版社** 有限责任公司	网　址：http：//www. ipph. cn	
社　址：北京市海淀区气象路 50 号院		邮　编：100081	
责编电话：010 - 82000860 转 8115		责编邮箱：huapxh@ sina. com	
发行电话：010 - 82000860 转 8101/8102		发行传真：010 - 82000893/82005070/82000270	
印　刷：北京九州迅驰传媒文化有限公司		经　销：各大网上书店、新华书店及相关专业书店	
开　本：720mm×1000mm　1/16		印　张：14.75	
版　次：2019 年 1 月第 1 版		印　次：2019 年 11 月第 2 次印刷	
字　数：278 千字		定　价：68.00 元	

ISBN 978-7-5130-6015-8

P_{reface} 前　言

　　科学是指人类关于自然、社会、思维等客观事物和现象的知识体系，它以概念和逻辑的形式反映事物的本质与规律。技术是基于科学的研究成果所提供的理论与方法，以及人类在控制自然力、转化自然界的物质和能量、改善生态环境过程中积累起来的实践经验而发展成的各种工艺方法、操作技能、生产的物质和信息手段，以及作为劳动对象的产品的效能的总和。在当代，随着高新技术的大量涌现，在诸多领域内模糊了科学与技术的分野，"科学技术"越来越成为一个复合词，科学研究与技术开发也往往连用为"科技研究开发"（Research and Development abbrev. R&D），日常用语和各种文献中"科技"一词作为科学与技术的代名词广泛地应用着。

　　当今社会，科学技术是生产力，而且是第一生产力，其作用渗透到社会生活的方方面面。科学技术不仅是促进社会经济发展的首要要素、改善人们文化生活的支柱力量，而且也是决定一国军事实力、国际地位的关键要素，是衡量一国综合国力的核心指标。科技在造福人类，发挥积极作用的同时，也同时存在误用或者滥用的副作用，甚至会被犯罪者、狂热分子、战争犯等坏人用作危害社会的工具（例如犯罪分子可以运用高科技手段使犯罪的实施更加容易；恐怖分子运用生物化学武器、贫铀火箭炮等高尖端武器作为战争手段危害人类和平与安全等）。所以，必须对科技活动加以规范和管理。法律作为重要的社会规范之一，是由立法机关制定、以国家强制力保证实施、以规定当事人权利和义务为内容、具有普遍约束力的行为规范。在调整科技社会关系、维护科技活动秩序过程，法律当然是必不可缺少的利器。科技法正是适应时代要求而新生的独立的法律部门。

科技法是调整科技活动领域的社会关系的法律规范的有机统一体。它是以特有的调整对象，即调整科技的社会关系，为标准对国家法律体系划分的结果。从逻辑上，科技法与环境法、教育法、交通法等，都属于社会领域法，而与传统的法律部门如民法、行政法和刑法等，是交叉关系，而不是并列关系。开拓先进生产力，促进科技创新和科技进步，最大限度地发挥科技的积极作用，抑制科技的副作用，是科技法的目的。科技法旗帜鲜明地促进科技进步的法律目的、特定的调整对象、调整方式的激励性等，显示出科技法的部门法特点。这些特点也决定了科技法特有的任务、功能和价值，从而构成科技法之所以是科技法而不是其他法，并区别于其他部门法的基础。

科技法在创制并生效之后，由于其凝结着统治阶级的意志，具有了科技法运行的原始能量（即国家强制力），将通过公民的自觉遵守，国家机关的执法、司法，以及法律监督等活动，规范社会生活，发挥调控作用，推动着科技法的实现。由此，科技法的实施过程也是科技法律秩序形成、变更、救济、维护的动态运转过程。

科技法律秩序是指由科技法所建立和保护的，人们相互之间关于科技权利义务关系的有条不紊的社会秩序。对科技法律秩序的破坏，首先由民法、行政法等法律来救济；只有当违法行为严重破坏科技法律秩序，以至于单靠民事制裁、行政法律制裁不能够维护国家的科技法律秩序时，刑事法律制裁才成为立法者不得已而采用的杀手锏。立法者才把这种严重的违法行为规定为犯罪加以刑罚制裁。由此，科技犯罪是指违反科技法律法规，侵害科技法律秩序（危害科技利益），妨害科技进步，情节严重，触犯刑法，应受刑罚惩治的行为。

科技刑法是规定科技犯罪及其刑事责任（其承担方式是刑罚和保安处分）的法律规范体系。科技刑法属于现代刑法的分支之一，其法律目的是国家创制、实施科技刑法，规制科技社会关系所欲以达到的理想状态；科技刑法也属于科技法的有机组成部分，奉行促进科技进步的法律目的，并且在保持刑法谦抑性品格的前提下，通过惩治科技犯罪，保障民事科技法规范、行政科技法规范的有效性，保护国家、社会和科技工作的科技利益，维护国家的科技法律秩序，处于保障法的地位。

将科技刑法作为一个子系统加以研究，具有重要的理论意义和实践价值。

系统论是研究系统的结构、特点、行为、动态、原则、规律以及系统间的联系，并对其功能进行数学描述的方法论。系统论的核心思想是系统的整体观念。任何系统都是一个有机的整体，它不是各个部分的机械组合或简单相加，系统的整体功能是各要素在孤立状态下所没有的性质，系统的整体性是对孤立静止片面的机械论观点反正。"整体大于部分之和"。系统不仅是由相互作用相互依赖的若干组成部分结合而成的，具有特定功能的有机整体，而且，这个有机整体又是它从属的更大系统的组成部分。开放性、自组织性、复杂性，整体性、关联性，等级结构性、动态平衡性、时序性等，是所有系统的共同的基本特征。一方面，科技活动成为国家和社会的一项十分重要的伟业、科技法律主体已是一股巨大的社会力量、科技进步行为无处不在渗透到社会生活的各个方面、科技成果对国家社会和民族的存在和发展举足轻重、生命攸关；另一方面，伴随着科技的"正"作用的一面，作为"负"的一面的科研不端行为、科技违法犯罪行为也严重存在，甚至不时地泛滥或者猖獗，在这种情况下，对科技进步活动的法律规制，包括对科技法律秩序的刑法保护和保障，就十分必要。所以，科技刑法具有重要的实践价值。再者，科技刑法还是社会现实和科学分析方法论的统一，正是治理科技犯罪社会现实的必要性和科学分析方法为人类认识深化所提供的可能性，促成了科技刑法子系统产生、存在和进一步发展。总之，科技刑法作为刑法的子系统，作为科技法的有机组成部分，是时代的产物，科技刑法应该具有独立的十分重要的法律地位。理论上，由于科技刑法属于新兴的交叉领域，所以，研究科技刑法的理论成果，有助于丰富和创新科技法学和刑法学知识体系，从而从一些方面促进法学的繁荣。

本书是笔者几十年来从事刑法学和科技法学教学与研究的心得和思想结晶，也是教育部人文社科规划基金项目《犯罪本质"法益说"的修正及其实证研究》（编15YJA820020）、山东省社会科学规划研究项目（重点课题）《山东省科技集成创新体系优化研究》（11BFXJ02）、国家社会科学规划研究项目《比较视域中我国创新体系建设研究》（项目编09BJY019）、国家软科学研究计划项目《我国学术不端行为的制度性根源与对策研究》（2010GXS5D227）的部分研究成果。书中部分章节的内容曾先后提交到中国刑法学研究会年会、中国科技法学会年会、中国科技法论坛、山东省刑法学研究会年会、山东省科技法学研究会年会上交流发言，并公开发表在《法学论坛》《法学杂志》《政法论丛》《山东社会科学》《科技管理研究》《河南大学学报》《科技与法律》《北京理工大学学报》《刑法论丛》等重要刊物上。在写作过程中，笔者广收博取，汲取和借鉴了当代中国刑法学界和中国科技法学界同仁的最新研究成果，保证了本书的先进性。但愿本书的出版能够为刑法保护科技创新、维护我国科技法律秩序尽绵薄之力，为日益发展的中国刑法学和科技法学的进一步繁荣丰富，增砖添瓦！

本书的出版得到了中国刑法学研究会、中国科技法学会、山东省法学会有关领导的大力支持；出版经费得到了山东科技大学著作出版基金和山东科技大学知识产权特色学科建设基金的资助，在此表示感谢！撰写过程大量参阅了已有的研究成果，无论是赞成还是商榷、借鉴还是批判，都使笔者受益匪浅，恕难一一致谢。

"科技法律秩序的刑法保护"，这一论题属于刑法学和科技法学的交叉领域，其撰写没有前例可循，困难甚多。笔者秉持学术贵在探索，不忘初心，敢于创新、敢于尝试，无先例不能成为辍笔的托辞，困难大也不能成为止步的借口，一路蹒跚走来，终成拙作，实乃欣慰。不过，由于笔者水平有限，加上撰稿时间仓促，书中错漏之处在所难免，恳请学界同仁、读者不吝批评指正。

牛忠志

2018 年 8 月 23 日

于青岛西海岸新区山海花园寓所

目　录
CONTENTS

第三编　科技法律秩序的刑法保护分论

科技法律秩序

第一章

科技法基本原理

第一节　科技法概念和特点

一、科技法的内涵界定

（一）科学技术的含义

1. 科学的含义

一般而言，科学是指人类关于自然、社会、思维等客观事物和现象的知识体系，它以概念和逻辑的形式反映事物的本质与规律。《现代汉语小词典》就把科学定义为"反映自然、社会、思维等的客观规律的分科的知识体系"。① 这是从静态意义上对科学的界定。

然而，随着社会的发展，人们越来越感觉到，"科学不仅指静态意义上的知识体系，而且指动态意义上的科学知识的生产过程，是这两者的统一体"。英国著名的物理学家、伦敦大学教授、科学学的创始人贝尔纳（J. D. Bernal，1901~1971）在其1954年出版的《历史上的科学》一书中，认为："科学史的研究表明，科学的本质是不能用定义一劳永逸地固定下来的。科学是一种描述的过程，是一种人类活动，这一活动又和人类的其他种种活动相联系，并且不断地和它们相互作用。"由此，人们只能广泛地解释科学一词，它应当包括组织人们去完成一定社会任务的体制、发现自然界和社会的新规律的全部方法、积累起来的科学传统、发展生产的主要因素，以及新思想、新原理、新世界观的来源等。我们赞成这种从静态和动态相结合角度给予的科学概念。

---

① 《现代汉语小词典》，商务印书馆1986年版，第302页。

哲学人文社会科学也是科学。根据科学研究的对象不同，人们一般将科学划分为自然科学、社会科学、思维科学等门类。由于中国特定的历史条件所造成，在相当长的时间内，人们在讨论科学与技术时，一般将科学限于自然科学范畴，这显然不符合社会现实和未来的发展。党和国家已经发现这种狭隘认识的错误性，并且越来越肯定哲学人文社会科学的重大理论意义和实践价值。因此，哲学人文社会科学必将恢复它们在科学大家族中的应有地位。

2. 技术的含义

"技术"这一概念古已有之。其希腊语的含义是"技能、技巧、手艺"等。工业革命以来，技术在社会生活中日益发挥巨大的作用，其地位也随之凸显。最早给技术以严格的定义的是法国百科全书派哲学家狄德罗。他认为，"技术是为了完成特定目标而协作动作的方法、手段和规则相结合的体系。"

在我国，最通俗地把技术界定为"有关生产劳动的经验和知识，也泛指操作方面的技巧"①。但在学科专业的层次上，人们通常将技术解释为基于科学的研究成果所提供的理论与方法，以及人类在控制自然力、转化自然界的物质和能量、改善生态环境过程中积累起来的实践经验而发展成的各种工艺方法、操作技能、生产的物质和信息手段，以及作为劳动对象的产品的效能的总和。据此，技术有以下特性：

（1）知识性。技术是人类认识活动、实践活动的结果，是人类认识活动的产物。因此，它首先表现为知识性。无论是经验和知识，或者是各种工艺方法、操作技能、生产的物质和信息手段、作为劳动对象的产品的效能等都属于知识范畴。

（2）实用性。技术的存在和发展始终是人与自然、社会相互作用实践过程，或者是人们对思维领域革命的过程。技术是人类与自然、人与社会之间、人与人之间进行物质、能量、信息变换或者交换的媒介或者调控手段。在当今社会，无论是技术设计、技术程序，还是技术物化的技术设施、工艺流程都将运用于物质生产过程，成为物质生产的基本手段，并成为生产力发展水平的基本标志。

（3）技术主客观统一性。技术是客观的物质因素和主观的精神因素相结合的产物。技术一方面是人们对各种自然状况（诸如能源、材料和自然规律等）、现有信息等综合分析和思维加工过程，另一方面，技术是人类改造客体的活动，人们依靠经验、知识，能动地形成一定的物质结果。

（4）技术是自然属性与社会属性的统一。既然技术是一种以客体为对象社

_____

① 《现代汉语小词典》，商务印书馆1986年版，第249页。

会实践活动，那么，这一过程必然离不开客观物质条件和客观的物质对象，这一过程也必然会形成一定的自然和社会的结果，也必然会受到自然条件（包括客观规律）和社会条件的制约，因而具有双重属性：自然属性与社会属性。其中技术的自然属性较容易理解，这里只详细介绍后者。技术的社会性是指技术的目的性和社会条件性。人类创造和应用各种技术都具有鲜明的社会目的。社会物质生产和生活的需要是技术创造的前提和出发点，也是技术的归宿，因而成为技术目的性的基本内涵，也是技术发展的内在动力。技术总是一定社会的人在一定的历史条件下创造的产物，因而，技术的发明、应用和发展方向，都强烈地受到社会各种条件的制约和影响。

此外，技术还有构思的无形性与载体的多样性、一次性开发与可多方占有性、内涵可深化性与外延可扩展性等特性。

时至今日，人类社会已发生了五次科技革命。科技革命是对科学技术进行全面的、根本性变革。第一次科技革命（18 世纪 60 年代—19 世纪中期）又称工业革命，开始标志：18 世纪 60 年代，蒸汽机的发明和使用（开启蒸汽机时代）；完成标志：1840 年前后，大机器生产成为工业生产的主要方式。19 世纪末第二次科技革命，以电力的发现和使用为起点（电力时代），以科技成果的迅速普及工业化为特点。第三次科技革命（20 世纪四五十年代），电子时代的到来，电脑的广泛应用。"二战"后，资本主义推行福利制度与国家垄断资本主义，科学理论的重大突破和一定的物质、技术基础的形成，电脑、能源、新材料、空间、生物等新兴技术，引起了第三次科技革命。第三次科技革命无论在规模、深度与影响上都远远地超过前两次，它具有一些重要特点。第四次科技革命（20 世纪后期）其标志是因特网的广泛应用。[①] 依据曾邦哲的观点，以系统科学的兴起到系统生物科学的形成为标志，系统科学、计算机科学、纳米科学与生命科学的理论与技术整合，形成系统生物科学与技术体系，包括系统生物学与合成生物学、系统遗传学与系统生物工程、系统医学与系统生物技术等学科体系，将导致的是转化医学、生物工业的产业革命。第五次科技革命，电子和信息技术普及应用开启了第五次科技革命之门，而随着互联网技术的普及和移动互联网的发展，全球正处于半个世纪以来的又一次重大技术周期之中，不久的将来，移动宽带会覆盖到所有人群，而如今正处于从导入期到拓展期的转折点。"手机就是当年的电灯泡，未来我们可以想象到的，就是几乎所有设备都会接入网络"。[②] 目前正在发生第六次科技革命。从科学角度看，可能是一

---

① 韩馨仪："新能源催生'第四次科技革命'"，载《中国财经报》，2009 年 4 月 30 日。

② 爱立信 CEO 卫翰思："信息通信技术是第五次科技革命"，载 http://www.sina.com.cn 2010 年 05 月 29 日 01：30，21 世纪经济报道。访问日期 2018 - 07 - 30。

次"新生物学革命";从技术角度看,可能是一次"创生和再生革命";从产业角度看,可能是一次"仿生和再生革命";从文明角度看,可能是一次"再生和永生革命"。①

每一次科技革命都大大缩短了科学发现、技术发明以及生产应用的周期。尤其是随着当代高技术的出现,在有些领域内模糊了科学与技术的分野,其结果,在人类词汇中,"科学技术"越来越成为一个复合词,各种中文文献中"科技"一词出现的频率越来越高。与此同时,科学研究与技术开发也往往连用为"科技研究开发"(Research and Development abbrev. R&D)。

(二)国内理论界对科技法的不同界定

迄今为止,我国科技法学界对科技法的阐释,尚未达成共识。影响较大的观点主要有:

(1)"综合性法律部门说"。主要依据是科技法的调整对象中包含着性质不同的多种社会关系,科技法律规范既有宪法性规范,也有非宪法性规范;既有行政法、刑法等公法规范,也有民法、商法等私法规范,所以"科技法是一个相对独立的包括科技行政法、科技民法、科技刑法、科技劳动法在内的综合法律"。② 该观点没有最终回答科技法的特殊性质,因而有待于深化认识。

(2)"科技领域法说"。认为科技法既不属于某一个部门法的一部分,也不是独立的部门法,只是"一个领域法律规范系统"。③ 其依据是科技法的调整对象不是某一种社会关系,而是科技活动领域中的多种社会关系。传统观念认为调整社会关系的"法域"有公法法域和私法法域,而科技法既不是单纯地属于私法法域,也不是单纯地属于公法法域,而是介于这两大法域之间的新"领域法",即科技活动领域的法律规范。如有学者认为,"科技法是调整科学技术活动中科技管理关系、科技协作关系,以及科技权益关系的法律规范的总称"。④

(3)"调整科技活动社会关系部门法说"。持这一观点的学者都以划分部门法的传统理论和否认科技法的调整对象中包含着某些人与自然的关系为前提。如有学者认为科技法是调整科技活动领域社会关系的独立部门法。⑤ "所谓科技

---

① 张力:"第六次科技革命:生物科技时代到来",载人民网 http://scitech. people. com. cn,2015 年 3 月 14 日。访问日期 2018 – 07 – 30。
② 王家福:"为科技法学的繁荣而奋斗",载《科技法学》(现更名为《科技与法律》)1989 年第 1 期。
③ 陈仲、张勇健:"可继发性质新探 – 法理学概念的引入",载《科技法学》(现更名为《科技与法律》)1990 年第 2 期。
④ 陈乃蔚:《科技法新论》,上海交通大学出版社 2001 年版,第 7 页。
⑤ 赵振江:《科技法学》,北京大学出版社 1991 年版,第 29 ~ 30 页。

法，乃指调整科技活动引起的社会关系的法律规范的总和"。① 国家科学技术委员会发布的《中国科学技术指南》中对科技法作了这种表述："所谓科技法，指的是调整科学技术活动中社会关系的法律规范的总称。"这一观点目前为大陆许多学者所秉持。如孙玉荣主编的《科技法学》②、何悦著的《科技法学》③都持这种观点。

不过，有学者鉴于科技活动领域是十分广阔的社会活动领域，就调整这一领域中的社会关系法律规范体系而言，"除了科技法外，民法、行政法、劳动法、经济法、刑法等也都参与调整"，因而说科技法调整因科技活动引起的全部社会关系显然不妥。于是，把上述观点修改为：科技法是调整科技社会关系的法律规范总称。其中，"科技社会关系是指由科学技术活动而发生，为着科学技术的发展，可据以协调科技劳动者，科技劳动组织和科技劳动管理机构内部关系及相互关系的一种社会关系。"它有四个特点：①以科学技术活动为中介；②以科技创造权利为本位；③以科技劳动者、科技劳动组织与科技劳动管理机构为主体；④纵向行政隶属关系与横向民事平等关系的结合。

（4）"经济法分支说"。认为科技法是经济法的一个分支，主要依据是科技立法的目的是推动科技为经济建设服务。有学者近来继续论述到，"经济法是一个独立的法律部门已经没有什么争议，唱反调的人的声音和力量愈来愈小了，官方也认为经济法是一个独立的法律部门。就目前而言，将科技法纳入经济法律体系中，作为一个重要分支，科技法的特性完全符合经济法的基本精神，同时也符合学术界的主流意识。"④ 这种观点只看到了科技的经济价值和科技法对经济的贡献，忽视了科技和科技法在国家政治、法律、文化等方面的促进作用，也不足采取。

（5）"生产力开拓法和调整双重关系法说"。论者认为传统的部门法划分标准不具有普遍性，为说明科技法的特殊部门法地位，提出了"应该以法律规范的本质属性与基本职能，或者说相关法律规范的目的价值与社会作用"作为通用的标准，以取代传统的"以社会关系的性质为主，以法律的调整方法为辅"的划分标准。由此主张"科技法是一个以开拓先进生产力和合理开发利用自然为目的的、规范人们在实施科技研究开发及其成果产业化过程中的行为及其法

① 罗玉中："科技法——一个新兴的法律部门"，载《科技法学》（现更名为《科技与法律》），1990 年第 2 期。另见罗玉中：《科技法学》，华中科技大学出版社 2005 年版，第 14 页以下。

② 孙玉荣主编：《科技法学》，北京工业大学出版社 2013 年版，第 2 页。

③ 何悦：《科技法学》，法律出版社 2009 年版，第 2 页。

④ 张宇润等："科技法的定位和价值目标"，载《中国科技法学学术年会 2006 年年会论文集》（西安·2006 年），第 3 页。

律后果，调整相关的多种社会关系以及具有社会意义的（或社会性的）人与自然的关系，即社会与自然关系的特殊部门法"。① 近来该学者进一步认为，"科技法不只是个特殊的部门法，而且是法律体系中以调整社会性的人与自然关系为主旨的、子系统的主导部门或核心部门"。②

笔者认为，上述不同的学术观点对于正确解释科技法的内涵，认识科技法的地位、对于造成一种百花齐放，百家争鸣的局面都是极具意义的。俗话讲，灯不拨不亮，话不辩不明，没有争鸣就很难区别谬误与真理，更无从坚持真理。再则，学术研讨具有历史继承性，牛顿就坦言"我是站在巨人肩膀上才发现真理的"，所以，前人的研究会给后人提供宝贵的基础或者素养。前述"特殊部门法说"的论者就提出了耐人深思的法律部门划分标准。这是问题的一面。

另一方面，科技法的概念是科技法最基本的理论问题，它关系到科技法的地位，关系到科技法与其他部门法的关系，目前对科技法内涵的研究存在以下几点需要注意：

（1）学界对包括科技法概念、科技法地位问题在内的科技法基本理论问题的研讨，还不够深刻。理论界的精力比较多地放在科技法具体制度的构建上，或者多是忙于应对立法和司法实践迫切需要解决的问题。所以，今后理论界有必要加强对所有科技法基本理论问题的研讨。

（2）不少学者往往循着惯常思路去研究新的问题。比如，对传统的部门法划分理论不加思考，全盘接受，并以此为前提，该科技法以界定，展开论证，其结果自然难以令人信服。

（3）在对科技法界定和论证科技法的独立地位时，缺乏明确的、系统性的定位。许多学者没有科学地解释科技法与其他传统部门法的界分，没有回答科技法在法律体系中是独立于谁，是与谁并列的。

（4）许多论者为了说明自己对科技法揭示的正确性，都摆脱不了论证宪法、刑法的地位问题。实际上，宪法不是部门法而是根本法；刑法在一国法律体系中的地位也很特殊，刑法不是与民法、行政法、劳动法、经济法相并列的部门法，而是保障前述部门法的保障法，严格意义上，它不是部门法而是综合法。

（5）研究视野局限，没有结合相关知识，从学科外的视角（包括从法学基础理论、政治经济学、哲学、其他部门法学等角度）旁征博引，其论证难免牵

---

① 这一观点最早由曹昌祯在 1991 年于上海科委组织召开的"黄山会议"提出。见蒋坡：《科技法学理论与实践》，上海人民出版社 2009 年版，第 13 页。另见曹昌祯：《科技法教程》，中国政法大学出版社 1995 年版，第 26 页以下。

② 曹昌祯："科技法在法律体系中定位问题的再思考"，载《法治论丛》2006 年第 1 期，第 1 页。

强附会，缺乏说服力。

（6）论证时过多地照顾到现行的科技立法实践，因而存在便宜主义倾向。殊不知，科技法的部门法地位问题是一个应然性的论证。如果不明确区分一国的法律体系与一国的立法体系，不区分科技法律体系与科技法立法体系，那么，其论证往往削足适履、本末倒置，理论研究沦为法条的奴仆。

（三）对争议焦点的评析

本书认为在对科技法下定义之前，必须针对前述不同观点的分歧焦点问题，表明我们的立场：

（1）关于科技法的调整对象。理论界争议比较大的基本问题之一是"科技法是否调整人与自然的关系"

我们认为，科技法不是不调整"人与自然的关系"，但是"人与自然的关系"只有最终上升到"人与人之间的社会关系"时，才会为法律所调整。例如，表面上看，"法律禁止乱砍滥伐树木"，"法律禁止污染环境"，但是，只有当这些树木是构成人类环境的有机组成要素，只有污染的环境关系到他人身心健康时，法律才予以调整。再如，"物权法赋予权利主体对某物的所有权"，其实质是防止他人对该物的非法占有、使用、受益和处分，这应该是大家公认的。现在的问题是，能否因为表面上看物权法也规定了权利主体与该物的关系，就得出物权法除了调整"人与人之间的社会关系"外，还调整"人与物的关系"呢？显然不能。因此，我们认为，进入法律调整领域的"人与人之间的社会关系"的背后，可能是"人与自然的关系"。这是问题的一面。问题的另一面是，"人与自然的关系"只有上升到"人与人之间的社会关系"时，才会为法律所调整，其余的大量的人与自然的关系不为法律所调整。例如，月球与我们人类早就存在着，但是只有美国的登月计划成功之时，"我们人类与月球"这一"人与自然关系"才最终能够上升为"人与人之间的社会关系"，才进入了法律（国际法）的调整范围。

（2）对"以社会关系的性质为主，以法律的调整方法为辅"的部门法划分标准的解读

"以社会关系的性质为主，以法律的调整方法为辅"是传统的部门法的划分标准，如果它是科学的，且可行的，本书的论证就依此展开；如果该标准是不科学的或者不可行的，笔者的论证就必须另起炉灶。

①这一划分标准本身违反了逻辑分类标准所要求的一元性。

笔者认为，"以调整对象为主，以调整方法为辅"的部门法划分标准，实际上没有用一个标准去讨论整个法律体系的部门法的划分问题。用两个不同的标准来划分一国法律体系，在逻辑上就不能一以贯之，这便犯了便宜主义错误，

因而是不足取的。兹举一简单例子：我们可以按照性别把某小学五年级（3）班的学生分为男生和女生，也可以按照身高标准把他们分为 1 米 2 以下的；1 米 2 的和超过 1 米 2 的三部分。但我们不能混合地按照身高和性别两个标准把他们分为男生、女生和超过 1 米 2 的男生。

按照"法律的调整方法"，我们可以把法律体系中的实体法划分为刑罚法和非刑罚法，由此，刑法就不是简单地与民法、经济法或行政法相并列，而是与"它们的全体之和"相并列。足见"以调整对象为主，以调整方法为辅"的部门法划分标准的荒谬性。更进一步，笔者认为，有学者主张的"部门法的多元划分标准"观点就更不可取。

实际上，"以调整对象为主，以调整方法为辅"来划分法律部门，这种主张的初衷是为了兼顾刑法的部门法地位。这里有一个误区。近年来，刑法学界不少学者深入研究了刑法的调整对象。"刑法是规定犯罪、刑事责任和刑罚的法律规范的有机统一体，换言之，刑法禁止的是犯罪行为，规定的主要是刑罚法律后果。所以，刑法所调整的社会关系是重要的社会关系，而且只有在这种社会关系受到严重损害，以至于统治者认为如果不动用刑罚来惩治破坏者，就不足以维护现行统治，或者如果任其发展下去，就会动摇现行的整个国家法律秩序时，便纳入刑法的调整范围。反之，非重要的社会关系，如友谊关系、同学关系等刑法不去理会；而且，虽属重要的社会关系，但受损不严重时，刑法也不去管，如健康权、所有权被轻微侵害的情形便是"。所以，刑法调整的对象是属于整个社会关系网的"纲"和"目"，或者归纳为"关系到国家整体法秩序存亡的"的社会关系，或者称之为"国家整体法秩序"。[①] 用张明楷教授的话说就是刑法调整的社会关系具有"片段性"；而陈忠林教授则总结为"刑法调整对象利益的整体性"。[②] 也正是从这个意义上讲，刑法是综合法而且居于法律体系的第二防线之地位。

佟柔教授早就反对用两个标准划分法律部门，而主张法律的调整对象是法律部门划分的唯一标准，他指出："划分法律部门的标准是不同性质的社会关系。"[③] 佟柔教授的观点是中肯的。

② "划分法律部门的标准是不同性质的社会关系"之真实含义。

笔者赞同"划分法律部门的标准是不同性质的社会关系"。因为这一判断基本上是正确的。说它是正确的，是因为该标准立足于法律的社会性考察，并

---

① 牛忠志、朱建华：《环境资源的刑法保护》，中国社会科学出版社 2007 年版，第 7~8 页。

② 陈忠林：《刑法》（总论），中国人民大学出版社 2003 年版，第 4 页。

③ 佟柔："划分法律部门的标准是不同性质的社会关系"，载《湖北财经学院学报》1982 年第 1 期，第 129 页。转引自杨紫烜：《经济法》，北京大学出版社、高等教育出版社 1999 年版，第 38 页。

且坚持了一元的标准，能够一以贯之地将一国的法律体系划分为若干个部门法；说它是基本正确的，是因为这一标准只适应于社会关系比较简单的社会背景之下。在当今社会关系错综复杂、性质相同的社会关系可以由许多法律规范来调整，从而产生出不同性质的权利义务关系的情况下，我们必须深刻洞悉这一标准的真实含义。

笔者考察了民法、行政法、民事诉讼法、刑事诉讼法等传统意义的部门法，认为，从严格意义上讲，这些法律部门都不是"以不同性质的社会关系"作为划分法律部门标准而得到的划分结果。例如，婚姻家庭关系是一类具有特殊性质的社会关系，大家不会对此存有疑问。那么，难道仅仅由民法来对婚姻家庭关系这一类社会关系进行调整吗？答案显然是否定的！实际上，不仅民法，而且民事诉讼法、行政法、行政诉讼法、刑法和刑事诉讼法等法律部门都调整婚姻家庭关系：婚姻家庭关系中的收养关系、婚姻关系需要民政部门依行政法律予以行政登记；行政机关不作为时，相应的当事人可以提起行政诉讼以保护自己的权益；刑法为保护公民的婚姻家庭关系方面的权益规定了遗弃罪、暴力干涉婚姻自由罪和虐待罪等。再如，财产关系是一定性质的社会关系。同样地，对财产关系的调整，也不是只有民法，而是同时包括民事诉讼法、行政法、行政诉讼法、刑法和刑事诉讼法等部门法。所以，按照"社会关系的性质"无法划分出民法、行政法和诉讼法等。

那么，这一标准的真正含义是什么呢？笔者考虑再三，认为"划分传统部门法的标准是特定权利义务关系的性质"。比如，权利可分为分实体性的权利和程序性的权利；实体性的权利可再分为民事性的权利、行政性的权利、刑事性的权利；程序性的权利也可以依次细分下去。

所以，我国法律体系是按权利义务的性质为标准划分出的民法、行政法、各种诉讼法等法律部门。笔者这一见解，首先是符合事物分类标准的科学性要求。因为，（1）一事物区别于他事物，就在于事物的质的规定性不同；（2）部门法是某一类性质相同的法律规范的有机统一体；（3）法律规范在现实社会中发挥作用，就是调整社会关系并在特定的主体之间形成特定的权利和义务；（4）按照法律规范调整社会关系后在特定的主体之间形成特定的权利和义务，来划分部门法律，就是抓住了由质的差别所决定事物的属性。其次按权利义务的性质为标准划分部门法是有法律根据的。《民法总则》第 2 条规定："我国民法的调整对象是平等主体的公民、法人之间、公民与法人之间的财产关系和人身关系。"其中，这里的"财产关系"是"平等主体之间以自愿为基础的具体的经济关系"、这里的"人身关系"具有"主体地位平等、与人身不可分离、不直接体现财产利益"等特点。① 仔细分析这些限定性表述，无论是法条本身或者是对法律条文的权威注释，我们不难发现，对民法调整的"财产关系和人身关系"进行诸多修饰和限定，其用意就在于把民法调整的对象限定为"平等主体之间的特定性质的权利义务关系"。当然还可举出很多例子，以说明行政法、诉讼法等都是按照作为法律关系内容的权利义务性质为标准划分的结果。

或许会问，为什么人们长期坚持认为，"划分法律部门的标准是不同性质的社会关系"没有明显出现的问题，而基本上能够行得通呢？这是因为我国社会长期以来商品交换一直欠发达，现实社会中的社会关系十分简单，社会关系的性质因而也往往过于单一、单纯。于是，社会关系的性质基本上与该社会关系被法律调整之后形成的相应权利义务的性质基本相同。

通过上述分析，我们认为，"划分传统的部门法的标准是权利义务关系的性质"。现在的问题是，能否以这一科学的标准来说明科技法在我国法律体系中的独立地位呢？答案是否定的！因为科技法律法规本身包含民商法规范、行政法规范、经济法规范、劳动法规范、法定技术规范、刑法规范乃至国际法规范，遍及了全部的传统法律部门。② 换言之，科技社会关系被法律调整后，所形成的科技法律关系的权利义务的属性是多元化的，而不是单一的。也即科技权利有实体性的权利和程序性的权利；实体性的权利可再分为民事性的科技权利、行政性的科技权利、刑事性的科技权利；程序性的科技权利也可以依次细分下去。

可见，我们不能用"划分传统的部门法的标准——权利义务关系"来说明科技法的部门法地位。由此也同时表明了科技法绝对不是与"民商法、刑法、行政法、各种诉讼法等"相并列的东西！任何企图论证科技法是与"民商法、刑法、行政法、各种诉讼法等"相并列之独立法律部门的尝试，终将是要失败的。

---

① 魏振瀛：《民法》，北京大学出版社、高等教育出版社 2000 年版，第 3 页。

② 罗玉中教授将科技法律制度划分为科技进步的基本法律制度和具体的法律制度；具体的法律制度又分为研究开发法律制度、科技成果法律制度、技术市场和技术贸易法律制度、高技术法律制度、国际科技合作法律制度和科技领域纠纷解决法律制度。见罗玉中：《科技法学》，华中科技大学出版社 2005 年版，目录部分。陈乃蔚教授将科技社会关系分为科技管理关系、科技协作关系和科技权益关系，并认为科技法是调整科学技术活动中的科技管理关系、科技协作关系，以及科技权益关系的法律规范的总称。见陈乃蔚：《科技法新论》，上海交通大学出版社 2001 年版，第 7 页。曹昌祯教授认为，科技法的调整对象中，既有公权关系、纵向关系，又有私权关系、横向关系，还有某些重要的人与自然的关系。见曹昌祯：《中国科技法学》，复旦大学出版社 1999 年版，第 10 页。我们认为，无论是科技进步的基本法律制度，还是具体的法律制度；无论是科技管理关系、科技协作关系和科技权益关系；也无论公权关系、纵向关系，还是私权关系、横向关系，都应该同时包含民商法规范、行政法规范、经济法规范、劳动法规范、法定技术规范、刑法规范乃至国际法规范。孙玉荣教授则直接说科技法"内容的综合性"、"科技法包括科技行政法、科技民事法、科技刑事法等"见孙玉荣、张蕾：《科技法学》，北京工业大学出版社 2006 年版，第 3 页。

（四）"科技法是独立的部门法"之含义

前文已述，不能用"划分传统的部门法的标准——权利义务关系的性质"来论证科技法的部门法地位，科技法绝对不是与"民商法、刑法、行政法，以及各种诉讼法等"相并列的东西。那么，科技法是怎样的独立部门法呢？

让我们先来考察一下一国的法律体系。法律体系（legal system）是指由一国内部各现行法律部门所构成的有机统一整体。任何一种法律体系，作为法律部门的有机统一整体，具有一系列的基本属性：主观性与客观性、统一性与和谐性、稳定性与变动性、层次性等。其中，虽然法律体系最终决定于社会的生产方式或者经济关系，因而法律体系的构建不能随心所欲，但是，法律部门的划分和法律体系的形成，反映了一定时代法学家和立法者的理论和理念，是一定的人们的主观愿望和意志的结晶。① 既然法律体系具有一定的主观性，法律部门划分的标准当然也就具有一定的主观性。

法律部门的划分和法律体系的构建具有一定的主观意志性。这就告诉我们，人们既可以采取此标准来划分和构建，当然也可以采用彼标准来划分和构建，还可以采用其他标准来进行，只要不脱离当时社会的物质生活条件、只要是按照人们理性认识分类的结果、只要不违背逻辑规律等，都是可行的。正如一个西瓜，你把它可以竖着切开，也可以把它横着切开，还可以把它斜着切开，只要有这个必要！

我们认为，科技法是按照社会生活领域的标准将一国的法律体系划分而出的独立的部门法。实际上，在我国，人们自觉不自觉地已经按照社会生活领域的标准来划分部门法②，如环境与资源保护法③、军事法、国际法等；而教育法、卫生法、体育法等概念也日益深入人心④。

笔者坚信，随着社会的发展，将调整某一特定领域社会关系的法律规范统称为某种"领域法"的情况将会越来越多。调整军事领域、教育领域、卫生领域、生态环境保护领域、体育领域等特定社会领域的法律部门已经形成，或正在形成，并将愈来愈多地形成。可以断言，将来这一划分标准有可能成为一国法律部门划分和法律体系构建的主要标准。

---

① 卓泽渊：《法理学》，法律出版社1998年版，第95页。
② 最初意义上存在的首先是按照社会生活领域对立法文件的汇编，此后，逐步地在立法层面上把社会的某一领域的立法一体考虑，直至作为独立的部门法进行立法。
③ 严格意义上，经济法也是按社会生活的领域划分的部门法。但考虑到经济法已经不再包含"平等主体之间的经济关系"及"与人身关系联系的那一部分财产关系"，因而严格地说，经济法不是纯粹意义的社会生活领域法，而是介于传统的部门法与社会生活领域法之间。
④ 2007年5月19~20日，山东省法学会体育法学研究会在山东大学成立。

综上所述，科技法是调整科技活动领域的社会关系的法律规范的有机统一体。

二、科技法的特点

作为新兴的部门法，科技法具有以下特点。

1. 立法目的即旗帜鲜明地促进科技进步

科技法是国家促进科技进步的重要手段。我国的科技进步法明确规定，科技法的立法宗旨是促进国家科学技术进步，发挥科学技术的第一生产力作用，推动科学技术为经济建设和社会发展服务。同时，我国的科技法在贯彻落实科学发展观，在尊重人才，体现以人为本的人本主义精神方面具有鲜明的时代进步性。独特的立法目的，科学的、人本的立法目的，是科技法十分重要的内在品质，是科技法成为一个独立的部门法关键所在。

2. 特定的调整范围

任何部门法都是调整一定社会活动领域内的社会关系的，科技法也不例外，科技法是指调整科技活动领域社会关系的法律规范的有机统一体，由此可见，它所调整的是科技活动领域内的社会关系。

科技法学界多数学者认为，科技法所调整的科技社会关系具体包括科技管理关系、科技协作关系和科技权益关系。（1）所谓科技管理关系是指国家及各种科技组织对科学技术活动进行计划、组织、协调、监督和指导所产生的社会关系，具体包括宏观科技管理关系和微观科技管理关系。宏观科技管理关系是国家对社会生产各部门，包括信息技术、能源技术、生物技术、交通技术、原材料技术、国防技术、农业技术、环境保护技术、海洋工程技术等科学技术事业，进行领导、组织、指挥和协调的管理过程中发生的纵向关系。微观科技管理关系是调整作为科学技术活动"细胞"的科技机构及其科技人员在科技活动中发生的权利和义务关系，也就是科技组织内部的组织机构、管理体制、权利义务等关系，通过对微观科技管理关系的调整，是科技机构增强活力，科研人员的合法权益得到保护，以保证科技活动的正常进行。此外，高新技术立法及高科技园区法律制度等也属于微观科技管理关系。（2）科技协作关系是指不同科技部门、不同科技领域之间在技术研究、开发、转让、咨询、服务等过程中发生的横向关系。根据科技协作关系主体涉及的范围不同，又可以分为国内科技协作关系和涉外科技协作关系。科技协作的特点是法律关系主体之间地位平等，体现出自愿、等价、有偿。（3）所谓科技权益关系，是指科技组织和科技人员通过科技活动对所创造的科技财富享有的权利和利益关系。根据内容和表现形式的不同，科技权益可以分为科技人身和科技财产权益两大类。科技人身权益是与技术成果完成者的人身不可分离的身份权；科技财产权益是指科技组织和科技人员在使用、转让科技成果的过程中所获得的物质利益。科技法律关系的这一特殊客体，也是科技法与其他法律部门的重要区别之一。

罗玉中教授将科技法律制度划分为科技进步的基本法律制度和具体的法律制度；具体的法律制度又再分为研究开发法律制度、科技成果法律制度、技术市场和技术贸易法律制度、高技术法律制度、国际科技合作法律制度和科技领域纠纷解决法律制度。

由此，除了专门的科技法律法规以外，其他立法中有关调整科技领域社会关系的法律规范，也属于科技法的范畴。比如，有关技术入股、技术股权、期权问题，可能在公司法、证券法及相关法律中去解决，但是这些法律规范仍然属于科技法的范畴；又如，有关对高技术产业的税收、财政和金融信贷等方面的优待制度可能散见于税法、财政法、金融法等法律法规之中，但这些相应的法律规范属于科技法的范畴；再例如，关于高科技犯罪、知识产权犯罪、网络犯罪等存在于刑事法律法规之中，但他们也同时属于科技法的范畴。

科技法的这一特点，也说明科技法律规范存在形式的多样性。

3. 调整方式的激励性

科技法是调整科技活动领域的社会关系的法律规范的有机统一体。科技法属于领域法律部门，因而对该社会领域的违法犯罪行为的制裁是综合采用民事的、行政的、刑事的手段进行的。

除了否定性法律后果外，科技法在调整社会关系时，往往更多地采用给予鼓励、奖励合法行为的肯定性法律后果的方式。这主要是因为科技创新是引领社会发展的龙头，十分重要；而科技创新并非一般人都能所为，科技创新需要人力、物力、财力的高投入，而且风险极大；科技法的宗旨在于促进科技进步和科技成果的合理使用，它必须调动各种有利于科技进步的积极因素，通过法律形式强化人们从事科技创新行动的积极性，鼓励人们投身于科技进步事业，尤其是科学研究应是自由度最大的领域，法律更多地保护科研自由而不应滥加限制。正因为如此，科技法律规范大多具有肯定性的法律后果。只是在保护科技成果权、制止科技成果的滥用等场合才设定了否定性的法律后果。

4. 科技法集中反映了科技发展的客观规律，具有专门知识性强的特点

科技法是对科技领域的社会关系进行调整，以促进国家科技进步为宗旨的法律。这就要求，科技法在反映国家意志，体现阶级性的同时，不得不充分地遵从客观规律，反映科技本身的规律。科技法的许多内容，如关于核装置安全保障的规定、国家信息安全的规定、涉及人类的生命工程的规定、对重组 DNA 的控制性规定、技术规范的法律化等，实际上是将人类对客观规律、科技发展

规律的认识上升为法律规范的结果。也正是因为如此，许多科技立法的内容涉及科技领域的专门知识。科技法的这种专业性、知识性特点也决定了相应的科技立法、执法、司法和法律监督工作的特点，要求有关人员应同时兼具法律知识和专业的科技知识。

科技法的技术性强的特点表明科技法与科技发展的同步性，由此也决定具体的科技法规范寿命较为短暂的特征。科技法的立法、修改和废止，必须与时俱进，相对较为频繁。

5. 科技法律规范具有明显政策性

由于科学技术日新月异，飞速发展，所以，科技法规范往往不能事无巨细地对科技进步事项作出具体规定。而且，即使有所规定，也必须保持足够的弹性，这不仅是来源于科技法中大量的行政法规范本身的特点，而且也是科技法。科技法的许多规范表述呈现出方向引导和鼓励，《科技进步法》第 3 条第 1 款规定："国家保障科学技术研究开发的自由，鼓励科学探索和技术创新，保护科学技术人员的合法权益。"其第 6 条规定："国家鼓励科学技术研究开发与高等教育、产业发展相结合，鼓励自然科学与人文社会科学交叉融合和相互促进。国家加强跨地区、跨行业和跨领域的科学技术合作，扶持民族地区、边远地区、贫困地区的科学技术进步。国家加强军用与民用科学技术计划的衔接与协调，促进军用与民用科学技术资源、技术开发需求的互通交流和技术双向转移，发展军民两用技术。"其第 9 条规定："国家加大财政性资金投入，并制定产业、税收、金融、政府采购等政策，鼓励、引导社会资金投入，推动全社会科学技术研究开发经费持续稳定增长。"其第 34 条规定："国家利用财政性资金设立基金，为企业自主创新与成果产业化贷款提供贴息、担保。政策性金融机构应当在其业务范围内对国家鼓励的企业自主创新项目给予重点支持。"等等。这里多次使用了"保障""鼓励""加强""加大""重点支持"等弹性术语。正因为如此，在一些国家或者地区，科技法又被称作科技政策法。

第二节 科技法的指导思想、目的和任务

一、法律的指导思想、目的、任务和机能概述

（1）立法指导思想，是指立法主体据以进行立法活动的重要理论根据，是为立法活动指明方向的理性认识。它反映立法主体根据什么思想、理论立法和立什么样的法，是执政者的意识在立法上的体现。立法指导思想的内容分化为

立法目的和立法根据。

古代就有"王者制事立法"（司马迁：《史记·律书》）、"圣人制礼作教，立法设刑"《东汉班固汉书·刑法志》，显而易见，立法活动是有目的的实践活动，决定立法目的的是立法指导思想。

立法是由特定的主体依据一定的职权和程序，运用一定的技术，制定、认可和变动法这种特定社会规范的活动。这一过程包括"第一阶段，立法准备阶段，主要是形成法律草案；第二阶段由法案到法，即由法案的提出到法的公布等一系列正式的立法活动所构成的阶段；第三阶段：立法的进一步完善立法的程序是，提出法案，审议法案，表决通过法案，公布法律"。

在中国，法案起草过程可以分为十个步骤："作出起草法律草案的决策；确定起草机关；组织起草班子；明确立法意图；进行调查研究；拟出法案提纲；正式起草法案；征求意见和协调论证；反复审查和修改；正式形成法案正式稿。"①

成文法，就其内容和结构安排来说，通常包括总则、分则和附则三个部分。其中总则是对法具有统领地位，关于整个法律的纲领和事关全局的内容的总和。其内容主要包括：立法目的；立法根据；法的原则；有关法定的制度或者基本制度；法的效力；法的适用等。任何法律都有立法目的，这种目的形成专条，置于法的正文第一条，采用"为了……制定本法"的格式来写。

（2）立法目的、任务和机能。法律目的，包括法律的立法目的和司法目的，其中立法目的决定并制约着司法目的。法律的立法目的是立法者创制法律所要达到的理想状态。② 法律的任务是为了实行法律的目的所要克服的障碍。法律的机能③（也即法律的功能）是指为实现法律目的，完成法律任务，法律发挥作用的机制，或者说法律的机能是指由法律的性质所决定的、法律所固有的、内在的、可能的作功活力。

法律的指导思想、目的、任务和机能又是密切相关联的：立法指导思想是观念化的、抽象化的东西。立法指导思想是一部法律的内在精神品格。立法指导思想通过立法根据、立法目的、任务得以具体化。

立法目的，是一部法的心脏，集中凝结着立法的指导思想，决定着法律的任务设置、决定着法律基本原则和基本制度的确定。

---

① 周旺生：《立法学》，法律出版社 2004 年版，第 324 页。

② 法律目的，包括法律的立法目的和司法目的，其中立法目的决定并制约着司法目的。

③ "机能"现代汉语的注释是"细胞组织或者官等的作用和活动能力"；"功能"现代汉语的注释是"事物或方法所发挥的有利作用；效能。"比较二者，"机能"更加强调整体观念，注重系统性考量。

法律的任务直接根源于法律目的，受制于法律目的，是为了实行法律的目的所要克服的障碍。

法的机能，即立法者为了达到法律目的，完成法律任务，在制定法律时在法律中所凝结的立法者的意志（即赋予法律的能量）。这些能量在生效之后将通过法的实施而释放出来，达到规范法律主体的行为，调节社会关系（利益）的目的，引导社会按照统治阶级的意志运行。

二、科技法的指导思想、立法目的和任务

（一）科技法的指导思想

以人为本的科学发展观应当是我们科技法治必须贯彻的指导思想。

马列主义、毛泽东思想、邓小平理论、三个代表、科学发展观、习近平新时代中国特色社会主义思想，是指导我们事业的理论基础，也是我们科技法的总的指导思想。不过，在当今社会条件下，这些"理论基础"和"总的指导思想"具体化为"科教兴国战略"和"可持续发展战略""创新驱动发展"。也就是说，我们的科技法治必须贯彻坚持以科技创新为主旋律，科学发展观，实施科教兴国战略、可持续发展战略和"创新驱动发展"。

在中国特色社会主义的新时代，我国社会主要矛盾已经转化为人民日益增长的美好生活需要和不平衡不充分的发展之间的矛盾。为满足人民日益增长的美好生活需要，科技法坚持以人为本，树立全面、协调、可持续的发展观，促进经济社会和人的全面发展，统筹城乡发展、统筹区域发展、统筹经济社会发展、统筹人与自然和谐发展、统筹国内发展和对外开放，实施人才强国和创新驱动发展的战略，建设创新型国家的战略目标，在中国共产党成立一百年时全面建成小康社会；在中华人民共和国成立一百年时建成富强民主文明和谐的社会主义现代化国家（2012 年党的十八大报告突出强调了两个百年奋斗目标）。[1]

中国是一个人口众多、资源相对匮乏的国家。这种特殊的国情，一方面决定了我们在资源和环境方面面临着比西方发达国家工业化过程更大的挑战，决定了中国的工业化只能走新型工业化道路，决定了中国经济社会发展必须切实

---

[1] 2017 年党的十九大习近平代表第十八届中央委员会向大会作了题为《决胜全面建成小康社会夺取新时代中国特色社会主义伟大胜利》，综合分析国际国内形势和我国发展条件，从二〇二〇年到本世纪中叶可以分两个阶段来安排。第一个阶段，从二〇二〇年到二〇三五年，在全面建成小康社会的基础上，再奋斗十五年，基本实现社会主义现代化。第二个阶段，从二〇三五年到本世纪中叶，在基本实现现代化的基础上，再奋斗十五年，把我国建成富强民主文明和谐美丽的社会主义现代化强国。从全面建成小康社会到基本实现现代化，再到全面建成社会主义现代化强国，是新时代中国特色社会主义发展的战略安排。

转入依靠科技进步、以创新驱动发展的调结构转型升级为根本方针的轨道上来。另一方面，大力培养具有现代科技素养和创新能力的各类人才，使我国从人口大国转变成人力资源大国，完全有可能使数量巨大的人口包袱转变成潜力巨大的人口财富。因此，我们要紧紧抓住发展这个第一要务，坚持科学发展观，更加注重统筹兼顾，更加注重以人为本，着力解决关系人民群众切身利益的突出问题，推动经济社会全面、协调、可持续发展。我们必须依靠科技进步，促进经济结构调整，拓展发展空间，提高国家综合实力，保持经济社会全面协调发展；必须依靠科技进步，大幅度降低资源消耗，改善环境，提高资源利用效率，建立资源节约型和环境友好型社会；必须依靠科技进步，提高全社会科技文化素质，使科技进步真正惠及广大人民群众。

"科教兴国"指全面落实科学技术是第一生产力的思想，坚持教育为本，把科技和教育摆在经济、社会发展的重要位置，增强国家的科技实力及向现实生产力转化的能力，提高全民族的科技文化素质，把经济建设转移到依靠科技进步和提高劳动者素质的轨道上来，加速实现国家的繁荣强盛。"科教兴国"思想的理论基础是邓小平同志关于科学技术是第一生产力的思想。1977年，邓小平在科学和教育工作座谈会上提出："我们国家要赶上世界先进水平，从何着手呢？我想，要从科学和教育着手"，"不抓科学、教育，四个现代化就没有希望，就成为一句空话"，明确把科教发展作为发展经济、建设现代化强国的先导，摆在我国发展战略的首位。从20世纪70年代后期到90年代初期，邓小平同志坚持"实现四个现代化，科学技术是关键，基础是教育"的核心思想，为"科教兴国"发展战略的形成奠定了坚实的理论和实践基础。1992年，中国共产党第十四届全国代表大会上，江泽民同志指出："必须把经济建转移到依靠科技进步和提高劳动者素质的轨道上来"。1995年5月6日颁布的《中共中央国务院关于加速科学技术进步的决定》，首次提出在全国实施科教兴国的战略。江泽民同志在会上指出："科教兴国，是指全面落实科学技术是第一生产力的思想，坚持教育为本，把科技和教育摆在经济、社会发展的重要位置，增强国家的科技实力及实现生产力转化的能力，提高全民族的科技文化素质。"同年，中国共产党第十四届五中全会在关于国民经济和社会发展"九五"计划和2010年远景目标的建设中把实施科教兴国战略列为今后15年直至21世纪加速我国社会主义现代化建设的重要方针之一。1996年，八届全国人大四次会议正式提出了国民经济和社会发展"九五"计划和2010年远景目标，"科教兴国"成为我们的基本国策。

科技法的目的是为了保证科技进步，科技进步必须以人为本，生产力的竞争逐步演变为科技实力的竞争，科技实力的竞争取决于在关键技术和重大领域有自主创新和重大的突破，而最终体现为高端科技人才的竞争，因此，贯彻科教兴国的战略，就是以人为本。总之，以人为本的科学发展观应当是我们科技法治必须贯彻的指导思想和重要策略。

（二）科技法的立法目的

《科技进步法》（1993 年 7 月颁布、2007 年 12 月修订）第 1 条规定："为了促进科学技术进步，发挥科学技术第一生产力的作用，促进科学技术成果向现实生产力转化，推动科学技术为经济建设和社会发展服务，根据宪法，制定本法。"《促进科技成果转化法》第 1 条规定："为了促进科技成果转化为现实生产力，规范科技成果转化活动，加速科学技术进步，推动经济建设和社会发展，制定本法。"其他专门的科技法律法规都直接地或间接地重申了"促进社会科技进步"这一科技法目的。

鉴于《科技进步法》虽非科技法体系之全部，但它毕竟是科技法体系的"小宪法"，该法的立法宗旨代表着科技法的目的。现以该法为例加以分析。

首先，根据《科技进步法》第 1 条规定，结合其他相关学科知识，从立法学和法律学的视角看，科技法的立法目的应该突出强调。

其次，科技法不仅有立法目的，而且科技法的目的具有层次性。就我们国家而言，（1）科技法的总的目的是"兴科技之利，除误用、滥用科技之弊"，即首先是促进科技进步，推进科学技术对经济建设和社会诸方面的全面发展的第一生产力作用，同时防止科技的误用滥用、惩治科技滥用和严重的误用。（2）中观层次而言，科技法的目的是建设创新型国家，使我国立于世界科技强国之林。（3）微观层次而言，每一部科技法律法规，每一个法律条文，可以是上述"科技法的总的目的"和"科技法中观的目的"的重申或者细化。这里仅对总目的展开论证。

当今的国际竞争归根结底是综合国力的竞争，实质则是知识总量和科技实力的竞争。加速科技进步是提高综合国力、调整经济结构、改善人民生活品质的需要，是我国的一项基本国策。科技进步是需要一定环境的。科技进步呼唤着法制建设，法律是科技进步的保护神和推进器。① 另外，防范、禁止科技成果的误用滥用，离不开科技法的引导和规范。核技术在造福人类的同时，曾被制成原子弹投放到日本广岛和长崎、娴熟的电脑技术成为某些高科技犯罪的手段、尖端的激光技术和生物技术也曾经被用来制造激光武器和生化武器使用，违法犯罪分子利用高科技手段制造假币、伪劣产品危害社会的现象更是司空见

---

① 罗玉中在 1997 年 12 月 23 日中共中央举办的第六次法制讲座的讲稿，题目为《科技进步与法制建设》，该文后来被收录到易继明：《中国科技法学年刊》，北京大学出版社 2005 年版，第 6 页。

惯，科技成果的剽窃、假冒等科技侵权现象也很严重，特别是近几十年随着科技进步，环境污染，自然资源的过度开发问题已经影响到我们的生活，并且日益加剧，这些仅靠其他社会规范的调整都不足以有效制止或者消除，而不能不借助于科技法予以引导、防止或者对始作俑者严加制裁。

（三）科技法的任务

任务直接承继着立法目的，受制于法律目的。《科技进步法》第 1 条关于该法目的的规定为我们确定科技法的任务提供了依据。同时，该法第 2 条规定："国家坚持科学发展观，实施科教兴国战略，实行自主创新、重点跨越、支撑发展、引领未来的科学技术工作指导方针，构建国家创新体系，建设创新型国家。"

据此，科技法的任务为保证科技进步克服一切障碍，调动一切有利于科技创新的因素，全方位促进科学技术进步，尽力为科技创新营造良好的法治环境，通过确立科技创新在国家战略中的地位、选择优先发展的科技领域，以法律的形式奖励科技创新成果，惩治违反科技法的各种行为，规定科技投入体制已解决科技经费问题，以便充分发挥科学技术促进社会经济、政治、文化、教育等全方位的第一生产力的作用，促进科学技术成果尽快向现实生产力转化，推动科学技术为经济建设和社会发展服务。在现阶段尤其要着重实行自主创新，在关键领域和基础部门做到重点跨越，有相应的原始创新和自主创新，彻底改变在关键技术上受制于人的局面；切实以科技创新支撑社会发展，早日把我国建成创新型国家。

C hapter 2
第二章

科技法的渊源和体系

第一节　科技法的渊源

一、科技法的渊源

"法律渊源"一词在法学理论中通常有三种含义。其一是指"法律产生根据"即决定法律存在的力量。如法律渊源经历了"神的意志""君主的意志""人的理性""人民的意志"的发展过程。我国是人民民主专政的社会主义国家，人民是国家的主人，人民的意志就是国家意志；宪法是国家的根本大法，集中地体现了人民意志，科技法以宪法为根据，就是以人民的意志为根据。其二是指"法律的历史形态"，比如说《民法通则》是《民法总则》的渊源。1993 年 7 月颁布的《科学技术进步法》是现行的《科学技术进步法》（2007 年 12 月修订）的渊源。由全国人民代表大会常务委员会于 1996 年 5 月 15 日发布《促进科技成果转化法》（自 1996 年 10 月 1 日起施行）是现行的《促进科技成果转化法》的渊源（2015 年 8 月 29 日修订）。其三是指法律规范的"认识渊源"，即人们据以认识法律规范媒介，就是法律在现实社会中的存在形式。如，我国刑法的渊源包括刑法典、单行刑法和附属刑法。我们这里讨论的"科技法渊源"，是科技法的"认识渊源"。

现根据我国《立法法》的规定，对科技法渊源作如下分类：

（1）《宪法》中的科技法规范。宪法是科技立法的根本法依据。《宪法》第 14 条第 1 款规定："国家通过提高劳动者的积极性和技术水平，推广先进的科学技术，完善经济管理体制和企业经营管理制度，实行各种形式的社会主义责任制，改进劳动组织，以不断提高劳动生产率和经济效益，发展社会生产力。"第 19 条第 1 款规定："国家发展社会主义的教育事业，提高全国人民的科学文化水平。"第 20 条规定："国家发展自然科学和社会科学事业，普及科学和技术知识，奖励科学研究成果和技术发明创造。"第 23 条规定："国家培养为社会主义服务的各种专业人才，扩大知识分子的队伍，创造条件，充分发挥他们在社会主义现代化建设中的作用。"第 35 条规定："中华人民共和国公民有言论、出版、集会、结社、游行、示威的自由。"第 47 条规定："中华人民共和国公民有进行科学研究、文学艺术创作和其他文化活动的自由。国家对于从事教育、科学、技术、文学、艺术和其他文化事业的公民的有益于人民的创造性工作，给以鼓励和帮助。"上述规范属于科技法的范畴。

（2）科技基本法律。科技法律规范被集中地规定在《科学技术进步法》《促进科技成果转化法》《科学技术普及法》①《国家科学技术奖励条例》② 等专门的科技立法文件中，它们构成科技法的基干。其中，1993 年 7 月由全国人大常委会制定并于 2007 年 12 月修订的《科学技术进步法》，是总结我国科技领域改革开放经验和多年科技立法经验的基础上，适应市场经济和科技事业发展要求而制定的我国科技进步的基本性法律。

（3）《专利法》《著作权法》《技术合同法》《计算机软件保护条例》《反不正当竞争法》《农业技术推广法》《科学技术普及法》《植物新品种保护条例》《集成电路布图设计保护条例》《电子签名法》等民法、行政法、经济法、知识产权法和刑法等法律中的科技法规范。

（4）科技行政法规。国务院制定的行政法规中的科技法规范。《立法法》第 65 条规定："国务院根据宪法和法律，制定行政法规。行政法规可以就下列事项作出规定：①为执行法律的规定需要制定行政法规的事项；②宪法第 89 条规定的国务院行政管理职权的事项。"

这方面的科技法渊源也有不少，如国务院发布的《中华人民共和国自然科学奖励条例》《中华人民共和国发明奖励条例》和《中华人民共和国科学技术进步奖励条例》，国务院发布的《实施〈中华人民共和国促进科技成果转化法〉若干规定》（2016 年 2 月发布）等。

（5）地方性科技法规。省、自治区、直辖市地方人民代表大会及其常务委员会，以及设区的市等地方人民代表大会及其常务委员会颁布的专门的地方性

---

① 《科学技术普及法》于 2002 年 6 月 29 日第九届全国人民代表大会常务委员会第二十八次会议通过。

② 《国家科学技术奖励条例》1999 年 5 月 23 日中华人民共和国国务院令第 265 号发布，根据 2003 年 12 月 20 日国务院令第 396 号《国务院关于修改〈国家科学技术奖励条例〉的决定》第一次修订，根据 2013 年 7 月 18 日国务院令第 638 号《国务院关于废止和修改部分行政法规的决定》第二次修订。

科技法规或者地方性科技法规中的科技法规范。

《立法法》第 72 条第 1 款规定："省、自治区、直辖市的人民代表大会及其常务委员会根据本行政区域的具体情况和实际需要，在不同宪法、法律、行政法规相抵触的前提下，可以制定地方性法规。"《立法法》第 72 条第 2 款规定："设区的市的人民代表大会及其常务委员会根据本市的具体情况和实际需要，在不同宪法、法律、行政法规和本省、自治区的地方性法规相抵触的前提下，可以对城乡建设与管理、环境保护、历史文化保护等方面的事项制定地方性法规，法律对设区的市制定地方性法规的事项另有规定的，从其规定。设区的市的地方性法规须报省、自治区的人民代表大会常务委员会批准后施行。省、自治区的人民代表大会常务委员会对报请批准的地方性法规，应当对其合法性进行审查，同宪法、法律、行政法规和本省、自治区的地方性法规不抵触的，应当在四个月内予以批准。"

比较上述两款立法可知，省级人大及其常委会，相比设区的市级人大及其常委会，其地方法规制定权权限要大得多。这里着重分析一下后者。

2015 年 3 月 15 日，第十二届全国人民代表大会第三次会议审议通过的《全国人民代表大会关于修改〈中华人民共和国立法法〉的决定》对设区的市一级地方立法制度作了重大修改。取消了"较大的市"的表述，对地方立法主体进行扩容，由此，使市级的地方立法权从原来的 49 个较大的市（包括 27 个省会市、18 个经国务院批准享有地方法规制定权的较大的市以及 4 个经济特区所在地的市），扩大到所有共计 284 个设区的市。同时，对地方立法权限范围进行限定。该法第 72 条第 2 款规定："设区的市的人民代表大会及其常务委员会根据本市的具体情况和实际需要，在不同宪法、法律、行政法规和本省、自治区的地方性法规相抵触的前提下，可以对城乡建设与管理、环境保护、历史文化保护等方面的事项制定地方性法规，法律对设区的市制定地方性法规的事项另有规定的，从其规定。"该规定，对于普通的设区市来说，其立法权从无到有，增加了"城乡建设与管理、环境保护、历史文化保护等"的立法权。但是，对于原先享有立法特权的较大的市而言，其立法权限范围是被缩减的：在 2015 年《立法法》修改之前，较大的市的立法权的范围不受限制，只要是除《立法法》第 8 条法律保留的事项外，都可以进行立法；而《立法法》修改之后，较大的市被并入设区的市范畴，其立法权也同时被缩减在城乡建设与管理、环境保护、历史文化保护等方面，不再享有其他方面的立法权。

除了上述两大类之外，在特定区域实施地方性法规、自治条例和单行条例，也是属于地方性法规。

《立法法》第 74 条规定："经济特区所在地的省、市的人民代表大会及其常务委员会根据全国人民代表大会的授权决定，制定法规，在经济特区范围内实施。"

《立法法》第 75 条规定："民族自治地方的人民代表大会有权依照当地民族的政治、经济和文化的特点，制定自治条例和单行条例。自治区的自治条例和单行条例，报全国人民代表大会常务委员会批准后生效。自治州、自治县的自治条例和单行条例，报省、自治区、直辖市的人民代表大会常务委员会批准后生效。自治条例和单行条例可以依照当地民族的特点，对法律和行政法规的规定作出变通规定，但不得违背法律或者行政法规的基本原则，不得对宪法和民族区域自治法的规定以及其他有关法律、行政法规专门就民族自治地方所作的规定作出变通规定。"

许多地方结合本地区的科技发展具体情况，根据上位法，都制定了适合本地、具有自己特色的地方性科技法规。如《北京市技术市场条例》（由北京市第十一届人民代表大会常务委员会第三十五次会议于 2002 年 7 月 18 日通过，自 2002 年 11 月 1 日起施行）、《海南省促进科学技术进步条例》（1999 年 11 月 26 日海南省第二届人民代表大会常务委员会第十次会议通过）、《青岛市促进企业技术创新条例》（2002 年 8 月 22 日、青岛市第十二届人民代表大会常务委员会第三十六次会议通过。2002 年 9 月 28 日、山东省第九届人民代表大会常务委员会第三十一次会议批准）、《青岛市科技创新促进条例》（2011 年 6 月 28 日青岛市第十四届人民代表大会常务委员会第 28 次会议通过，2011 年 7 月山东省第十一届人民代表大会常务委员会 29 日山东省第十一届人民代表大会常务委员会第 25 次会议批准）等。

（6）科技规章（包括国务院各部委的规章和地方政府的规章）。

《立法法》第 80 条规定：国务院各部、委员会、中国人民银行、审计署和具有行政管理职能的直属机构，可以根据法律和国务院的行政法规、决定、命令，在本部门的权限范围内，制定规章。部门规章规定的事项应当属于执行法律或者国务院的行政法规、决定、命令的事项。没有法律或者国务院的行政法规、决定、命令的依据，部门规章不得设定减损公民、法人和其他组织权利或者增加其义务的规范，不得增加本部门的权力或者减少本部门的法定职责。《立法法》第 82 条规定：省、自治区、直辖市和设区的市、自治州的人民政府，可以根据法律、行政法规和本省、自治区、直辖市的地方性法规，制定规章。地方政府规章可以就下列事项作出规定：（1）为执行法律、行政法规、地方性法规的规定需要制定规章的事项；（2）属于本行政区域的具体行政管理事项。设区的市、自治州的人民政府根据本条第 1 款、第 2 款制定地方政府规章，限于城乡建设与管理、环境保护、历史文化保护等方面的事项。已经制定的地方政府规章，涉及上述事项范围以外的，继续有效。除省、自治区人民政府所在地的市，经济特区所在地的市和国务院已经批准的较大的市以外，其他设区的市、自治州的人民政府开始制定规章的时间，与本省、自治区人民代表大会常务委员会确定的本市、自治州开始制定地方性法规的时间同步。

国务院部委的科技规章，在全国范围有效。如，科技部发布的《国家科学技术奖励条例》、《发明奖励条例》（第二次修订）、《计算机软件保护条例》、《集成电路布图设计保护条例》、《科技部关于进一步鼓励和规范社会力量设立科学技术奖的指导意见》（2017 年 7 月发布）等。再如，教育部发布的《高等学校预防与处理学术不端行为办法》（2016 年 6 月发布）《高等学校科技成果转化和技术转移基地认定暂行办法》（2018 年 5 月发布）、《学位论文作假行为处理办法》（2012 年 11 月发布）等，以及科技部、财政部、发展改革委发布的《科技评估工作规定（试行）》（2016 年 12 月发布）、科技部、财政部发布的《国家重点研发计划管理暂行办法》（2017 年 6 月）等。

地方性政府规章，只在一定的地域生效。如《北京市科学技术进步奖励办法》（1988. 12. 27 由北京市政府颁布）、青岛市政府颁布的《青岛市科学技术进步奖励办法》（2002 年 8 月 21 日经市政府第 7 次常务会议审议通过并公布，自2002 年 10 月 10 日起施行）、《珠海市科学技术奖励办法》（珠海市政府 2003 年颁布）等。

二、关于立法解释、司法解释、科技政策和国际条约的性质

科技法的立法解释、司法解释、中国共产党和国家的科技政策，以及国际法，它们是否为法律渊源，这是一个法学理论的共性问题，有必要展开论述。

不少学者把它们列入法的渊源。但这不正确的。

（1）关于立法解释。我国宪法和全国人大常委会《关于加强法律解释工作的决议》规定了对于基本法律的立法解释主体是全国人大常委会。立法机关根据立法原意，对法律规范具体条文的含义以及所使用的概念、术语、定义所作的说明。作出法律解释的目的是为了更准确地理解和阐释法律的内涵，以便适用法律。立法解释与被解释的法律、法规具有同等的法律效力。

法律解释的内容"当然地存在于"现行的法律规范之中，而不是"重新赋予"法律规范的"新的内容"，因而立法解释不是法律渊源。

（2）关于司法解释。全国人大常委会《关于加强法律解释工作的决议》第2 条规定了对法律法规司法解释的主体是最高人民法院与最高人民检察院，第 3条接着规定："不属于审判和检察工作中的其他法律、法令具体应用的问题，由国务院及主管部门进行解释。"由此，在我国，有权作出司法解释的机关，只能是最高人民法院和最高人民检察院，而且"两高"也只能就审判或检察工

作中如何具体应用法律的问题作出解释。

司法解释，与法律解释一样，是现行的法律规范"所自有"的内容，是解释主体努力发掘出来的内容，而不是解释者重新赋予法律规范的新内容，因而同样不是独立的法律渊源。

（3）中国共产党和国家的科技的政策。改革开放初期，由于科技事业的日新月异，往往会出现法律空白现象。这时，中国共产党和国家的科技的政策也就成为规范科技活动依据，从而起到了科技法的作用，是准科技法。再后来由于法律制度的不断完备，无论是党的政策或者是国家的政策，对科技活动的调节作用和领域被压缩，党的十九大报告对十八大以来5年党的制度建设的总结，提出了"党的建设制度改革深入推进，党内法规制度体系不断完善"的新提法。法学界成立了多层次"党内法规与法律研究机构"，企图把二者之间隔膜打通。笔者认为，第一，党内法规是约束党员的，这其中就包括身份为科技工作者和科技管理人员的中共党员，而对于非党人士没有约束力，这个原则不能突破；第二，由于中国共产党是执政党，党内法规，包括党的政策，都能够以一定的程序上升为国家政策或者法律，所以，及时地将党的政策转化为国家政策或者及时立法，就能够消除二者的矛盾；第三，一旦党的政策上升为国家政策之后，国家政策对法律的制定和法律实施具有指导作用；一旦党的政策通过立法程序转化成法律之后，国民便有一体遵守法律的义务。

（4）关于我国签订或者加入的国际条约。迄今为止，关于条约在中国的适用问题，我国还没有在宪法或者立法法作出统一的规定，而是散见于一些部门法、行政法规、司法解释和外交声明之中。概括起来，我国主要采用以下两种方式来适用国际条约。

①直接纳入国内法体系使之产生约束力。即直接宣布国际条约在国内具有约束力，法院可以直接适用国际条约（除声明保留条款外）。如曾经的《民法通则》第142条①、现行的《民事诉讼法》第260条②和现行的《商标法》第

---

①《民法总则》没有保留《民法通则》第142条第2款适用国际条约的规定和第3款适用国际惯例的规定的内容："中华人民共和国缔结或者参加的国际条约同中华人民共和国的民事法律有不同规定的，适用国际条约的规定，但中华人民共和国声明保留的条款除外。中华人民共和国法律和中华人民共和国缔结或者参加的国际条约没有规定的，可以适用国际惯例。"按照第2款规定，我国缔结或者参加的国际条约，除声明保留的条款之外，是我国现行法之一部。其适用规则是：如国际条约的规定与民事法律的规定不同，则应适用该国际条约的规定；如国际条约的规定与民事法律的规定相同，则应适用民事法律的规定。按照第3款规定，如果我国现行法律和我国缔结或者参加的国际条约都没有规定，可以适用有关国际惯例。

② 2012年8月31日颁布的《中华人民共和国民事诉讼法》第260条中华人民共和国缔结或者参加的国际条约同本法有不同规定的，适用该国际条约的规定，但中华人民共和国声明保留的条款除外。

17 条①等。除了法律文件中明确规定直接适用国际条约外，我国的一些行政法规、行政规章、司法解释等中也有相关规定。如1990年国务院发布的《海上国际集装箱运输管理规定》第12条②。在直接采纳的情况下，法律规定表明：当国际条约与国内法发生冲突时，国际条约优于国内法。

②转化。为了履行我国已加入的国际条约，要求制定相应的国内法，以便将有关的条约内容"转化"为国内法而对国民产生约束力。如，根据《联合国海洋法公约》关于领海、毗连区的具体规定，我国制定了《领海及毗连区法》；根据《维也纳外交关系公约》和《维也纳领事关系公约》，制定了我国的《外交特权与豁免条例》和《领事特权与豁免条例》。根据1990年《缔结条约程序法》的规定，凡是缔结与我国国内法有不同规定的条约，必须经全国人大常委会决定批准。在这种情况下，或者对条约的特定内容作出保留，或者对有关国内法中与有关条约内容不一致的地方作出修改或补充。这种修改或补充，也是一种将条约内容转化为国内法的方式。

可以认为，对于我国签订或者加入的国际条约，通常而言，必须被国内法细化规定，转化为国内立法才能对国民产生约束力，在国内适用。但是，例外的情况下，才可以直接适用。在我的司法实践中也曾经出现过直接适用的案例，对于一些国内民商法还没有来得及依照国际条约的要求修改、补充时，这时候鉴于国际条约具有可操作性，司法判决就直接引用了国际条约有关内容作为判案依据。

最后，还要说明的是，由于历史的原因，我国实行"一国两制"，香港、澳门特区科技法律法规也应是我国科技法的渊源。

第二节　我国的科技法体系

一、法律体系建构（划分）标准的多元性

（1）"体系"的含义。"体系"，就是若干有关的事物或者某些意识互相联系

---

① 2013年8月30日第十二届全国人民代表大会常务委员会第四次会议《关于修改〈中华人民共和国商标法〉的决定》第三次修正的现行《商标法》第17条规定："外国人或者外国企业在中国申请商标注册的，应当按其所属国和中华人民共和国签订的协议或者共同参加的国际条约办理，或者按对等原则办理。"

② 《海上国际集装箱运输管理规定》第12条规定："用于海上国际集装箱运输的集装箱，应当符合国际集装箱标准化组织规定的技术标准和有关国际集装箱公约的规定。"

而构成的一个整体。按照系统论，体系是由若干元素按照一定的结构排列组合而成的有机统一整体。可见，体系的建构离不开若干元素，这些元素需要一定的构造标准，当然，构造的目的是使其具有特定的功能。也就是说，体系的元素选择和排列方式的选择，取决于我们的主观意识，取决于我们构架该体系的目的。

（2）可以对法律体系有不同的理解。一般而言，法律体系（Legal System）是指由一国现行的全部法律规范按照不同的法律部门分类组合而形成的一个互相协调一致的有机联系的统一整体。在这个意义上，法律体系就是部门法体系。部门法，又称法律部门，是根据一定标准、原则所制定的同类规范的总称。笔者认为，"体系"一词是系统论的概念，既然体系的组成要素的选择、划分和排列方式取决于我们的主观意志，那么，体系的划分和建构就不是只有一个思路，其划分或者建构的结果就不是一个结论。系统论还认为，复杂的系统可以划分为若干子系统，子系统还可以继续再分为更细小的系统。

（3）科技法体系属于我国的法律体系的一个子系统。这不妨碍我们可以按照自己的价值取向，选择不同的构建标准来构建不同视角的科技法体系。例如，除了前述按照科技法的渊源外（主要是按照科技法规法的效力层次），也可以按照科技创新过程的诸个环节或者其他标准来建构科技法体系。

（4）有学者认为，"应该首先区分科技法的立法体系与科技法作为一个部门法的法律体系。""科技法的立法体系是指科技法有哪些法律、法规等立法构成的规范性法律文件系统"，它表明的是科技法渊源的存在形式，"科技法法律体系是指部门法体系，即科技法作为一个部门法主要有哪些法律规范（而不是法律条文或规范性法律文件）构成"，它是按照科技法的内容对科技法规范所作的分类。

笔者认为，区分科技法的立法体系与科技法的法律体系是必要的、合理的。人们一般是将"法律渊源"与"法律体系"较为紧密地讨论，而"法律渊源"在此场合就是指法律的"认识渊源"，也即法律在现实社会中的存在形式。但是，"科技法的立法体系"和"科技法的法律体系"二者虽有密切的联系但并不等同。原因之一是即使是专门的科技法规范性文件，其内容也并非全部是科技法规范；原因之二是，科技法的立法体系是按照科技法的渊源建构的体系，在国家一定时期，具有固定性，即科技法的渊源体系；科技法的法律体系，是把我国现行的、所有的科技法律规范视为一个体系。由此，科技法的立法体系（科技法的渊源体系）是最重要的科技法的法律体系之一；科技法的法律体系却不限于科技法的立法体系（科技法的渊源体系）这一种体系建构方案。

二、按照不同标准对科技法规范的分类

正因为科技法是法律规范的集合，所以，理论上可以按照不同的标准对科技法律规范加以分类研究。国内学者对科技法规范的分类的见解有：

（1）有的学者按科技法律规范所隶属的传统法律部门，可划分民法中的科技法律规范、行政法中的科技法律规范、知识产权法中的科技法律规范，以及科技刑法规范等子系统。[①]

（2）有学者认为，中国科技法体系，按照法律效力的顺序划分，应该包括下列内容：①《宪法》中有关科学技术的规范；②科学技术基本法；③科学技术基本法以外的科学技术法规范；④国务院制定发布的科学技术行政法规；⑤各级地方人大制定的地方性科技法规和政府各部委制定的规章；⑥其他有关的技术标准和安全标准等。[②]

（3）有的学者按照科技活动纵横联系，主张把科技法规范划分为调整科研纵向关系的科技法规范和调整科研横向关系的科技法规范。调整科研纵向关系的科技法规范，即科技行政法律规范。就横向的而言，在宪法的指导下，我国科技立法体系大致可以分为几个方面："（1）综合性科技方面的立法（科技进步基本法律制度）；（2）研究开发方面的立法（科技研发法律制度）；（3）科技成果方面的立法（科技成果法律制度）；（4）技术市场与技术贸易方面的立法（技术市场法律制度）；（5）条件保障与激励方面的立法（研发条件保障和奖励法律制度）；（6）高新技术及产业发展方面的立法（高技术法律制度）；（7）国际科技交流与合作方面的立法（国际科技合作法律制度）；（8）科技领域纠纷解决法律制度。"[③]

（4）有学者主张，科技法体系应包括基础性科技法和高新技术法两大方面[④]。①基础性科技法包括：第一，科技进步的宪法规范；第二，科技基本法；第三，科技主体法律制度，包括科技组织和科技人员法律制度；第四，科技财产法律制度，包括科技经费法、科技物资法、科技财税法等；第五，科技管理法律制度指的是狭义上的科技管理，包括计划管理法、科技档案法、科技保密法、科技监督法等；第六，科技标准法律制度，包括标准化法、计量法等；第

---

① 王家福："为科技法学的繁荣而奋斗"，载《科技法学》（现更名为《科技与法律》）1989 年第 1 期。

② 马治国：《中国科技法律问题研究》，陕西人民出版社 2001 年版，第 8 页以下。

③ 罗玉中：《科技法学》，华中科技大学出版社 2005 年版，第 43 页以下。

④ 孙玉荣：《科技法学》，北京工业大学出版社 2013 年版，第 10 页。

七，科技成果法律制度，包括科技成果等级、奖励、推广、专利技术和技术秘密的保护等；第八，科学技术转移法律制度，包括促进科技成果转化法、技术合同法、技术市场管理法等；第九，科技教育法律制度，包括科技普及法等；第十，国际科技合作与科技贸易法律制度；第十一，科技争议的法律解决机制。②高新技术法，具体应包括信息技术法、生物技术法、新能源与可再生能源法律制度、空间技术法、海洋技术、新材料技术法、高科技园区与风险投资法律制度、高新技术产业知识产权法等。

（5）有学者把科技法律体系划分为：①科技政策法，包括尊重与保障人权的政策、促进科技进步的政策、保障国家科技安全的政策。②科学研究法，包括科学研究人员法律制度、科学研究机构法律制度、科学研究基金法律制度、科学技术奖励法律制度。③知识产权法，包括专利法律制度、商业秘密法律制度、著作权法律制度、商标法律制度等。④科技贸易法，包括技术合同法律制度、电子商务法律制度、科技财税与投资法律制度、产业技术法律制度。①

以上的梳理表明，我国学者对科技法规范体系的构建，还是一个仁者见仁智者见智，百家争鸣的现状。观点一的优势是容易理解科技法与传统法律部门的交叉关系，但不利于突出科技法的特殊性质和特点；观点二是从法律渊源上的梳理，有助于理解科技法的效力位阶，但是，不利于对科技研发进程某一环节法律制度的集成和把握；观点三有利于对科技研发进程某一环节法律制度全面把握；观点四把科技法体系划分为基础性科技法和高新技术法两大方面，观点五、观点六都有各自思路和特点。

笔者认为，首先，科技法的渊源是科技法律体系主要的认识路径之一，按照科技法渊源构建科技法律体系，是最为常见的一种方式。其次，我们还可以根据科技研发进程来划分科技法规范体系，这一体系有助于认识和运用不同阶段科技法规范群。最后，按照其他标准对科技发规范划分所构建的体系，是允许的，有助于百花齐放、百家争鸣局面的形成。不过，无论构建何种科技法体系，学者们一定要有明确的目的，要经得起科技法治建设实践价值和理论逻辑的考量。

---

① 易继明等：《科技法学》，高等教育出版社 2006 年版，第 47 页以下。

第三章

科技法的部门法地位及其与
传统部门法的关系

第一节　科技法的部门法地位

科技法律、法规本身包含行政法规范、经济法规范、民商法规范、劳动法规范、刑法规范乃至国际法规范，遍及全部传统法律部门的这种特点之法学意义，表明了我们要论证科技法在我国法律体系中独立的部门法地位，必须改弦更张，转换视角，而不能重蹈覆辙。

前文论述了不能按照传统的部门法划分标准来说明科技法的部门法地位，科技法是按照社会生活领域的标准划分的结果。这只是从可能性的角度论证了其部门法地位。

不仅如此，从必然性角度，我们认为，科技法应该成为我国法律体系中独立的部门法。主要原因在于：

（1）马克思主义哲学告诉我们，物质决定意识；社会存在决定社会意识；经济基础决定上层建筑。由此，科技法要想成为一个独立法律部门的起码条件是科技在当今社会的经济、政治、文化生活中具有举足轻重的重要作用。如果科技本身对社会来讲可有可无，无足轻重，那么，调整科技活动之法律的独立地位当然就难以为大家所认同。当今社会科学技术已经成为第一生产力、成为经济发展的关键、成为决定一国国际地位的关键要素、成为改善人们文化生活的支柱力量。一句话，在当今社会中，科学技术已经成为决定一国综合国力的核心，先进的科学技术成为一个民族能否跻身于强者之林的必备条件。科技如此重要，这就为科技法成为一个独立的法律部门奠定了基础。

　　当然，法律的客观性除了指法律的内容主要取决于当时社会的物质生活条件外，当时社会的社会文化、地理环境、人口因素等对法律内容也有重大的影响作用。而且，系统地观察，上层建筑的内部的要素，包括政治制度、经济制度、政治思想及社会意识等对法律内容的影响作用也不可忽视。除了物质性因素外，精神性因素，包括思想道德、文化、历史传统、风俗习惯、科学技术，尤其是相关学科的知识的发达程度。所以，决定社会历史的发展包括决定法的发展的物质力量，应该是一个综合的概念。"权利永远不能超出社会的经济结构以及由经济结构所制约的社会文化的发展。""法的关系正像国家的形式一样，既不能从它们本身来理解，也不能从所谓的人类精神的一般发展来理解，相反，它们根源于物质的生活关系……物质生活的生产方式制约着整个社会生活、政治生活和精神生活的过程"。这里的物质的生活关系或者物质生活条件主要包括生产方式、地理环境和人口因素等。

　　（2）科技领域存在的问题已成为当今社会突出的问题之一，使国家意识到必须对科技活动强化干预、强化管理。这是科技法成为独立法律部门的又一个必要条件。

　　尽管科技对社会的促进作用很大，但如果科技没有带来社会问题，那么，仍然不能引起国家的注意，国家也就不可能专注于科学技术的管理。只有当科学技术的飞速发展和巨大作用，在造福人类的同时，还有可能被误用或滥用进而产生许多副作用，统治阶级认识到如果任其发展，则会危及其统治秩序，用一般的社会规范不可能达到调整目的而不得不倚重法律手段时，科技法才有可能成为一个独立的法律部门。因为统治阶级应对社会问题可供选择的手段有统治阶级的道德规范、国家政策和法律规范等。在所有手段中，法律最为强劲，法与其他社会规范相比在对人们的行为的指引评价和强制方面、在发挥的教育功能、预测功能等方面都是极为优越的。

　　法律是统治阶级的意志上升为国家意志的结果，法律的产生是统治阶级主观能动的产物。没有统治阶级有目的有意识的活动，法律就不可产生。梅利曼也指出："他们（即立法者，笔者注）必须把经济上和社会上的要求与立法上的活动联系起来，制定出反映人民意志和愿望的法律。"马克思曾教导我们，"法的生成体现了高度的国家意志性"，而且，"从当今世界现代化进程看，国家总体上在法制建设中发挥着更加积极的作用"，从而"体现出国家对经济乃至整个社会生活的积极干预"。"法的生成还同时具有社会性。一方面作为现代法的主要渊源的制定法、成文法更多地表现为国家意志的产物，另一方面，制定法只有符合并满足一定的社会需要时，才能有效地发挥作用。

（3）科技立法的指导思想（立法目的）和科技活动的独特品性，内在地要求科技法成为独立的部门法。这是科技法成为一个独立的法律部门的本体根据。

立法是由特定的主体依据一定的职权和程序，运用一定的技术，制定、认可和变动法这种特定社会规范的活动。在中国，法案起草过程可以分为十个步骤："作出法案起草的决策；确定起草机关；组织起草班子；明确立法意图；进行调查研究；拟出法案提纲；正式起草法案；征求意见和协调论证；反复审查和修改；正式形成法案正式稿。"可见，立法是一个有目的有意识的活动，绝对不是无意识条件反射。"任何法律都有立法目的，一般情况下应当将这种目的形成条文"、"目的的条文一般应该放在法的正文第一条"，采用"为了……制定本法"的格式来写。立法目的，是一部法的心脏，集中凝结着立法的指导思想，决定着法律基本原则的确定。"法律目的是全部法律条文的创造者"。因此，我们必须强调立法指导思想（立法目的）的重要地位。笔者认为，科技法就有自己独特的立法目的，也正是科技法的立法指导思想（立法目的）的特殊性，决定了科技法能够并且必须为一个独立法律部门。

与此相对应的是，科技活动环环相扣，密切衔接的整体性和科技社会关系的复杂性与多样性，尤其科研风险、科技转化过程的未知性以及国家和社会对科技活动的鼓励态度，共同决定了科技法的独特品质。这就要求科技法必须从传统的法律中分立出来，而成为独立的部门法。

（4）"独木不成林"，科技法律的快速发展，立法体系初步完善，为正式形成相对独立的科技法律部门提供量的前提。我国除在宪法中对科技是生产力、国家要提高全民族的科技文化水平、发展自然科学和社会科学事业、奖励科学研究成果和技术发明创造等做了原则规定外，还制订了《中华人民共和国科技进步法》《中华人民共和国专利法》《中华人民共和国技术合同法》《中华人民共和国计量法》《中华人民共和国标准化法》《中华人民共和国农业技术推广法》等法律；制订了《中华人民共和国自然科学奖励条例》《中华人民共和国发明奖励条例》《科学技术保密规定》《科学技术成果鉴定办法》等行政法规。可以说，目前，我国的科技立法现状，为正式形成相对独立的科技法律部门提供量的前提。

（5）随着社会的发展，人类的实践活动越来越深入，人们对客观事物（包括社会存在）的认识，已经历着由"一体化"到"专业化"的发展过程。过去我们"诸法合体""民刑不分，实体法与程序法不分"；现在我们法律部门不断细化并划分为民法、刑法、行政法、民事诉讼法、刑事诉讼法等；而且将来还要逐步发达、还要进一步分化或改组。

（6）从优化调整上去考虑。系统论告诉我们，在系统组成元素不变的前提下，可以通过改变组成结构达到改善系统功能的目的。法律最优化的调整的基本含义是指某类社会关系通过某一个部门法的调整，能够达到另一法律部门调整时所不能达到的最佳状态。我们认为将科技领域的所有法律规范，作为一个法律部门，就能实现相关法律规范对科技活动的最优化调整。

（7）要成为一个独立的部门法，并不是非得存在一个统一的相应的部门法典。有人或许会诘难：现在没有、即使是将来相当一个时期也很可能没有一部统一的科技法典，因而科技法难以成为一个独立的部门法。笔者认为，有没有一个统一的相应的部门法典，与是否能够成为一个独立的部门法没有必然联系。直到目前，民法、经济法在许多国家，仍没有一个相应统一的法典，但并不妨碍民法、经济法独立的部门法地位。持此论者，实际是将一国的立法体系与其部门法体系混同了。我们应该区分一国的立法体系与其部门法体系的异同关系。

第二节　科技法与传统部门法的关系

科技法作为一个新兴的部门法是从传统的部门法中分立出来的。它是按照社会生活领域的标准来划分我国法律体系的结果。因而它就必然既与传统的部门法密切相联，又必然与传统的部门法存在实质的区别。研究科技法与其他部门法的关系，有助于我们进一步认识科技法的本质和在法律体系中的地位，能够对我国科技法的立法、执法提供有益帮助。

一、科技法与宪法的关系

宪法作为一个根本法来说，它是我国法律体系的龙头，是其他所有法律、法规的立法依据。现行的《宪法》规定了国家的各项基本制度、原则、方针、政策，公民的基本权利和义务，各主要国家机关的地位、职权和职责等，它是我国的根本法，具有最高法律效力，其他法律、法规不能与它相抵触。各政党、各级国家机关、团体、企业、事业单位都必须在宪法的范围内活动，而不能超越宪法。科技法是调整科技活动领域社会关系的法律规范的有机统一体。其区别是显而易见的。

但科技法与宪法又有密切联系。

第一，宪法是科技法的立法根据。科技法的制定必须以宪法为法律根据，而不能与宪法相抵触。宪法中的有关科技活动的法律规范，就是科技法律规范制定的具体依据。

第二，宪法只对科技在国民经济和社会发展中的地位、促进科技进步和科技管理问题作概括性和原则性规定，无法对具体的科技问题进行调整。这就需要具体的科技法律规范使之具体化。许多科技法律规范，实际上是宪法中对科技问题规定的制度、原则、方针、政策以及公民的基本权利和义务等的具体化和规范化。而许多科技法律规范的内容则不能写到宪法中，只能由科技立法加以规定。

第三，科技法的发展和完善，也会反过来充实宪法的内容，促使宪法本身的发展。因此，科技法和宪法又有一种互相促进的关系。

二、科技法与传统部门法的关系

科技法与传统部门法，如行政法、民法、经济法、刑法等实体法和民事诉讼法、刑事诉讼法等程序法的关系怎样呢？

科技法是调整科技活动领域的社会关系的法律规范的有机统一体。科技法与行政法、民法、经济法、刑法、民事诉讼法、刑事诉讼法不同，二者是按照不同的分类标准对我国现行法律体系划分的结果。总体上看，科技法与传统的法律部门在调整社会关系的范围、立法目的和任务、法律的基本原则、具体制度和调整的手段等方面具有质的差别。

以行政法为例，就调整社会关系范围而言，行政法主要调整国家行政关系，科技法则调整科技活动领域的社会关系。当然，两者不可避免地有着交错。不过，经由行政法调整而发生的行政法律关系，当事人双方往往处于不平等的地位，行政法律关系之发生也不以当事人之间意思表示一致为前提，行政法律关系的当事人必有一方是国家机关。而经由科技法调整而发生的法律关系，其当事人可能有国家机关参与，但并不是必须有一方是国家机关，大多数科技法律关系都是在平等主体之间发生的。就调整社会关系的原则或手段而言，科技法在大多数情况下都以平等、有偿作为调整的原则，而行政法的调整，一般具有权力性、命令性和双方关系的不平等性为特征。行政法对违法行为所规定的制裁方式主要是行政制裁，科技法则兼有行政制裁、民事制裁、刑事制裁等方式。

科技法和民法的调整手段也有所不同。民法调整坚持以等价、有偿为原则，科技法调整虽然也往往坚持有偿原则，但往往很难以等价为原则。这是因为精神财富（科技成果）往往很难像物质财富那样计算其精确的价值。民法的调整通过民事诉讼、民事制裁方式实现，而科技法的调整虽有时也通过这些途径，但却不限于此，还可以通过行政调解、行政诉讼、行政制裁，甚至形式制裁的方式实现。而通过科技奖励的方式调整社会关系，则是民法和其他部门法很难采用而只有科技法才采用的。再者，科技法部门和民法部门所调整的社会关系有所不同。民法调整平等主体之间的财产关系和人身关系，而科技法虽然也是调整科技活动领域内平等主体之间的财产关系（如技术贸易）和人身关系（如专利权中表明发明人身份的规定），但并不限于此，它也调整不平等主体之间的所谓纵向的关系，如执行指令性科研计划而产生的社会关系。

以经济法为例，经济法仅仅调整纵向的经济关系，而科技法所调整的因科技活动引起的社会关系，既有不平等主体之间，即因一方行使权力而引起的纵向关系，也有平等主体之间的横向关系。科技法的调整范围，除涉及一部分科技经济关系以外，还涉及其他关系。经济法和科技法两者的调整手段也有差异性：经济法既然仅仅调整纵向经济关系，因而调整手段主要是行政性的；而科技法的调整手段在不同的时期，行政手段、民事手段则可能居于不同的地位。

但是，科技法是从行政法、民法、经济法、刑法、民事诉讼法、刑事诉讼法等传统的部门法中分立出来的，因而科技法与行政法、民法、经济法、刑法、民事诉讼法、刑事诉讼法之间又具有交叉关系。

以行政法为例，有些法律和法规（主要是有关国家对科技领域行政管理方面的法律、法规）原来归属于行政法部门，科技法作为一个部门法独立以后，这些法律、法规才划归为科技法部门。因此，两者之间有历史渊源关系。当然，这一部分法律、法规归属科技法部门以后，并不妨碍行政法仍把它们作为研究对象之一。这也就是说，科技法学和行政法学都可以研究这些法律、法规，但各自研究的重点却是不同的：行政法学着重研究国家如何对科技活动进行合理的行政管理，科技法学着重研究如何通过行政管理以促进科技进步和对科技成果的合理使用。前者旨在促进行政管理本身的高效、合理，后者旨在促进科技事业的发展。当然，两者的最终目的都是一致的：将行政管理和科技事业纳入法制轨道。

以民法为例，科技法与民法有着历史渊源关系。例如，科技法部门中的有些立法，原来归属于民法部门，如专利法，由于法律和法学的发展，这些立法才转归科技法部门。从传统来说，知识产权方面的立法乃是民法必不可少的组成部分，只是现代有关科技研究方面精神成果的保护性立法才转归科技法部门。当然，这并不意味着民法部门不能再容纳这些法律，也不意味着民法学不能再将它们列为研究对象，而只是意味着与科技活动密切有关的立法可以集中于科技法部门，以便使这些法律更加合理和系统化。

经济法调整纵向经济关系，科技法调整因科技活动引起的科技关系。这两个领域的界线是清楚的，但纵向经济关系、科技关系往往同时存在于某一类社会关系中。如科技拨款，既是一种纵向经济关系，又是一种科技关系，两者交错重叠。与此相应的是，有的法律、法规从不同角度出发，既可归为经济法，又可归为科技法。例如，关于科技税收管理的法律、法规，无疑是调整科技税收关系的，但科技税收关系既是一种因科技活动引起的社会关系，又是一方行使行政权力而引起的纵向经济关系，因而有关科技税收方面的法律、法规是可以分别归入科技法或经济法的。而从传统来说，税收关系属于典型的行政关系。

科技法学、行政法学和经济法学都将之列为研究对象，便是这种交错现象的反映。

三、科技法与环境法、教育法等领域法的关系

以环境法为例加以说明。环境与资源保护法（简称环境法）是保护环境和自然资源、防治污染和其他公害的法律部门。环境法调整环境社会关系，主要包括两个方面：与合理开发利用自然资源和保护生态环境有关的社会关系（生态环境保护社会关系）；防治环境污染和其他公害、改善环境质量过程中发生的社会关系（污染防治关系）。由此形成，两个法律群：自然资源法和环境保护法。自然资源法主要指对各种自然资源的规划、开发、利用、治理和保护等方面的法律，如《森林法》《草原法》《渔业法》《矿产资源法》《土地管理法》《节约能源管理暂行条例》等。环境保护法是指保护环境、防治污染和其他公害的法律，如《环境保护法》《海洋环境保护法》《水污染防治法》《大气污染防治法》等。

关于科技法与环境法的关系，我国法学界存在不同认识。有学者认为，环境保护是科技领域的活动，因而环境法不是一个独立的部门法，而应是科技法之下的第二层次的小部门。这样，科技法对环境法便是一种包容关系。而多数学者则认为，环境法的调整对象不仅涉及科技活动领域的环境社会关系，也涉及其他领域的环境社会关系，故不能说环境法是归属科技领域的法律。同时，科技法作为一个部门法，也不应太宽泛，各部门法在法律、法规数量方面也应有一个大致的平衡。因此，主张科技法和环境法都是法律体系中处于同一层次的法律部门。

我们认为，科技法与环境法都都有自己的立法目的，都有自己的特殊的调整对象，都是按照不同的社会生活领域的标准对我国法律体系划分的结果，因此，二者是不同部门法。但是，现实社会中，科技领域与环境领域又是相互渗透的，与两者间不可避免地存在某种交错关系。于是，有的法律或法规，从这一角度看可归入环境法部门，从另一角度看则可划入科技法部门。这种现象是客观存在的。区别的只是，科技法是以促进科技创新和抑制科技的副作用为目

的的法律，与科技活动密切联系的环境法律和法规，其旨趣也在于促进科技进步和对科技成果的合理使用方面；环境法中调整科技社会关系法律规范，其主旨是保护环境，实现社会的可持续发展。

四、科技法与国际法的关系

国际法是调整国际关系的法律规范统一体。国际关系可划分为政治关系、经济关系、外交关系等，也可划分为全球性国际关系和区域性国际关系、多边国际关系、双边国际关系，等等。国际法也是社会领域法，其主体是主权国家、国际组织或者民族解放阵线等实体。从逻辑上讲，国际法与国内法相对应，而科技法治是国内法的组成部分之一。根据前述关于科技法渊源的分析，国际条约中的规范科技活动内容，可以采用纳入或者转化的模式在国内法适用，纳入或者转化成为科技法和国际条约的渠道。

当今社会，国际政治经济一体化进程的加剧，不断促进科学技术的越来走向国际化，国内科技市场与国际科技市场愈加融合，同时，国家之间的竞争越来越靠高科技的竞争，谁占领科技制高点，谁就会在竞争中处于有利地位，所以各国出于对自己安全的考虑，一方面加大自身自主创新、引进外国技术的同时，一定程度上又都会采取措施限制自己的尖端科技的对外交流。鉴此情况，现代科技法在调整科学技术的国际交流的地位将越来越重要，发挥作用的空间越来越大，所以，科技法与国际法的关系将越来越密切。

第四章

科技法的实施和科技法律秩序的形成、变更和维护

第一节　科技法的实施和实现

一、科技法的实施

（一）科技法的实施概念

法的实施，作为法的运行①的主要内容，是指法在社会生活中的贯彻，是作为抽象的行为模式的法律指导现实生活中人们的具体行为，以实现立法者的立法目的，发挥规范作用的过程，是实现法的价值的必由之路。法的实施包括前后相继的四个环节：守法、执法、司法和法律监督。

科技法的实施，属于法的实施范畴，是作为抽象的行为模式的科技法指导现实生活中人们的具体行为，以实现科技法的目的，发挥科技法规范作用的过程，是实现科技法的价值的必由之路。

（二）科技法实施的四个环节

科技法实施的具体内容包含人们依据科技法律规定而形成具体法律关系，享有权利和履行义务；法律授权的国家机关和社会组织在法律授权范围内执行法律；司法机关适用法律，以及对法律运行的监督等活动，切实保证科技法的实现。

1. 法的遵守

守法也叫法的遵守，是指公民、社会组织（政党）和国家机关以法律为自己的行为准则，依照法律行使权利、履行义务的活

① 纵向地看，法的运行包括法的创制和法的实施两部分内容。

动。科技法规定了法律主体的权利和义务，但这种权利和义务仅是以一种抽象的形式存在着，法律仅是对某些社会关系的抽象化、模式化，要使法律上的规定转化为现实，就必须使之具体化。但法律规范形成并进入社会以后，并不会自动具体化为法律关系。只有与一定的法律主体相联系的法律事实出现之时，具体的法律关系才会产生，法律上确定的权利和义务才会具体化为现实生活中具体的权利和义务。

例如，合同法规定了技术合同当事人的权利和义务，但它并不自动具体化为特定当事人的权利和义务。只有特定的当事人依据合同法和相关法律的规定，签订了技术转让合同或其他形式的技术合同时，才会产生具体的技术合同关系，特定的当事人的权利和义务才在具体的技术合同中落实下来。当事人依法签订技术合同的行为，是使技术合同法中规定的权利和义务转化为现实的必不可少的桥梁。

人们根据科技法律规定而形成权利和义务关系，是科技法实施的重要形式。但是，具体法律关系建立之后，科技法还要继续运行，因为具体法律关系虽然将法律规范的要求转化为现实中特定法律主体之间具体的权利和义务，但还不等于这些特定的权利义务已经实现。只有当事人实际享受了权利和履行了义务，科技法的运行才告一段落。例如，技术合同的订立，只意味着合同关系确立，当事人之间的权利和义务得到具体确定，但这些权利和义务仍属应有或者可能实现的范畴，当事人还没有实际享受权利和履行义务。只有当事人按照法律指引而具体履行合同以后，合同确定的权利和义务才转化为切切实实的现状，于是，技术合同法的功能得以发挥、法律目的得以实现。

如果当事人不履行法律义务，则有可能引起执法或者司法活动。

2. 行政执法

（1）科技执法的概念和特点。

执法[①]，也称为法的执行或行政执法，是指国家行政机关、法律授权的组织及其公职人员依法行使管理职权、履行职责，贯彻和实施法律的专门活动。

执法行为的内容是作出具体的行政行为和抽象行政行为。具体行政行为，是指国家行政机关和行政机关工作人员、法律法规授权的组织、行政机关委托的组织，或者个人在行政管理活动中行使行政职权，针对特定的公民、法人或者其他组织，就特定的具体事项，作出的有关该公民、法人或者其他组织权利义务的单方行为。简而言之，即指行政机关行使行政权力，对特定的公民、法人和其他组织作出的有关其权利义务的单方行为。具体行政行为的表现形式包

---

① "执法"，有时被广义的地理解，还包括司法活动。例如人大和政协组织的执法检查，就包括对司法机关执行法律的活动的监督。

括行政命令、行政征收、行政许可、行政确认、行政监督检查、行政处罚、行政强制、行政给付、行政奖励、行政裁决、行政合同、行政赔偿等。

抽象行政行为是指行政机关在进行行政管理中，针对不特定的人和事制定普遍适用的规范性文件的活动。因行为结果是抽象规范的产生，故称抽象行政行为。如国务院制定行政法规的行为。抽象行政行为虽然不对某一具体事件或特定人作出具体处理，但一切具体事件和特定人的行为合乎抽象规范的，均在其适用范围以内，抽象行政行为的结果，往往是具体行政行为的依据和条件。抽象行政行为并不直接对具体人或事作出处理，在中国不能针对其提起行政诉讼。抽象行政行为的合法性审查属于国家权力机关和上级行政机关的职权。抽象行政行为的种类，可以分为执行性、补充性、自主性几种。执行性的抽象行政行为，是指为执行法律或者上位规则制定具体实施细则的行政行为，其特征是不创设新的权利义务。补充性的抽象行政行为，是指根据法律或者上位规则规定的基本原则和基本制度，对原法律或者上位规则需要补充完善的事项作出规定的抽象行政行为，其特征是在基本原则和基本制度约束下创设一部分补充性的新的权利义务。自主性的抽象行政行为，是指行政机关直接对法律或者上位规则尚未规定的事项，在根据宪法和组织法规定的管理权限内，根据行政管理的实际需要自主创设权利义务的抽象行政行为。

科技执法是国家科技行政机关、法律授权的组织及其公职人员依照科技法行使管理职权、履行职责，贯彻和实施科技法律的专门活动。在我国，大部分的法律法规都是由行政机关贯彻执行的，在科技法运行中，行政执法是最大量、最经常的工作，是科技法立法目的实现的重要环节。科技立法为调整社会科技法律关系奠定了法律依据基础，而科技执法则是科技法得以贯彻实施的重要渠道。

科技执法的特点主要有：

第一，科技执法的强制性。一切法律都是以国家强制力作为后盾来保证其实施的。科技法也一样，国家科技行政机关组织、贯彻、和执行科技法律法规，同样具有强制性。在行政执法中，当义务主体不履行法定义务时，国家行政机关有权采取强制措施以迫使其履行特定义务或者确定其相应的权利，以切实保证科技法律关系的正常运行。

第二，科技执法具有特定性。一方面，科技执法主体只能是科技行政机关或法律授权组织，其他任何机关或者组织都不享有科技行政执法权。另一方面，科技执法的对象是特定的，总是同特定的人（包括自然人、法人或者其他组织）、行为或者事实相联系的。具体的科技执法行为的特定性比较容易理解，抽象的科技执法行为，也具有特定性，因为科技法律的抽象性和概括性，才使得抽象的科技执法行为成为必要。

第三，科技执法具有综合性和复杂性的特点。由于科技法律法规繁多、内容复杂，科技执法机关都应执行和适用，而且科技执法涉及的对象和内容也非常广泛，既涉及公民、法人和其他组织等各种主体，也涉及政治、经济、文化等社会生活的各个方面。因此，科技执法具有综合性和复杂性的特点。

第四，科技执法具有较大的自由裁量空间，因而具有及时、高效的特点。由于行政机关管理的国家行政事务纷繁复杂，加上社会不断发展变化，再缜密的科技立法也不可能对每一项实务作出明确而严格的具体规定，因而有必要赋予执法机关较大的自由裁量权，以便执法人员对具体的科技实务在一定的幅度和范围内自由斟酌，加以妥善处理。当然，执法活动自由裁量权的行使，也不可以任性妄为，必须符合法律的目的，符合合理、公正的要求。

迅速、简便、快捷是科技行政执法的生命力之所在，科技已经渗透到社会生活的各个方面，科技执法是否有效率，直接关系整个社会的科技活动是否有效率。科技执法机关需要拥有一大批不同专业的技术人员，使其能够准确、及时地认定事实，处理科技实务。

第五，科技执法具有主动性和经常性。行政执法是掌握国家政权的阶级动用国家力量对社会实行全方位组织管理，其目的在于促进由国家立法机关向各种社会主体所配的权利义务得以正常实现。因此，行政执法不像司法那样出于被动的角色，秉持中立的态度。科技法也一样，具有对国家科技活动积极主动引导管理的特点。科技执法是科技行政机关最频繁、最主要的公务活动。可以说，科技行政机关的绝大部分公务活动都属于科技执法活动。

（2）科技执法原则。

第一，依法行政原则。即科技执法机关必须根据法定权限、法定程序和法治精神进行管理，否则，不但行政行为无效，而且要追究执法主体的责任。这是现代法治国家行政活动的一条最基本的原则。只有依法行政，使科技执法机关依照体现了人们对客观必然性认识的法律行事，才能避免、克服行政活动本身可能产生的任意性和偶然性，有效地促进科技进步，保证国家的稳定和社会的发展。依法行政还可以防止科技执法机关滥用权力，法律一方面赋予科技执法机关对社会生活及国家事务进行管理的权利，另一方面又对行政权的行使规定了限度、限制和程序，从而在实体上和程序上防止滥用行政权。

依法行政原则主要包括有限权力原则、正当程序原则和责任行政原则。第一，法治，对于国家机关而言，法不授权皆禁止，对于民众而言，法不禁止皆自由。所以，法律授予权力，从另一个角度看，就等于权力限制，所以，依法行政的首要的底线是权力有限。没有授权，则执法机关不得行使相应的职权。第二，正义不仅要实现，更重要的是要以看得见的方式来实现。我国具有重实体法，轻程序法的不良传统，所以，必须遵从程序的要求，以保证当事人的程序权利，进而保证其实体权利。不经过正当的程序，实体利益便很难保证，一切违背程序的行政行为，毫无例外地都是无效的。第三，责任行政原则，即行政执法主体必须对自己的行政行为承担责任。现代法治不允许只实施行政活动，而对自己的行为不承担责任。该原则的主要内容如下：一是行政活动应该处于责任状态，每一项职权均有相应的责任与之相对应；二是行政责任的承担以违法、不当或者存在损害为前提；三是对行政赔偿应该合理归责；四是对侵害和损失，应予行政救济；五是行政救济用尽之后司法最终解决。

第二，讲求效能原则。讲求效能原则是指科技执法机关应当在依法行政的前提下，讲求效率，主动有效地行使其权能，以取得最大的行政执法效益。与国家权力机关、司法机关相比，行政机关更强调效率，要求执法主体从保护公民权利和国家利益出发对行政相对人的各项请求及时作出反应，在不损害行政相对人合法权益的前提下适当提高行政效益。讲求效能原则是建立在合法性基础上的，科技执法主体必须严格按照法定程序和时限执法，不能借口效能而违反法律规定。

讲求效能原则还要求科技执法机关应当做到执法行为的准确，避免出现不适当、不合理的执法而影响执法效能。① 由于行政执法具有较大的自由裁量权，所以执法合理便尤为重要。合理性要求行政机关在行使自由裁量权的时候，必须符合立法目的和立法精神，最大限度地尊重公民个人的权利和自由，而不能随心所欲地处置公民的基本权利；尽可能地考虑行政相对一方当事人的便利，采用尊重当事人权利的方式和程序，以最限度地剥夺权利或者设定最小义务的方式达到执法目的。如果行政自由裁量权的行使，不是出于国家利益而是为了追求私人利益或者小集团的利益，则属于滥用权力或者玩忽职守。

（3）科技执法的分类。

科技执法活动主要包括三方面的内容：

第一，因行政管理的需要而执行法律法规，即把法律法规具体应用于行政管理领域，以规范某一社会领域的社会关系，推动法律秩序的形成。

第二，因当事人之间产生纠纷而执法，行政机关负责一定范围的决定、处罚、复议、调解、仲裁等事项。

第三，因管理的需要，而是法律法规进一步细化，制定实施细则、委托立法、制定规章等。

---

① 张文显：《法理学》，高等教育出版社、北京大学出版社1999年版，第295~305页。

3. 法的适用（即司法）

（1）法的适用（即司法）的含义。

法的适用，也称为司法，是指国家司法机关根据法定职权和法定程序，具体应用法律处理案件的专门活动。

法的适用在科技法运行的过程中也可能不出现。因为，只要公民和社会组织依照科技法律行使权利并履行义务，科技法律就能够在社会实际生活中得以实现，而无需法的适用。当然，这是最好的法的运行。

不过，在科技法律关系产生以后，经常会出现法律适用这一科技法运行的形式。因为在法律关系产生以后，当事人之间会产生一些争议，如对协议效力和协议的内容存在不同认识，以及是否要继续维持协议的效力等存在分歧。法律适用旨在确认法律关系的有效性（如确认技术转让合同有效）、保护法律关系（如裁定技术合同当事人继续履行合同）、变更法律关系（如批准高科技企业变更经营范围）、消灭法律关系（如裁定技术合同无效）。

（2）法的适用情形。

在下列情况下需要法的适用：

第一，当法律主体在相互关系中发生了自己无法解决的科技争议，致使法律规定的权利义务无法实现时，需要司法机关适用法律裁决纠纷，解决争端。

第二，当法律主体在其科技活动中遇到违法、违约或侵权行为时，需要司法机关适用法律制裁犯罪分子、追究违法者的法律责任、恢复被侵害的权利、确认有关主体的权利义务并保证其实现。

总之，法律主体依靠自己的能力不能使科技法继续运行的情况下，便可以借助于法的适用的手段，来达成法律的实现。

法的适用（司法）与行政执法相比有巨大的差别，这些差别又是对司法的基本要求，主要包括：（1）司法的被动性，而行政执法具有主动性；（2）司法的中立性，而行政执法的鲜明政治立场；（3）司法重视过程，程序之上，形式价值追求，而执法注重目标性、实体性（合理性）；（4）司法运行中，控辩审几方角色之间的交谈性而行政执法的主导性和非交谈性；（5）司法价值取向的公平优先性，而行政执法的效率优先性。

（3）法的适用的特点。主要有：

第一，具有国家权威性。法的适用是由特定的国家司法机关及其公职人员，按照法定职权实施法律的专门活动，具有国家权威性。

第二，具有国家强制性。法的适用是司法机关以国家强制力为后盾实施法律的活动，因而具有国家强制性。

第三，具有严格的程序性及合法性。法的适用是司法机关依照法定程序、运用法律处理案件的活动，具有严格的程序性及合法性。

第四，法的适用必须有表明法的适用结果的法律文书。法的适用往往通过某种法律文书的形式加以实现，国家机关用这种法的文书确认或者禁止某种行为，从而把法所设定的权利、义务关系变成现实中的权利义务关系。例如制作判决书、裁定书、调解书的活动，都是适用法的活动。

4. 法律监督

在我国，法律监督，有狭义和广义之分。狭义的法律监督，专指国家监察机关和人民检察院依法对法律实施的检查和督促。广义的法律监督则包括一切国家机关、社会组织和公民对各种法律活动的监督。广义的法律监督可分为国家监督、政党监督和社会监督。

（1）国家监督。国家监督包括国家权力机关的法律监督（主要是对法的制定活动的监督和法的实施活动情况的监督）、行政机关的法律监督（包括各级监察委和上级行政机关，以及行政机关之间的监督）、司法监督（如检察院的法纪监督、侦查监督、审判监督；法院系统的审判监督）。

（2）政党监督。政党监督包括中国共产党的监督（通过对国家机关的领导发挥党对各级国家机关的监督作用和对党员、下级党组织的监督）、各民主党派的监督（包括是各级政协组织的监督）。

（3）社会监督。社会监督包括人民群众、社会组织（工会、青年团、妇联、学术性团体等）和新闻媒体的法律监督。

二、科技法的实现

法的实现，即将体现在法律规范之中的立法者的要求和意图转化为社会生活现实。既指某一个具体的法律规范、个别制度或者某个、某几个部门法的实现，也可以是指国家整个法律规范体系的实现。科技法的实现，就是将体现在科技法律规范之中的立法者的要求和意图转化为社会生活现实。

法的实现是必须通过法的实施来完成，是法的实施的结果样态；法的实施是以最大限度的法的实现为目的，是围绕法的实现而展开的守法、执法、司法、法律监督等一系列活动和过程。

随着系统论在法学中的运用和法经济学的发达，法的实现研究呈现越来越量化的趋势。这有助于为指导法的实现提供更加精准的理论依据。如现代信息论、现代控制论、拓扑学、系统工程学以及概率论、模糊学等的广泛应用，就已使法学研究的方法论发生了深刻的变化，对法学问题的定量研究成为可能。以系统论为例，有学者把法的实现视为一个复杂的巨系统，认为这系统主要包括：（1）主导系统，即法的制定、颁布、生效，以及对社会关系的调整，直至体现在法律规范中统治阶级立法意图转化为社会生活的现实，这是法的实现的系统的主导工程。其主要的是法律规范的完备、科学，以及国家机关的执法、司法和监督机制的流畅和运行有力；（2）保证法的实现的合法行为的制约因素系统。行为法学考察社会主体的行为形成和发展的一般规律，遴选出影响和制约社会主体行为的七个变量，即主体的需要、主体的价值观、主体的能力、资源状况、行为机会、行为方式、行为消耗。为了把社会主体的行为引向合法，就必须用法律力量对这七个变量加以规范，以形成主体合法行为的制约机制；（3）保证法的实现的社会因素，包括社会的政治、经济、教育、文化等条件等。在此基础上，进行数学建模、量化分析。①

第二节　科技法律秩序的形成、变更和维护

一、科技法律秩序的概念

科技法在创制并生效之后，由于其凝结着统治阶级的意志，即具有科技法运行的原始能量（即国家强制力），可以借助于公民的自觉遵守，国家的执法、司法、法律监督等环节，规范社会生活，发挥调整作用，推动着科技法的实现。这一过程也是科技法律秩序形成、变更、救济和维护的过程。

法律秩序是指由法律所建立和保护的人们相互之间的权利义务关系的有条不紊的社会秩序。因此，科技法律秩序是由科技法所建立和保护的人们相互之间的科技权利义务关系的有条不紊的科技社会秩序。黑格尔说过，权利的边界构成法律秩序。因此，从权利义务关系来分析，科技法律秩序的形成、变化的过程与科技法律权利义务关系产生、变动、维护或者消灭过程，是事物的一体两面。这就是说，不仅要在静态意义上界定科技法律秩序是什么，还应该对科技法律秩序作动态的考察。众多的法律关系网结而成法律秩序。所以，动态地把握法律秩序要从法律关系这个最基本构成单元的形成、变更或者消灭入手。

法律关系，是指法律规范在调整人们的行为过程中所形成的以法律上特定的权利义务为内容的社会关系。法律关系的构成要素有三项：法律关系主体、法律关系内容和法律关系客体。法律关系是统治阶级通过国家意志作用于社会关系，借以保证统治阶级利益的重要手段和途径。

---

① 魏国治、黄建武：“关于个体行为法律控制研究”，载《现代法学》1989 年第 5 期。

具体的法律规范调整法律主体之间的社会关系，使之产生特定的权利义务关系，即在特定主体之间产生了法律关系。法律关系的变更，即一定的法律关系的主体、内容或者客体发生了变化。法律关系的消灭是指特定的法律关系权利义务关系的完全终止。

法律关系处在不断的形成、变更和消灭的运动过程中。它的形成、变更和消灭，需要具备一定的条件。其中最主要的条件有二：一是法律规范；二是法律事实。法律规范是法律关系形成、变更和消灭的法律依据，没有一定的法律规范就不会有相应的法律关系。但法律规范的规定只是规范层面的法律主体权利和义务关系的抽象模式，还不是现实的法律关系本身。法律关系的形成、变更和消灭还必须具备相应的事实基础，这就是法律事实。它是法律规范与法律关系联系的中介。

所谓法律事实，就是法律规范所规定的、能够引起法律关系产生、变更和消灭的客观情况。依据是否以人们的意志为转移作标准，可以将法律事实分为两类，即法律事件和法律行为。如天气酷热导致海参死亡，使原来的海参买卖供货合同无法履行。再如，因为有了新的技术产生，导致原来的技术贸易合同的合同标的发生变化，因此，合同双方当事人之间相应的权利义务内容也因而有所变化。法律行为，是另一类法律事实。是指能引起法律关系产生、变更和消灭的人的活动（行为）。同法律事件不同之处在于它以人的意志为转移，是人们有意识的自觉活动的结果。包括作为（即积极的行为）和不作为（即消极的行为）；合法行为或者违法行为。法律行为成立要件如下：（1）必须是外部表现出来的作为或不作为，而不是人们的心理活动；（2）必须是人们有意识的活动。无意识能力的未成年人、精神病患者以及在暴力威胁下的行为都不能成为法律行为。法律行为具有多样性。如可分为单方的（如遗嘱）、双方的（如合同）、共同的（如建立社团组织）；有偿的（如买卖）和无偿的（如赠予）等形式。还可根据法律行为的性质可分为合法行为和不合法行为。

当然，在法律关系的形成、变更或者消灭的过程中，与守法、执法、司法和法律监督活动相统一的。

二、以科技合同法律秩序为例的分析

现以科技合同法的运行为例，对法律秩序形成、变更、救济、维护的过程加以分析。

（1）特定的科技合同法律关系的产生。例如，甲方（海洋科技加工技术服务公司）接受乙方（食用海产品加工公司）的委托，为乙方的海参深加工工艺提供加工方面高新技术供给。甲乙双方根据我国合同法和民法总则的有关条款，约定了技术合同的内容①，于是，在当事人双方产生了相应的权利义务关系。这即形成特定的科技法律关系。

（2）如果在这一过程，甲乙双方都很好地履行了各自的义务，各方的权利得以实现，那么，合同履行完毕，甲乙之间特定的权利义务关系消灭。如果当事人对合同的条款理解产生歧义，则有可能进入执法或者司法环节。

（3）请求行政调解，进入执法环节。如果当事人对合同的条款理解产生歧义，双方又同意到当地工商行政机关申请行政调解。行政调解是科技执法的一类活动，是指国家行政机关处理平等主体之间民事争议的一种方法。国家行政机关根据法律、行政法规的相关规定，对属于本机关职权管辖范围内的平等主体之间的民事纠纷，通过耐心的说服教育，使纠纷的双方当事人互相谅解，在平等协商的基础上达成一致协议，从而合理地、彻底地解决纠纷矛盾。本案中，如果经过工商管理机关的调解，甲乙当事人双方当事人互让互谅、平等协商、达成和解协议，解决了有关争议，就不需要再进入司法程序。具体的科技争议得以解决，科技权利义务得以明晰，科技法律秩序重新恢复正常。

（4）将争议诉诸法院，进入民事司法环节。如果当事人一方不愿意把争议交由工商行政管理机关调解，或者即使双方同意交由工商行政管理机关调解但最终没有达成调解协议的情况下，一方当事人就可以提起民事诉讼，请求司法解决。法院作为审判机关，依据有关法律和案件事实，对当事人之间的争议作出裁决，定纷止争。法院的判决生效并得到执行，原来的法律关系得以救济，当事人之间的法律关系得以修复，最后由于判决的旅行，双方的义务的履行而完结。

（5）如果存在合同诈骗，触犯刑法，则可能进入刑事追诉环节。假如上例中，甲乙之间的技术合同存在重大的违法行为，比如，甲方根本不具有履行协议的能力，而是利用合同诈骗乙方的钱财，并且数额较大（比如诈骗乙方预付款5万元），这时，该争议已经不仅仅是当事人甲乙之间的事情了，而是涉嫌合

---

① 技术合同的内容由当事人约定，一般包括以下条款：（1）项目名称；（2）标的的内容、范围和要求；（3）履行的计划、进度、期限、地点、地域和方式；（4）技术情报和资料的保密；（5）风险责任的承担；（6）技术成果的归属和收益的分成办法；（7）验收标准和方法；（8）价款、报酬或者使用费及其支付方式；（9）违约金或者损失赔偿的计算方法；（10）解决争议的方法；（11）名词和术语的解释；（12）生效时间等。

同诈骗罪①。因为在立法者看来，甲方利用合同诈骗乙方 5 万元，如果单靠民事救济（诸如排除妨害、返还原物、赔偿损失、赔礼道歉等制裁方式）或者行政处理（诸如罚款、限期改进、吊销甲的营业执照等），都不足以解决对整个合同法律秩序（属于市场经济秩序）的维护问题。如果不把这种合同诈骗行为确定为犯罪并追究刑事责任，而仅用民事制裁或者行政法律制裁来处理甲的诈骗行为的话，其他人也可能会纷纷效仿甲，而都来实施诈骗别人的钱财（因为不仅甲本人，其他人也都感觉：因诈骗而受到的制裁与获得非法利益相比较，总体是赚的——因为十次违法，受到追究的，往往是"十不一二"，如果没有受到制裁自然是大赚；即使追究了民事责任或者行政法律责任，最多也是不赔本）。这样的话，国家的合同法律秩序（市场经济秩序）就会乱套。正是"利用合同诈骗他人财物，数额较大"因而具有严重的社会危害性，故立法者认为必须将这种诈骗行为认定为犯罪并追究其刑事责任（让甲本人和其他人都感觉：因诈骗而获罪判刑是得不偿失的）。所以，改用刑罚的制裁手段对这种严重的违法行为加以打击，以免别人效仿。当出现诈骗行为时，刑法规范开始接入社会生活，履行对法律关系和法律秩序的调控和保障机能。

由上可见，实践中，最理想的模式是：科技法律规范——法律事实——法律关系——主体享有权利和义务——社会法律秩序有条不紊地运行——法律得以实现。但是，如果当事人之间的权利义务关系不明，或者存在其他争议的情况下，首先要进行民事救济、行政法律救济，以达到法律关系的修复，维持相应的法律秩序的目的。但是，如果当事人的行为存在严重的违法性，以至于通过民事救济和行政法律救济，难以制止其他法律主体对这种违法行为的效仿，难以保证相应的法律秩序的稳定和安全，这时候，立法者把这种违法行为确定为犯罪并追究刑事责任，以维护国家的整体法律秩序。这一过程表明了民法、行政法等对法律关系调整和救济的第一防线地位；刑法（包括科技刑法）在国家的法律体系的第二防线地位以及刑法（科技刑法）对科技法律秩序的维护所起的最后的保障作用。

---

① 依据《刑法》第 224 条规定，合同诈骗罪，是指以非法占有为目的，在签订、履行合同过程中，以虚构事实或隐瞒真相的方法，骗取对方当事人财物，数额较大的行为。2010 年最高人民检察院、公安部印发《最高人民检察院、公安部关于公安机关管辖的刑事案件立案追诉标准的规定（二）》第 77 条规定，合同诈骗案（《刑法》第 224 条）以非法占有为目的，在签订、履行合同过程中，骗取对方当事人财物，数额在二万元以上的，应予立案追诉。

第 二 编　科技法律秩序的
刑法保护总论

第一章

科技犯罪的界定

　　刑法是规定犯罪及其刑事责任（刑罚和保安处分）的法律规范有机统一。科技刑法通过对具体科技犯罪的规制以实现其对科技法律秩序的维护。因此，有关犯罪和刑法一般知识的论述，是我们研究科技犯罪和科技刑法的基础和逻辑起点。

第一节　犯罪的概念及其本质

一、犯罪概念的表述

　　犯罪概念是整个犯罪论体系的逻辑起点，任何刑法理论工作者都不能回避对它的研究。综合国内外，从刑法与刑法理论上看，对犯罪的表述大致分为以下几种情况：

　　1. 形式的犯罪概念

　　形式的犯罪概念是指仅从犯罪的法律特征来概括犯罪，而不揭示法律为何将该行为规定为犯罪行为。西方国家刑事立法和刑法理论上对犯罪的解释多属于此种类型。例如，德国刑法学家宾丁认为，犯罪是违反刑事制裁法律的行为。贝林格认为，犯罪是用法律类型化了的行为。再如，1810 年的《法国刑法典》第 1 条曾规定："法律以违警刑所处罚之犯罪，称为违警罪，法律以惩治刑所处罚之犯罪，称为轻罪；法律以身体刑所处罚之犯罪，称为重罪。"现行的《法国刑法典》第 111 – 1 条规定："刑事犯罪，依其严重程度。分为重罪、轻罪及违警罪。"① 现行的《瑞士联邦刑法典》（1996 年修订）第 9 条规定："重罪是指应科处重惩役之

---

① 《法国刑法典》，罗结珍译，中国政法大学出版社 1995 年版，第 2 页。

行为。""轻罪是指最高刑为普通监禁刑之行为。"① 现行的《意大利刑法典》第39条规定:"根据本法典为有关罪行分别规定的刑罚种类,犯罪区分为重罪和违警罪。"② 等。

形式的犯罪概念是罪刑法定原则的必然要求及其实现的前提,其主要作用是防止法官的司法专横。由于形式的犯罪概念对于法律为什么将这种行为规定为犯罪没有说明,因而不能制约刑事立法者以防止"恶法"的产生。

2. 实质的犯罪概念

实质的犯罪概念,旨在揭示犯罪的社会属性(本质)。即想要说明犯罪行为之所以被刑法规定为犯罪的理由和根据。例如,在奴隶制社会、封建制社会,法律被假借为神或者上帝的意志对犯罪的本质加以解释,于是,犯罪被认为是违背天意的大逆不道;在宗教国家则认为犯罪是魔鬼所作之孽,视犯罪为一种罪孽。再如,刑事古典学派创始人之一贝卡利亚曾经指出,犯罪是危害社会的行为。康德提出犯罪的道德不义论——刑法是一种绝对命令,犯罪违反了人类社会的这一绝对的、至上的、永恒的道德原则。又如,刑事实证学派的龙勃罗梭基于其"天生犯罪人理论",主张犯罪是一种遗传变异现象;刑事心理学派的加洛伐罗则从心理学角度认为,自然犯是"侵犯了人类社会的诚实和怜悯这两种最基本的道德情感的行为";刑事社会学的李斯特认为,犯罪是行为人的社会危险性的体现,强调犯罪是行为人基于其社会危险性格实施侵害法律所保护的利益的行为。

实质的犯罪概念之目的在于揭露犯罪的本质,并以此来限制立法者对刑罚权的发动。但是如果基于完全实质意义上去理解犯罪,那么,就应该允许法官类推适用法律,故实质的犯罪概念难以制约法官的司法专横。

3. 犯罪的实质与形式统一的概念

犯罪的实质与形式统一的概念,是指从犯罪的本质和法律特征两个方面给犯罪以概念。这种方法最早见之于苏联刑法及其刑法理论。如早在1948年,苏联就有学者提出,犯罪的基本特征是社会危害性、违法性、罪过、应受惩罚性与不道德性,并将犯罪的实质与形式特征结合起来研究。现行的《俄罗斯联邦刑法典》(1997年1月1日开始实行)第14条第1款规定:"本法典以刑罚相威胁所禁止的有罪过地实施的危害社会的行为,被认为是犯罪。"这就明确反映出犯罪有两个基本特点——犯罪具有社会危害性和刑事违法性,犯罪是实质与形式的统一。③

形式的犯罪定义强调了犯罪的法律属性,但没有提示犯罪的本质;实质的

---

① 《瑞士联邦刑法典》,徐久生译,中国法制出版社1999年版,第4页。
② 《意大利刑法典》,黄风译,中国政法大学出版社1998年版,第18页。
③ 《俄罗斯联邦刑法典》,黄道秀译,中国法制出版社1996年版,第8页。

犯罪定义强调了犯罪的反社会性，但忽视了犯罪的法律属性，因而各有利弊。将实质与形式结合起来，界定犯罪，则克服了犯罪的形式概念和实质概念所存在的片面性：既阐明了犯罪的社会危害本质，又规定了犯罪的法律界限，有利于真正地揭示和科学把握犯罪的内涵和外延。

我国1979年《刑法》第10条将犯罪的社会危害性本质与法律特征结合起来界定犯罪。1997年修订的《刑法》第13条继承了这种做法，该条规定："一切危害国家主权、领土完整和安全，分裂国家、颠覆人民民主专政的政权和推翻社会主义制度，破坏社会秩序和经济秩序，侵犯国有财产或者劳动群众集体所有的财产，侵犯公民私人所有的财产，侵犯公民的人身权利、民主权利和其他权利，以及其他危害社会的行为，依照法律应当受刑罚处罚的，都是犯罪，但是情节显著轻微危害不大的，不认为是犯罪。"据此，我国刑法理论一般认为，犯罪是具有严重的社会危害性，触犯刑法，应当受刑罚惩罚的行为。这一界定是我国刑法理论的通说。[1]

二、犯罪的基本特征

刑法理论通说认为，犯罪有三个特征，即严重的社会危害性、刑事违法性和应受刑罚惩罚性。

而且，这三个特征密切联系，其中，"严重的社会危害性是最基本的属性，是刑事违法性和应受刑罚惩罚性的基础。社会危害性如果没有达到违反刑法、应受惩罚的程度，也就不构成犯罪。因此，这三个特征都是必要的，是任何犯罪都必然具有的。""这三个特征把犯罪与不是犯罪、犯罪与其他违法行为区别开来了。"[2]

笔者认为，首先，除了上述三个特征之外，犯罪的行为性，即犯罪行为的物理属性，也是犯罪的基本特征[3]。强调犯罪的这一属性，就是强调"犯罪是主观见之于客观"信条中之"客观成分"。这凸显了犯罪是犯罪人的"实践活动。"这样，一则可以避免主观归罪，二则有助于认识"客观是犯罪之基"。"惩罚思想"、"论心定罪"，是奴隶制和封建制刑法野蛮性和干涉性的重要表现。"无行为即无犯罪"是刑法在近代文明化的结果、也是现代刑法谦抑性或者说"不得已性"的重要表现之一，强调犯罪的行为性，其作用是防止主观归

---

① 高铭暄、马克昌主编：《刑法学》，北京大学出版社、高等教育出版社2016年版，第45页以下。

② 高铭暄、马克昌主编：《刑法学》，北京大学出版社、高等教育出版社2016年版，48；又见赵秉志：《刑法新教程》（第四版），中国人民大学出版社2012年版，第55~57页。

③ 牛忠志："我国犯罪概念的再探讨——兼评我国刑法典第十三条之立法"，载赵长青：《刑法适用研究》，重庆出版社2000年版，第88页以下。

罪，保障言论自由。由此，笔者主张犯罪的四个基本特征：行为性、严重的社会危害性、刑事违法性和应受刑罚惩罚性。

其次，如何看待和把握"严重的社会危害性"？近几年，学界存在着去苏俄化，废弃"社会危害性"的呼声，① 主张用德日的"法益"直接置换这里的"严重的社会危害性"的见解。② 也有学者不赞成这种对待社会危害性理论的偏激态度，主张要善待社会危害性观念。③ 笔者认为，"严重的社会危害性"是一个十分必要的概念，不能取消。而且，那种简单地用"法益"来置换"严重的社会危害性"的主张，是不可取的。因为，在中国理论界，有学者在 20 世纪 80 年代就认识到，犯罪不是简单的存在论的产物，而是带有价值取向的规范论的产物，主张犯罪的本质包括三个方面的内容：主观恶性、客观危害和人身危险性（再犯可能性）。④ 而德日的"法益"只包含着犯罪的客观危害内容，不能体现行为的主观恶性和行为人的社会危险性。犯罪的本质包括"主观恶性、客观危害和人身危险性（再犯可能性）"这一认识符合当代各国所奉行的后期古典学派理论，也符合我国刑法关于犯罪的一般规定和具体个罪的规定。所以，继续采用"严重的社会危害性"术语，是合适的。

第二节　科技犯罪的内涵与外延

一、我国法学界对科技犯罪的理论研究述评

已有的研究成果在 CNKI 数据库的检索情况（全部的检索都不设期间限制）

1. 2018 年 8 月 5 日以"科技犯罪"为主题的检索情况与评析

精确搜索，遴选出有一定的参考价值的期刊文章 27 篇。分析于下：

首先，其中，关于生命科技犯罪立法完善方面的文章有 16 篇，这些文章是：（1）刘长秋、杨玉娣：《现代生命科学技术与单位犯罪》，《云南大学学报（法学版）》2004 年第 1 期；（2）刘长秋：《罪刑法定与生命科技犯罪》，《政法论丛》2006 年第 1 期；（3）刘长秋：《论生命科技犯罪及我国的法律对策》，

---

① 陈兴良："社会危害性理论：进一步的批判性清理"，载《中国法学》2006 年第 4 期。

② 陈兴良："社会危害性理论——一个反思性检讨"，载《法学研究》2000 年第 1 期。

③ 储槐植、张永红："善待社会危害性观念——从我国刑法第 13 条但书说起"，载《法学研究》2002 年第 3 期。

④ 朱建华："论犯罪的社会危害性的内在属性"，载《法学研究》1987 年第 1 期。

《四川警察学院学报》2009 年第 3 期；（4）刘长秋：《生命科技犯罪及其刑事责任制度比较研究》，《甘肃政法学院学报》2009 年第 6 期；（5）刘长秋：《我国生命科技犯罪及其刑事责任研究》，《山西警官高等专科学校学报》2010 年第 5 期；（6）刘长秋：《生命科技犯罪与现代刑事责任》，《四川警察学院学报》2012 年第 1 期；（7）刘长秋：《生命科技犯罪的发展趋向及其法律对策研究》，《北京政法职业学院学报》2012 年第 2 期；（8）刘长秋：《生命科技犯罪的发展趋向及其法律对策研究》，《云南大学学报（法学版）》2012 年第 2 期；（9）刘长秋：《两岸四地生命科技刑法比较研究》，《四川警察学院学报》2013 年第 1 期；（10）刘长秋：《论生命科技刑事责任的功能与我国刑法之完善》，《四川警察学院学报》2010 年第 2 期；（11）刘长秋：《论生命科技刑事责任的功能与我国刑法之完善》，《北京人民警察学院学报》2010 年第 1 期；（12）刘长秋：《生命科技刑事责任根据研究》，《山西警官高等专科学校学报》2011 第 2 期；（13）刘长秋：《现代生命科学技术引发的犯罪现象及其刑法学审视》，《郑州轻工业学院学报（社会科学版）》2009 年第 1 期；（14）马进保：《现代生物科技犯罪与应对方略研究》，《山西警官高等专科学校学报》2008 年第 4 期；（15）熊永明：《论法国生物科技犯罪规定对我国刑事立法的启示》，《河南省政法管理干部学院学报》2010 年第 1 期；（16）景年红：《生命科技行为入罪之路径分析》，《科技与法律》2011 第 2 期。

其次，分属于刑法学的 2 篇和刑诉法学的 1 篇。（1）蔡墩铭：《犯罪防治与科学办案》，《诉讼法论丛》1999 年第 3 卷《辑刊》；（2）李民、洪森：《高科技发展对刑法三大原则的挑战》，《科技与法律》2010 第 2 期；（3）熊永明：《论现代生命科技发展对我国刑法基础理论的冲击》，《河南财经政法大学学报》2012 年第 1 期。

最后，关于高科技犯罪现状、特点和预防的犯罪学类文章有 8 篇。这些文章是：（1）马进保：《高科技犯罪的特点趋势与对策》，《广东公安科技》2001 年第 2 期。（2）傅晓海，李文涛等：《高科技犯罪的侦防对策》，《公安学研究》2002 年第 6 期。（3）刘行星：《高科技犯罪的发展趋势》，《江苏警官学院学报》2008 年第 5 期。（4）李锡海：《科学技术现代化与犯罪》，《河南省政法管理干部学院学报》2009 年第 1 期；（5）易明：《以科技手段有效打击科技犯罪——银行自助设备安防情况现状与发展方向浅谈》，《金融经济》2011 第 4 期；（6）陈细雅：《伪基站：遏制科技犯罪需要依靠科技手段》，《中国新技术新产品》2014 年第 3 期；（7）兰迪：《高新科技犯罪防控机制研究》，《江西警察学院学报》2015 年第 1 期；（8）喻耀：《预防青少年科技犯罪的教育路径探析》，《亚太教育》2016 年第 20 期（旬刊）。

评析：（1）关于"生命科技犯罪"及其"刑事责任"等立法完善方面的文章16篇，对生命科技刑法进行了较为系统的研究（主要是上海社会科学院法学所的刘长秋长期专注于这一课题，占了文章的绝对多数）。因为21世纪是生物世纪，基因技术、克隆、器官移植、代孕等问题的出现，产生了生命科技犯罪，如基因犯罪、辅助生殖犯罪、器官移植犯罪、人体实验犯罪等现象，由此催生了生命科技刑法。这些文章对生命科技犯罪的含义、本质、特征、主要表现以及法律对策进行了研究。由于生命科技刑法属于科技刑法的重要内容，所以，这一部分的研究有助于科技刑法理论的丰富和发展。

（2）关于高科技犯罪现状、特点和预防的犯罪学类文章8篇中，有一些作者讨论了当前我国由于科技发展所可能引起的新型犯罪的特点、形成原因，并提出了防治对策；有的文章则着重讨论了科技手段、科技方法在预防和控制犯罪方面的作用路径和具体措施。

（3）属于规范法学角度研究的3篇文章，都是从宏观的视角来研究科技发展所带来的刑法（刑法理论）和刑诉法（理论）的变革。

（4）关于高科技犯罪概念，有学者将其归纳为广义、狭义与最狭义三种界定模式[1]。①广义的高科技犯罪主张，高科技犯罪是指与高新科技发生关联的所有犯罪活动或现象；从范围上看，既包括利用高科技手段和高科技产品实施危害国家、社会与个体权益的犯罪行为，也包括在实施犯罪行为之前，利用高科技手段和成果进行犯罪的阴谋与策划，或者在犯罪行为实施完毕后利用科技手段和成果进行的逃避打击和反侦查活动。[2] ②狭义的概念认为，只有在犯罪实际发生阶段犯罪人利用高科技手段实施犯罪或以高科技领域为侵害目标的犯罪才是高科技犯罪。[3] 依据这种界定模式，在犯罪准备阶段与犯罪后逃避侦查阶段利用高科技的行为就不属于高新科技犯罪的范畴。③最狭义概念主张，高科技犯罪是指自然人或法人，在高科技领域实施的危害社会主义社会关系、触犯我国刑事法律，依法应受刑事处罚的故意或过失行为。[4]

（5）关于高科技犯罪分类，有学者采用狭义的高新技术犯罪概念，从犯罪学视角对高新技术犯罪做了分类研究：一是按照高新技术犯罪产生的原因可划分为纯正高新科技犯罪与不纯正高新科技犯罪。前者是由于高科技而滋生的新型犯罪类型，以网络犯罪与生命科技犯罪为代表；后者是传统犯罪与高科技的结合，如用激光技术杀人、用核武器实施恐怖主义活动。二是根据犯罪人使用的具体的科

---

[1] 兰迪："高新科技犯罪防控机制研究"，载《江西警察学院学报》2015年第1期。
[2] 赵光中："现代高科技犯罪防范与对策"，载中国科技出版社2002年版，第5页。
[3] 马进保："高科技犯罪的特点趋势与对策"，载《广东公安科技》2001年第2期。
[4] 傅晓海、李文涛等："高科技犯罪的侦防对策"，载《公安学研究》2002年第6期。

技手段性质，可将高新科技犯罪区分为计算机犯罪、网络犯罪、生命科技犯罪、化学科技犯罪、核科技犯罪、激光科技犯罪、空间科技犯罪等。①

2. 以"科研犯罪"进行检索的情况及评析

2018 年 3 月 26 日，笔者在中国知网（CNKI）中文数据库中，以不同的检索项加以检索，具体情况如下：

（1）以"科研犯罪"为主题，进行"精确"检索，查到了有关联的期刊论文 3 篇：一是《增设妨害科研秩序罪的立法构想》，载于《河南大学学报（社会科学版）》2009 年第一期；二是《刑法对科研不端行为的应然回应》，载于《政法论坛》2009 年第 2 期；三是《基于审计视角的科研犯罪预防策略研究——以完善高校科研经费审计结果公示制度为例》，载于《犯罪学论坛（第二卷·下）》，2015 – 05 – 30·中国会议。

（2）以"科研犯罪"为主题进行"模糊"检索，遴选出有价值的论文 8 篇（包括期刊、报纸）：《论科研失范行为的犯罪化》，《科学学与科学技术管理》2007 年 12 月；《增设妨害科研秩序罪的立法构想》，《河南大学学报（社会科学版）》2009 年 1 月；《刑法对科研不端行为的应然回应》，《政法论坛》2009 年 3 月；《预防科研院所职务犯罪的对策》，《江苏法制报》2010 年 11 月 15 日；《违规使用科研经费引发贪污犯罪》，《中国社会科学报》2012 年 2 月 1 日；《从"最年轻院士"到犯罪嫌疑人农大教授李宁"科研涉腐"调查》，《中国经济周刊》2014 年 10 月 20 日；《基于审计视角的科研犯罪预防策略研究》，《犯罪学论坛（第二卷·下）》，2015 – 05 – 30·中国会议；《论科研腐败的惩治与预防》，《刑法论丛》2015 年第 4 卷（总第 44 卷）；《判决书里的"科研经费"犯罪》，《中国青年报》2017 年 7 月 20 日。

（3）以"科研犯罪"为关键词检索，进行"精确"，检索到 0 篇期刊论文。

（4）以"科研犯罪"为关键词，进行出版物检索，检索到唯一的一本专著（合著），即《科研犯罪引论》（河南人民出版社 2006 年 9 月版）。该书的上架建议是：（社会科学）犯罪学。其主要内容为：第一章科学失范行为；第二章我国在科学失范行为道德法律化方面的障碍；第三章科学失范行为犯罪化范围的设定；第四章几种严重的科研失范行为及其刑法对策（上）；第五章几种严重的科研失范行为及其刑法对策（下）。

评析：（1）不同的学者研究视角不同，有的是刑法学视角，有的是犯罪学视角，不同的视角，其研究的侧重点不同。如果不注意研究视角的定位，则可能研究问题太泛、内容太多而又难以深入。笔者研究视角将定位于刑法学。

---

① 兰迪："高新科技犯罪防控机制研究"，载《江西警察学院学报》2015 年第 1 期。

（2）学者们对于"科研犯罪"，无论是刑法学视角，还是犯罪学视角，都把犯罪主体限定为科技研究人员（包括研发人员和科技管理人员）。这一点是可取的。

（3）关于学术期刊论文的成果。首先，立于规范法学视角的研究。学术期刊、报纸的论文所研究议题主要有科研腐败、科研职务犯罪，尤其是贪污、挪用、套取科研经费、科研领域的受贿问题；科研不端行为（有的称之为科研失范行为、学术不端行为、学术腐败行为）的入罪问题；科研工作人员盗窃、盗卖、侵夺科研器材问题等。这方面的研究，其主要的内容之一，在于如何进一步合理地推进科研违规行为的犯罪化；另一个侧重点在于利用现行的刑法规范对社会上存在的科研犯罪加以惩处。例如，有学者主张，应该《刑法》分则第六章"妨害社会管理秩序罪"中增加一节"妨害科研秩序罪"。该类罪侵犯的同类客体是科学研究秩序，客观方面表现为以各种手段方法严重干扰、破坏科研活动秩序，主体为科研从业人员和科学研究机构等特殊主体，主观方面为故意。该类罪具体包括违禁研究罪、科研欺诈罪、科研诈骗罪、侵占成果优先权罪、科研剽窃罪、妨害科研罪等新罪名。该类罪的刑事责任承担形式应当多样化，刑种配置应合理趋轻，刑罚适用应适当宽缓。[①] 再如，有学者认为，"科研犯罪，是科研人员利用职务便利，通过各种形式私分、侵吞科研经费，具有社会危害性、刑事违法性、应受惩罚性的行为。"[②]

其次，从犯罪学角度的研究。相对而言，多数的文章属于这一方面的选题。有学者针对诸如贪污、挪用、受贿等科研院所职务犯罪的不断增多，提出了坚持"放"与"管"相结合，健全管理机制；坚持"奖"与"惩"相结合，健全激励机制的对策。[③] 有学者分析了违规使用科研经费引发贪污犯罪的原因，提出了相应的控制的对策。[④] 有学者分析了科研腐败的概念及特点、科研腐败的性质，提出了预防科研腐败的对策。[⑤]

（4）关于论著的成果。笔者检索到唯一的《科研犯罪引论》，是一本合著，该成果来源于省级课题的研究，2006 年 9 月由河南人民出版社出版。第一，严格意义上，该书仍然不是法学和刑法学专著，在学科分类上属于社会科学（犯罪学）的范畴。第二，就主要内容来看，全书阐述了科学失范行为的概念和特点；科研失范行为的分类；我国在科学失范行为道德法律化方面的障碍；研究

---

① 徐英军："增设妨害科研秩序罪的立法构想"，载《河南大学学报（社会科学版）》2009 年第 1 期。

② 宋华未："基于审计视角的科研犯罪预防策略研究——以完善高校科研经费审计结果公示制度为例"，载《犯罪学论坛（第二卷·下）》，2015 – 05 – 30 · 中国会议。

③ 彭德文："预防科研院所职务犯罪的对策"，载《江苏法制报》2010 年 11 月 15 日。

④ 董玉庭："违规使用科研经费引发贪污犯罪"，载《中国社会科学报》2012 年 2 月 1 日。

⑤ 卢建平、王晓雪："论科研腐败的惩治与预防"，载《刑法论丛》2015 年第 4 卷（总第 44 卷），第 1 ~ 16 页。

了科学犯罪行为的基本概念、表现、特点、成因及社会危害性等犯罪学内容。第三，该书的最后一部分，从应然的角度论证了"几种严重的科研失范行为及其刑法对策"，包括"扰乱科研秩序犯罪""严重剽窃科研成果的行为""侵占他人科研成果优先权的行为""科学研究活动中的严重欺诈行为""科学研究活动中的腐败行为""科学研究活动中的泄密行为""科学研究活动中的违禁研究行为"等的犯罪化问题，提出了完善刑法立法的建议。

二、本书对科技犯罪的界定

（一）科技犯罪的内涵与特点

1. 科技犯罪的内涵

前文已述：（1）科技法是调整科技活动领域的社会关系的法律规范的有机统一体；（2）社会关系经过科技法的调整在特定主体之间产生了特定的科技权利与义务关系（即科技法律关系），众多的科技法律关系网结成科技法律秩序（权利的边界即构成法律秩序）；（3）犯罪即具有严重的社会危害性触犯刑法、应当受其刑罚处罚的行为，由此，笔者主张：

科技犯罪是指任何人，无论是科研工作人员（包括研发人员和科技管理人员）和科技单位，还是普通人或者普通单位，违反科技法律法规，侵害科技法律秩序（危害科技利益），妨害科技进步，情节严重，触犯刑法，应受刑罚惩治的行为。

对这一界定，作两点说明：

首先，这里的科技犯罪与一些学者定义的"高技术犯罪"有差别。例如，有学者主张，高科技犯罪，有时也称智能犯罪，是一个犯罪学的概念，指的是犯罪分子运用智慧、智力成果和先进的科技手段实施的犯罪，即以高新技术为犯罪手段实施的犯罪。[①] 信息窃取、盗用、欺诈是此类犯罪中最为常见的类型。如利用伪造信用卡、制作假票据、篡改电脑程序等手段来欺诈钱财，以及生化科技犯罪中的生物恐怖犯罪、经济生物犯罪、克隆与辅助生殖犯罪和化学合成毒品犯罪等。[②] 与其不同，这里的科技犯罪，只限于危害科技利益的犯罪而不包括以科技手段所实施的犯罪。其原因在于，考虑到当今社会，科技渗透到社会的方方面面，科技无处不在。因而传统的犯罪，如杀人、爆炸、投放危险物质，诈骗等等，都可以采用高科技手段来实施。所以，如果把采用高科技手段（方法）所实施的传统犯罪，也纳入科技犯罪的范畴，那么，将会导致科技犯

---

① 赵新彬："我国高科技犯罪犯罪的特点和发展趋势"，载《上海公安高等专科学校学报》2007 年第 5 期。

② 马进保："高科技犯罪的全球化挑战与本土回应"，载《中国刑事法杂志》2007 年第 04 期。

罪的外延庞大，而使研究对象失去特殊性，降低专题研究的意义。毛泽东同志曾指出"对于某一现象的领域所特有的某一种矛盾的研究，就构成某一门科学的对象"。如果没有特殊的研究对象，则成为一门学科的实践根据就不足。故，将科技犯罪的范围只限于侵害科技法律秩序、侵害科技利益，妨害科技进步所产生的犯罪，就是为了突出研究对象。

其次，这里的科技犯罪与科研犯罪也有差别。所谓科研犯罪，是指科研工作人员（即科技研发人员和科研管理人员）或者科研单位，在从事科学研究与科研管理的过程中，违反科技法律法规，侵害科技法律秩序（危害科技利益），妨害科技进步，情节严重，触犯刑法，应受刑罚惩罚的行为。可见，科技犯罪和科研犯罪，二者并不完全等同。同时，科技犯罪和科研犯罪又有密切的联系。科技刑法是科研刑法的上位概念，除科研刑法外，还包括"科研人员（含科研管理人员）"之外的人员实施的危害科技利益的科技犯罪。

就我国现行刑法而言，非科技工作人员可能实施的科技犯罪主要有：《刑法》第118条、第119条破坏易燃易爆设备罪（当在科研场所发生，危害科研利益的）；第134条重大责任事故罪（当在科研场所发生，危害科研利益的）；第264条盗窃罪（普通人盗窃科研器材，危害科技利益的）；第276条破坏生产经营罪（任何人，包括科技工作人员破坏科技工作进程，危害科技利益的）；第285条第1款非法侵入计算机系统罪（侵入科技系统的）、第2款非法获取计算机信息系统数据、非法控制计算机信息系统罪（侵入科技系统的）；第282条非法获取国家机密罪（当国家秘密属于科技秘密的）；非法持有国家绝密、机密文件、资料、物品罪（当国家秘密属于科技秘密的）；第286条破坏计算机信息系统罪（侵入科技系统的）；第290条聚众扰乱社会秩序罪（发生在科技工作场所）等。实践中曾经发生的农民工偷"天价葡萄"案①，盗窃行为对

---

① 2003年8月7日凌晨3时，北京海淀区香山派出所的民警巡逻至香山门头村幼儿园门前时，见4名男子抬着一只编织袋往村里走。警惕的民警立即停车上前盘查。见到警察盘问，4名男子神色惊慌地解释着编织袋内装的是葡萄，是从朋友地里摘来准备带回工地吃的。但民警没有听信他们的解释，将4名男子连同一编织袋的葡萄带回了派出所。在派出所里，葡萄的来源得以弄清。4名男子全是农民工，在香山某建筑工地打工，住在香山脚下。6日晚，几人商量着弄些水果来吃。其中一名在北京市农林科学院林业果树研究所当过临时工的李高尚说，林果所内种的水果好吃，到那里弄去。当晚11时许，4名民工步行近1小时翻墙进入林果所院内，在李高尚的带领下来到葡萄研究园。坐在葡萄架下4民工"甩开膀子"猛吃一气，临走时几人商量，走了老远的路光吃饱肚子太亏了，得带些回去。在路边垃圾箱附近李高尚捡了一只编织袋，几个人开始摘葡萄架上的葡萄，装满后抬着编织袋翻墙出来，在回工地的路上被警察逮个正着。盘查后，警方获悉，该4名男子编织袋中为其偷来的47斤科研用葡萄。这是北京农林科学院林业果树研究所葡萄研究园投资40万元、历经10年培育研制的科研新品种。4位民工的馋嘴之举令其中的20余株试验链中断，损失无法估量。后北京市物价局价格认证中心对被偷的葡萄进行评估，涉案的23.5公斤葡萄直接经济损失为11 220元。该葡萄一时被人们称为"天价"。

实验田里葡萄的损毁，极大地破坏了葡萄实验成果，即在客观上危害了科技利益，妨害了科技进步。只不过行为人主观上没有妨害科技利益的目的，最终还是按照普通盗窃罪处罚了。再如，《刑法》第 290 条规定的聚众扰乱社会秩序罪，是指行为人聚众扰乱社会秩序，情节严重，致使工作、生产、营业和教学、科研、医疗无法进行，造成严重损失的行为。该罪的犯罪主体也是一般主体，而且只处罚聚众的首要分子和积极参加者，对于一般参与者不能以犯罪论处。当本罪发生在科技活动，破坏科技法律秩序，妨害科技进步时，就属于本书的科技犯罪。

2. 科技犯罪的特征

科技犯罪具有犯罪的一般特征，即：（1）行为性。科技犯罪是一类负价值的行为——严重的科技违法行为。（2）严重的社会危害性。就科技犯罪而言，这种严重的社会危害性体现为对国家整体科技法律秩序的破坏，严重地侵害科学技术研究所应有的求真、诚信、创新、公平竞争等精神实质，侵害科技利益，妨害科技进步。（3）触犯刑法性。罪刑法定是现代法治的要求。科技犯罪因为具有严重的社会危害性而被立法者确定为犯罪，刑法关于科技犯罪的罪刑规范是认定科技犯罪的规范依据。科技犯罪是触犯相应科技法规范的行为。（4）应受刑罚惩罚性。科技犯罪是立法者认为值得科处刑罚的行为；科技犯罪的法律后果是应受刑罚的处罚。

同时，科技犯罪还具有不同于其他犯罪的一些特征。

（1）科技犯罪是发生在科技活动之中的破坏科技法律秩序的行为，侵害科技利益，妨害科技进步的行为。科技活动过程包括从科技研发立项、招标投标、科技研发的开展与横向合作、科技成果的确权、科技成果转让和科技成果的转化、科技成果的跨国转移，以及伴随着一系列活动的科技管理等环节。

（2）科技犯罪中的主要部分是科研犯罪。科研犯罪的犯罪主体特殊，即科技工作者（科研人员和科技管理人员）。科研人员，特指具备某一学科专业知识的而从事科学研究的高级知识分子；科技管理人员对于科技活动进行组织管理的人员。科技机构也具有科研犯罪的主体资格。

（3）当今社会，科学技术是第一生产力，科技活动是社会发展的最为活跃的生长点，犯罪行为侵害科技法律秩序，危害科技利益，其社会危害性往往是无法用传统的价值尺度来衡量的。例如，一项尖端科技秘密的泄露，对国家和民族的危害是难以估量的。再如，媒体报道一例科技经费诈骗案：近日，山东常林机械集团破产重组揭开了该企业涉嫌项目空转、科研造假的问题，引来社会和媒体的关注和议论。这家企业多次名列中国机械工业联合会发布的"中国机械工业百强"榜单，而且拥有企业国家重点实验室和山东省重点实验室，8 年获得科研经费 15 亿元。① 因此，科技犯罪的重要地位将越来越凸显。

（二）科技犯罪的外延

对科技犯罪外延的把握，可以借由对科技犯罪的分类来达成。按照不同的标准，可以对科技犯罪加以分类：

（1）按照犯罪主体的不同，首先，可把科技犯罪分为两大类：单位犯罪和自然人犯罪。就自然人犯罪而言，还可进一步划分为科技工作人员（科技研发人员和科技管理人员）的犯罪和非科技工作人员的犯罪。单位犯罪也可分为科技单位和非科技单位主体。

（2）根据科技创新活动进程，可以把科技犯罪划分为发生在科技项目招投标环节的科技犯罪、发生在科技研发过程中科技犯罪、针对科技成果的科技犯罪、有关科技成果流转和科技成果转化的科技犯罪等。

（3）根据科技犯罪所侵害的社会关系（法益）的性质，结合刑法分则的关于类罪的划分，可以把科技犯罪划分为：危害国家安全的科技犯罪；违反税法的科技犯罪；侵犯知识产权的科技犯罪；侵犯财产的科技犯罪；违背诚信原则的科技犯罪；科技活动中的贪污贿赂、渎职失职犯罪等。

（4）按照有无涉外因素，可以把科技犯罪分为国内科技犯罪和国际科技犯罪。这一组分类涉及具体科技犯罪案件的刑事管辖和定罪量刑所依据的实体法等问题。

本书在第三编科技犯罪的分论部分，在上述第三种划分的基础上，把科技犯罪分为侵害以国家法益为科技法律秩序内核的犯罪、侵害以社会法益为科技法律秩序内核的犯罪、侵害以个人法益为科技法律秩序内核的犯罪，对各个科技犯罪加以详细的分析研究。这是理论界以犯罪具体侵害的利益主体的不同对犯罪加以分类的做法，在科技犯罪研究上的延伸。

---

① 2018 - 06 - 28《环球时报》报道："'汉芯'式造假又现：涂掉日本产品油漆充国产骗经费"，转引于大众网 https：//baike. so. com，2018 - 06 - 29 日访问。

第二章

科技刑法的界定

第一节　刑法的概念和特点

一、刑法的概念

国内学界关于刑法概念的表述有三种说法：第一种是，刑法是规定犯罪与刑罚的法律规范的总和。[①] 第二种是，刑法是规定犯罪、刑事责任与刑罚的法律。[②] 第三种是，刑法是规定犯罪及其法律后果的法律规范。[③]

在国外，对刑法的表述，既有使用"刑法"（penal law）一词的，也有使用"犯罪法"（criminal law）一语的，还有曾经被称为"社会防卫法"的。

既然刑事责任是犯罪的法律后果，刑罚是刑事责任的最主要实现方式，刑法虽然不只是规定犯罪与刑罚的，刑罚也不能与刑事责任相并列，但是刑罚是刑法的特质又必须予以强调，所以，没有必要将"刑法"改为"犯罪法"或"社会防卫法"。鉴于第一种表述已经落后于时代了，第二种表述认为应该引入"刑事责任"以作为连接犯罪与刑罚之间的桥梁，实际上没有给予刑事责任以恰当的地位，故本书综合上述三种表述，主张：

刑法是规定犯罪及其刑事责任（其承担方式主要是刑罚）的法律规范的有机统一。这一表述，符合当今各国所奉行的后期古典学派的基本立场，既解决了逻辑问题，也突出了刑罚的特质。

[①] 陈忠林：《刑法（总论）》，中国人民大学出版社 2003 年版，第 3 页。

[②] 高铭暄、马克昌主编：《刑法学》（第七版），北京大学出版社高等教育出版社 2016 年版，第 7 页。

[③] 张明楷：《刑法学》（第五版），法律出版社 2016 年版，第 15 页。

二、刑法的特殊性质

刑法是一个重要的部门法，因而具有法律的一般属性。这里只分析刑法的特殊性质，即刑法具有区别于其他法律的特有属性。

刑法的特殊性质主要表现在以下几个方面：

（1）调整对象的相对广泛性。一般的部门法都只是调整和保护某一方面的社会关系。如民法仅调整和保护平等主体之间财产关系以及平等主体之间与财产密切相关的人身关系；行政法仅调整和保护行政关系，等等。刑法所调整的社会关系相当广泛，包括政治的、经济的、财产的、婚姻家庭的、人身的、社会秩序等许多方面的社会关系。由于一般部门法所调整的社会关系，刑法几乎都要进行调整，一般部门法所保护的合法权益，刑法几乎都要予以保护。所以，刑法有"综合法"之称。

（2）调整对象的特殊性。目前，包括法理界在内的许多学者一般认为刑法没有自己特殊的调整对象。据说，法理界是为了给刑法以部门法的地位，特地对部门法的划分标准作了修正。我们对此毫不领情。我们认为这一见解是肤浅的。

刑法是规定犯罪、刑事责任和刑罚的法律规范之总和，换言之，刑法禁止的是犯罪行为，规定的主要是刑罚的法律后果。所以，刑法所调整的社会关系是重要的社会关系，而且只有在这种社会关系受到严重损害，以至于统治者认为如果不动用刑罚来惩治破坏者，就不足以维护现行统治，或者如果任其发展下去，就会动摇现行的整个国家法律秩序时，便将其纳入刑法的调整范围。反之，非重要的社会关系，如友谊关系、同学关系等刑法不去理会；而且，虽属重要的社会关系，但受损不严重时，刑法也不介入，如健康权、所有权被轻微侵害的情形便是如此。所以，我们认为，刑法调整的对象是属于整个社会关系网的"纲"和"目"，或者归纳为"关系到整体法秩序存亡的"的社会关系，或者称之为"国家整体法秩序"。用张明楷教授的话说就是刑法调整的社会关系具有"片段性"；而陈忠林教授则总结为"刑法调整对象利益的整体性。"[1]我们认为，正是从这个意义上讲，刑法居于第二防线的地位。

（3）制裁手段的最为严厉性。一般部门法对一般违法行为也适用强制方法，如赔偿损失、警告、行政拘留等。相比而言，这些强制方法并不严厉，而且在许多情况下，当事人之间可以自行和解。刑法规定的法律后果主要是刑罚，刑罚是国家最严厉的强制方法，在绝大多数情况下，犯罪人与被害人之间不得自行协商处理犯罪事件。

---

[1] 陈忠林：《刑法（总论）》，中国人民大学出版社2003年版，第4页。

（4）（刑法的）补充性。有的教科书称为"不得已性"或者"谦抑性"。现代刑法的上述三个特性，决定了刑法的补充性。其含义是，在现代社会背景下，只有当一般部门法不足以抑止某种危害行为，不能充分保护某种合法权益时，才由刑法介入社会生活，适用刑法禁止该危害行为，以保护相应的法益。国家有许多部门法，需要保护的合法权益都首先由部门法来保护，只有当一般部门法不能充分保护合法权益时，才需要刑法保护。"刑法在根本上与其说是一种特别法，还不如说是其他一切法律的制裁力量。"① 但是，刑法的强制方法主要是刑罚，而"刑罚如两刃之剑，用之不得其当，则国家与个人两受其害"。能够不使用刑罚，而以其他手段亦能达到维护社会生活秩序及保护社会与个人法益的目的时，则务必放弃刑罚的手段。这是现代民主、自由的内在要求。否则，公民"动辄得咎"，陷入犯罪，则背离了现代法律的基本精神。

（5）体系地位的保障性。刑法的保障性，有两重含义，其一，刑法制裁方法的最为严厉性和调整对象的特殊性决定了刑法实际上成了其他法律实施的保障。没有刑法作后盾、作保证，其他部门法往往难以得到彻底贯彻实施。其二，保障犯罪人的合法权益。保证无辜的人不受刑事追究，保证犯罪的人不受法外制裁。现代刑法保障犯罪人的合法权益不受非法剥夺，因而被誉为"保护犯罪人的宪章"。

强调刑法的共性与个性这对范畴的差异性，并对刑法的特殊性质深入研究，对我们的启示：

（1）刑法的上述法律特殊性质，使其在法律体系中处于一种特殊地位。刑法与其他部门都是处于宪法之下的子法，但刑法与其他部门法又不是一种平行并列关系，刑法保障宪法与其他部门法的实施，故刑法在法律体系中处于保障法的地位。

（2）刑法与其他法律部门的衔接，涉及两个问题：第一，是否所有法律关系受到严重的侵害后都进入刑法的调整领域？第二，是否进入刑法调整领域的所有社会关系都必须先由其他部门法调整过？我们认为在理想状态下，在完善的法制条件下，上述两个问题的答案都应该是肯定的。但现实中，第一，往往存在有一些法律关系遭受严重的侵害，却没有纳入现行刑法的调整领域。这就需要立法机关将其犯罪化立法。第二，有的社会关系不经其他部门法的调整就直接由刑法来保护。这在刑法初创时期时有发生，法制越完备，这种情况就越少。

（3）正确把握刑法的阶级性质与刑法的法律性质之关系。首先，两者不

---

① ［法］卢梭：《社会契约论》，商务印书馆 1962 年版，第 63 页。

同，阶级性是用阶级和阶级斗争的观点，用历史唯物主义的观点考察刑法的结果；法律性实际是指刑法的法律特性，是相对于一国现行法律体系的其他部门法而言，其独特的性质。其次，两者又有联系。阶级性决定法律性——刑法之产生和存在是统治统治阶级意志的结果，它与特定的统治阶级同呼吸、共命运；另一方面，法律性体现、贯彻、保护阶级性——刑法是统治阶级地位得以巩固的重要武器。可见，刑法的阶级性质与其法律性质是对刑法属性不同层次的揭示。

第二节 刑法的目的、功能、任务与作用

刑法的目的、任务、机能、作用这些概念的逻辑关系是：刑法的目的制约着刑法的性质，决定着任务，刑法的性质决定了刑法的机能（功能），刑法的机能在现实中外化为刑法的作用；机能的外化、作用的发挥就是完成刑法任务、实现刑法目的的过程。

一、刑法的目的

（一）刑法的目的的概念

刑法的目的，包括刑法的立法目的和司法目的，其中，立法目的决定并制约着司法目的，司法目的从属于立法目的。刑法的立法目的是立法者创制刑法所要达到的理想状态。正是立法目的集中代表了刑法目的，所以，许多场合往往将立法目的等同于法律目的。这里只分析刑法的立法目的。

刑法目的是立法者制定、适用刑法所要达到的目的。法律目的与法律任务共同构成法律的基础，决定着整个法律。由于法律目的制约着法律任务，故可以说法律目的代表着一部法律的精神实质和价值取向。"法律在很大程度上是国家为了有意识地达到某个特定目的而制定的……目的是法律控制的驱动力……目的是全部法律条文的创造者。每条法律规则的产生都源于一种目的，即一种实际的动机。"[①]

（二）刑法目的的应然表述

刑法目的在一部法律中处于最为重要的地位（居于刑法的第 1 条），它对于立法和司法上合理控制处罚范围、对刑法条文的科学解释、司法人员正确司法都具有根本指导意义。

---

① ［美］E. 博登海默：《法律哲学与法律方法》，邓正来译，中国政法大学出版社 1999 年版，第 109 页。

然而，我国理论界对刑法目的的研究尚且不够。目前的认识可归纳为：观点一，刑法的目的就是刑罚的目的。刑罚目的是国家据以确定刑事政策、制定刑事法律，特别是设计刑罚制度的出发点，也是国家使用刑罚同犯罪作斗争的最终归宿。……详言之，刑罚的目的就是预防犯罪，包括一般预防和特殊预防。[①] 观点二，"我国刑法目的是保护法益。因为各种犯罪都是侵犯法益的行为，运用刑罚与各种犯罪作斗争，正是为了抑制犯罪行为，从而保护法益；刑罚的目的是预防犯罪，之所以要预防犯罪，是因为犯罪侵犯了法益，预防犯罪是为了保护法益，这正是刑法的目的。……惩罚犯罪本身不是刑法的目的，而是保护法益的手段。"[②] 并且反对"刑法的目的是保护刑法规范的有效性"的观点。[③] 观点三，我国刑法的目的是惩罚犯罪与保护人民的统一。把它们割裂开来，认为惩罚犯罪就是刑法的目的，或者认为刑法可以离开对犯罪的惩罚实现保护的目的，或者认为惩罚犯罪、保护人民是两个平行的目的，都是不正确的。惩罚犯罪从其最直接意义上来说，也可以是刑法的目的，但是，它不是独立的目的，不能为惩罚而惩罚，而是为了保护人民才惩罚犯罪，从这一点来说，它又是实现保护人民这个根本目的的手段。[④] 观点四主张，刑法的目的是保护规范的有效性[⑤]，这一观点来自德国刑法学家雅克布斯的机能主义刑法理论。

上述观点分歧的焦点是：（1）刑法目的是否就是刑罚目的？换言之，刑法目的有无独立存在的价值？（2）惩罚犯罪应否是刑法目的的组成部分？（3）刑法目的、刑罚目的、惩罚犯罪、预防犯罪之间的关系是什么？（4）如何看待观点四，即机能主义的刑法目的？

本书认为，（1）现行刑法典中，立法目的的表述是突出而明确的。刑法典第1条规定："为了惩罚犯罪，保护人民，根据……制定本法"。这就明确地在法典的最首要位置标示了刑法目的。遗憾的是，理论界对此似乎视而不见。

恰恰相反，刑法典第三章"刑罚"部分没有明确规定刑罚目的，刑罚目的却是被隐藏在第2条"刑法的任务"中。理论上对刑罚目的的阐述则是依据第1条并结合第2条关于刑法任务的规定推导出来的。所以，我们有充足的法律根据来突出地单独强调刑法目的。前文观点二、三在"刑法概述"和"刑罚论"部分分别地研讨刑法目的和刑罚目的，应当说是可取的、妥当的。

[①] 高铭暄、马克昌：《刑法学》，北京大学出版社、高等教育出版社2016年版，第223页以下。
[②] 张明楷：《刑法学》，法律出版社2003年版，第33页。
[③] 张明楷：《刑法学》，法律出版社2016年版，第23页。
[④] 何秉松：《刑法教科书》，中国法制出版社2000年版，第17页。
[⑤] 周光权：《刑法总论》，中国人民大学出版社2016年版，第21~22页。

（2）刑法目的并不等同于刑罚目的。刑罚目的是惩罚犯罪和预防犯罪，刑法目的包括刑罚目的和人权保障两个层次。一方面，二者并不完全相同，另一方面，二者也不是互不相关，而是互相关联——从结构上讲，刑罚目的只是刑法目的的一部分，它们是系统与其组成元素、整体与其组成部分的关系；从逻辑上讲，二者是"目的价值"和"手段价值"的关系：惩罚犯罪和预防犯罪最终是保护法益；除了保护法益外，现代刑法还强调保障人权。刑罚目的和与其相对的"人权保障"共同构成刑法目的，也即将"惩罚犯罪、预防犯罪和保障人权"统一为保护"国家的整体法秩序"。

可见，刑法目的应当是保护国家的整体法秩序。相应地，刑法典第一章的章名也应改为："刑法的目的、任务和基本原则"。①

当然，我们说，刑法目的应是保护国家的整体法秩序，那么，进一步追问：国家的整体法律秩序的内在结构怎样？则可以进一步解构为：以国家法益为内核的法律秩序、以社会法益为内核的法律秩序、以个人法益为内核的法律秩序。

（三）刑法目的的层次性

刑法的目的，可以在不同的层次上加以分析和认识。刑法目的基本上可以有以下三个层次：

（1）根本意义的刑法目的，也称之为刑法的整体目的。集中地体现在《刑法》的第 1 条：惩罚犯罪、保护人民。这是实然的理解。至于应然的刑法目的的分析，前文已作了阐述。

（2）中观层次的刑法目的。可从两个维度加以分析：

①刑法设置的基本原则和基本制度所确立的目的。例如，《刑法》第 3 条规定的罪刑法定原则，旨在保障人权、反对国家刑法立法权的任意性和司法专横擅断性；《刑法》第 5 条规定的罪责刑相适应原则，旨在保证罪责刑配置的均衡，实现刑罚人道，反对严刑峻法。再如，《刑法》第 22 条、第 23 条、第 24 条规定的犯罪未完成形态制度，旨在对犯罪预备形态、未遂形态和中止形态以区别对待；《刑法》第 25 条、第 26 条、第 27 条、第 28 条、第 29 条的规定，旨在对共同犯罪的成立条件，以及各种共同犯罪人在共同犯罪中的作用（角色）加以区别妥处，以实现刑法的根本目的。

②刑法分则各章所确立的刑法目的。② 即第一章危害国家安全罪、第二章危害公共安全罪、第三章破坏社会主义市场经济秩序罪、第四章侵犯公民人身

---

① 若有兴趣，详细的论证可查阅牛忠志："刑法目的应是保护国家的整体法秩序"，载《云南大学学报（法学版）》2006 年第 5 期。此文被人大复印资料《刑事法学》2007 第 1 期全文转载。

② 如果考虑到刑法分则的第三章和第六章是章下设节，那么，这两章设置犯罪的目的还可进一步细分为若干亚类。

权利、民主权利罪、第五章侵犯财产罪、第六章妨害社会管理秩序罪、第七章危害国防利益罪、第八章贪污贿赂罪、第九章渎职罪、第十章军人违反职责罪，各章有各章的立法目的。例如，刑法设置分则第一章危害国家罪的立法目的在于维护国家安全，刑法设置分则第五章犯财产罪的立法目的在于维护国家财产法律秩序、刑法设置分则第十章军人违反职责罪的立法目的在于维护国家军事利益。

（3）微观的刑法目的。即规则和具体制度，以及各个具体犯罪层次的目的。

①具体规则和制度的立法目的，是微观目的的重要内容的一个方面。例如，《刑法》第 67 条第 1 款规定，犯罪以后自动投案，如实供述自己的罪行的，是自首。对于自首的犯罪分子，可以从轻或者减轻处罚。其中，犯罪较轻的，可以免除处罚。自首的犯罪分子，自动投案，主动将自己置于国家控制之下，如实供述自己的罪行，一方面，往往反映出犯罪分子的悔罪认罪，改过自新的诚意，另一方面，自首也可以早日使案件真相大白，早日确定刑事责任，由此节俭司法资源。正是有鉴于此，我国刑法才规定了对于自首的犯罪分子可以从轻、减轻处罚（其中犯罪较轻的，可以免除处罚）。再如，《刑法》第 72 条规定了缓刑的适用条件："对于被判处拘役、三年以下有期徒刑的犯罪分子，同时符合下列条件的，可以宣告缓刑，对其中不满十八周岁的人、怀孕的妇女和已满七十五周岁的人，应当宣告缓刑：（1）犯罪情节较轻；（2）有悔罪表现；（3）没有再犯罪的危险；（4）宣告缓刑对所居住社区没有重大不良影响。"缓刑制度是对犯罪的社会危害性（犯罪的客观危害和行为人的主观恶性）小，犯罪人的社会危险性小的罪犯的优遇制度。犯罪的客观危害、行为人的主观恶性，或者犯罪人的社会危险性有一方面不具有"小"的属性，就不能适用缓刑。"被判处有期徒刑以上刑罚的犯罪分子，刑罚执行完毕或者赦免以后，在五年以内再犯应当判处有期徒刑以上刑罚之罪的，是累犯，应当从重处罚，但是过失犯罪和不满十八周岁的人犯罪的除外。前款规定的期限，对于被假释的犯罪分子，从假释期满之日起计算。危害国家安全犯罪、恐怖活动犯罪、黑社会性质的组织犯罪的犯罪分子，在刑罚执行完毕或者赦免以后，在任何时候再犯上述任一类罪的，都以累犯论处。"（《刑法》第 65 条、第 66 条），由于累犯是屡教不改的，其社会危险性大，所以，不符合缓刑条件，因此《刑法》第 74 条规定，对于累犯不适用缓刑。

②各个具体犯罪层次的目的。刑法设置每一个具体的罪行规范，都有特定的立法目的，这属于微观的立法目的之一。例如，《刑法》第 313 条规定了拒不执行判决、裁定罪："对人民法院的判决、裁定有能力执行而拒不执行，情

节严重的，处三年以下有期徒刑、拘役或者罚金；情节特别严重的，处三年以上七年以下有期徒刑，并处罚金。单位犯前款罪的，对单位判处罚金，并对其直接负责的主管人员和其他直接责任人员，依照前款的规定处罚。"刑法设置该罪的目的在于以刑罚制裁的否定性法律后果来督责行为人切实履行法院判决、裁定所确定的义务，确保法院判决裁定的权威性，保障权利人的权利能够得到及时全面的实现。再如，现行《刑法》第 248 条规定了虐待被监管人罪："监狱、拘留所、看守所等监管机构的监管人员对被监管人进行殴打或者体罚虐待，情节严重的，处三年以下有期徒刑或者拘役；情节特别严重的，处三年以上十年以下有期徒刑。致人伤残、死亡的，依照本法第 234 条、第 232 条的规定定罪从重处罚。监管人员指使被监管人殴打或者体罚虐待其他被监管人的，依照前款的规定处罚。"该罪目前属于刑法分则第四章侵犯公民人身权利、民主权利罪，也就是说刑法设置本罪的立法目的主要是保护公民的公民人身权利、民主权利，而不是监管法律秩序、国家管理监狱的。这与 1979 年《刑法》把本罪设置在"渎职罪"一章的立法目的，显然是不同的。

二、刑法的功能（机能）

刑法的功能（机能）是指由刑法的性质所决定的、刑法所固有的、内在的、可能的作功活力。

"机能"一词，现代汉语的注释是"细胞组织或者器官等的作用和活动能力"；"功能"，现代汉语的注释是"事物或方法所发挥的有利作用；效能。"比较二者，可以认为，"机能"更加强调整体观念，注重系统性。

国外刑法理论一般认为刑法具有以下三种机能：（1）规制的机能，指刑法具有使对犯罪行为的规范评价得以明确的机能。其具体内容为，刑法将一定的行为规定为犯罪并给予刑罚处罚，表明该行为在法律上是无价值的（评价的机能）；同时命令人们作出不实施这种犯罪行为的内心意思决定（决定的机能）。（2）法益保护机能，指刑法具有保护法益不受犯罪侵害与威胁的机能。犯罪是侵害或威胁法益的行为，刑法禁止和惩罚犯罪，便保护着法益。（3）自由保障机能，指刑法具有保障公民个人自由不受国家刑罚权不当侵害的机能。根据罪刑法定原则，只要行为人的行为不构成刑法所规定的犯罪，他就不受刑罚处罚，这便限制了国家对刑罚权的发动；对犯罪人也只能根据刑法的规定给予处罚，不得超出刑法规定的范围科处刑罚，这便保障了犯罪人免受不恰当的刑罚处罚。因此，刑法既是"善良人的宪章"，又是"犯罪人的宪章"。

上述外国学者对刑法功能的阐述，具有严格的逻辑性，国内大多数学者都认可这种排序。

不少教科书没有在刑法论中讨论刑法的机能。其原因可能有：（1）对刑法的功能与刑法的作用、目的的关系缺乏深刻的认识；（2）认为"刑法"的功能与"刑罚"的功能等同，故放在"刑罚论"中讨论。

我们认为，（1）"刑法"的功能不能等同于"刑罚"的功能；（2）研究刑法机能问题十分重要，尤其是如何认识和处理前述国外刑法理论的三种机能之间的关系是世界范围内刑法学者长期探索和争论的问题。（3）目前，可以肯定的是，只要犯罪者是少数，只要刑罚是犯罪的主要法律后果，那么，刑法的社会保护机能就应该是第一位的，犯罪人的人权保障则无疑是第二位的。这是刑法价值的立足点问题。

三、刑法的作用和任务

刑法的作用是刑法的功能在现实中的外化。这种外化往往表现为积极的作用和消极的作用。所以，说"法律是双刃剑"，指的就是由刑法的功能外化之后产生的积极的和消极的结果。刑法的积极作用的不断发挥，一方面是其功能的外化过程，另一方面也是完成了刑法任务的过程。

刑法的任务是为实现刑法的目的所要克服的障碍。我国刑法对刑法的任务有明文规定。《刑法》第2条规定："中华人民共和国刑法的任务，是用刑罚同一切犯罪行为作斗争，以保卫国家安全，保卫人民民主专政的政权和社会主义制度，保护国有财产和劳动群众集体所有的财产，保护公民私人所有的财产，保护公民的个人权利、民主权利和其他权利，维护社会秩序、经济秩序，保障社会主义建设事业的顺利进行。"据此，刑法的任务有以下四个方面：

（1）保卫国家安全、人民民主专政政权和社会主义制度——保卫国家的上层建筑。国家安全、人民民主专政政权和社会主义制度，是国家和人民群众利益的根本保证。如果让危害国家安全的犯罪行为危害国家安全、推翻这一政权与制度，则国家和人民群众将丧失其他一切利益。因此，刑法的首要任务是用刑罚与危害国家安全的犯罪行为作斗争，以保卫国家安全、人民民主专政政权和社会主义制度。

（2）保护社会主义经济基础。社会主义的经济基础是进行社会主义市场经济建设、提高人民群众物质文化生活水平的物质保障。各种经济犯罪与财产犯罪破坏了社会主义经济秩序，侵犯了公私财产，动摇了社会主义经济基础。所以，刑法的任务之一是用刑罚同经济犯罪与财产犯罪作斗争，保护社会主义的经济基础。

（3）保护公民的各项权利——保护个体法益。保护公民的人身权利、民主权利与其他权利不受非法侵犯，是人民民主专政国家的根本任务之一，是社会主义制度优越性、民主性的体现。而杀人、伤害、强奸、绑架、破坏选举、报复陷害等犯罪严重侵犯了公民的人身权利与民主权利，故刑法的任务之一是用刑罚同这些犯罪行为作斗争，以保护公民的人身权利、民主权利和其他权利。

（4）维护良好的秩序与安定的局面——保护社会法益。人类并不仅仅满足于能够生存下去的状态，……具有从混乱走向秩序的倾向。良好的秩序与安定的局面表现为社会关系整体的有序性、稳定性与连续性，它是国家和人民群众利益的保障、体现与需求。但许多犯罪直接破坏了良好的秩序与安定的局面，刑法的任务之一便是用刑罚同这些犯罪作斗争，以维护社会秩序、经济秩序。

根据前文关于刑法的目的之论述，刑法的任务可概括为惩罚和预防犯罪、保护合法权益、保障犯罪人的人权。

刑法的任务是明确的、全面的和辩证的。明确性表现在，它清楚地告诉人们，刑法的任务是保护各种合法权益。全面性表现在，它全面保护各种重要的合法权益。辩证性表现在刑法是通过打击犯罪来保护合法权益，所以无罪的人不是打击对象，犯罪的人必须承担惩罚，既不能随便加罪于人，也不能借口保障犯罪人的权益而放纵罪犯。

第三节　科技刑法基本理论

一、关于科技刑法研究现状述评

（一）以科技刑法为主题在 CNKI 数据库搜索情况（不设期间限制）及评析

2018 年 7 月 23 日，以科技刑法为主题精确搜索，得到了 3 篇论文：（1）倪正茂：《试论科技刑事关系的法律调节》，《科技与法律》1995 年第 6 期；（2）刘长秋：《两岸四地生命科技刑法比较研究》，《四川警察学院学报》2013 年第 1 期；（3）刘长秋：《生命科技犯罪及其刑事责任制度比较研究》，《甘肃政法学院学报》2009 年第 6 期。

其次，以科技刑法为主题模糊搜索，遴选出 8 篇有参考价值的论文，除了前述的 3 篇之外，还有：（4）刘长秋：《论生命科技刑事责任的功能与我国刑法之完善》，《四川警察学院学报》2010 年第 2 期；（5）刘长秋：《论生命科技刑事责任的功能与我国刑法之完善》，《北京人民警察学院学报》2010 年第 1

期；（6）熊永明：《论法国生物科技犯罪规定对我国刑事立法的启示》，《河南省政法管理干部学院学报》2010 年第 1 期；（7）陈冉：《科技背景下医事刑法应对的基本立场》《刑法论丛》2016 第 4 卷（辑刊）。（8）曾粤兴、蒋涤非：《科技发展对环境刑法适用的影响分析》，《昆明理工大学学报（社会科学版）》2014 年第 5 期。

评析：（1）前述第 1 篇是从总体上研究科技刑法的定义，科技刑法的立法原则等。作者认为，广义的科技刑法指的是一切与科技活动有关的刑法规范。狭义的科技刑法指的是调节科技刑事关系的刑法规范。一切刑事社会关系都是对其他社会关系的"性质严重的"破坏，一般的、轻微的"破坏"（精确些说是"损害"），达不到"性质严重"的地步，可用道德规范、宗教规范或一般行政手段、经济手段加以抑制解决，不必施之以刑罚。科技刑事关系正是对科技民事关系或科技行政关系或科技国际关系的"性质严重的"破坏。论者认为，广义的科技刑法定义，失之外延过广，因为"与科技活动有关的刑法规范"，是一个范围极其宽泛的规范概念，故主张以狭义的科技刑法定义为准来研究科技刑法的有关问题。科技刑法的立法，应以下列几项为主要原则：必要性原则、罪刑相适应原则和可操作性原则。①

（2）有 5 篇关于生命科技刑法的文章，属于对生命科技刑法的立法完善建议（其 1 篇是对法国刑法相应立法的借鉴）。

（3）最后的两篇文章是科技发展对于当今刑法和刑法理论带来的变革的研究。

（二）以科研刑法为主题的搜索结果与评析

2018 年 7 月 23 日，以科研刑法为主题，精确搜索的结果是 0 篇；在模糊搜索时，遴选出有价值的论文 10 篇：（1）徐英军：《刑法对科研不端行为的应然回应》，《政法论坛》2009 年第 2 期；（2）冉巨火：《科研不端行为的刑法规制》，《山东科技大学学报（社会科学版）》2011 年第 1 期；（3）陈琳琳：《科研不端行为的刑法规制》，《山东科技大学学报（社会科学版）》2011 年第 4 期；（4）张九庆：《我国科研不端行为的法律规制：从行政法到刑法》，《山东理工大学学报（社会科学版）》2012 年第 1 期；（5）张娜：《刑法规制科研不端行为之我见》，《西安电子科技大学学报（社会科学版）》2014 年第 4 期；（6）卢建平、王晓雪：《论科研腐败的惩治与预防》，《刑法论丛》2015 年第 4 卷（辑刊）；（7）孙国祥：《套取并占有科研经费的刑法性质研究》，《法学论坛》2016 年第 2 期；（8）姜涛：《科研人员的刑法定位：从宪法教义学视

---

① 倪正茂："试论科技刑事关系的法律调节"，载《科技与法律》1995 年第 6 期。

域的思考》，《中国法学》2017 年第 1 期；（9）袁爱华、邓蕊：《套取科研经费的刑法规制分析》，《武陵学刊》2017 年第 2 期；（10）李振民：《科研人员不实核销科研经费之刑法定性研究》，《山东商业职业技术学院学报》2018 年第 3 期。

评析：（1）上述文章中，前 5 篇都是将严重的科研不端行为入罪化的立法建议；后 4 篇都是关于运用现行刑法规定对危害科研利益的犯罪的法律适用问题（如涉及贪污罪的款物的理解、科研人员的犯罪主体地位等）；有 1 篇是犯罪学文章（关于科研腐败现状、原因与对策）。（2）目前的研究，都局限在微观角度，对具体科研不端行为的入罪研究，很少涉及科研刑法的基本理论，甚至没有一个完整的"科研刑法"的概念，碎片化严重。

二、科技刑法的概念和特点

（一）科技刑法的内涵界定

科技犯罪概念是科技刑法的基石。前文已述，所谓科技犯罪是指任何人，无论是科技工作人员（包括研发人员和科技管理人员）和科技单位，还是普通人或者普通单位，违反科技法律法规，侵害科技法律秩序（危害科技利益），妨害科技进步，情节严重，触犯刑法，应受刑罚惩治的行为；又鉴于刑法是规定犯罪及其刑事责任（其承担方式主要是刑罚）的法律规范的有机统一，那么，科技刑法就是规定科技犯罪及其刑事责任（其承担方式是刑罚和保安处分）的法律规范的有机统一。把握科技刑法有几个要点：

（1）科技刑法既属于现代刑法的分支之一，也属于科技法的有机组成部分，具有刑法的基本属性和特点。前述刑法的基本特性和特点，科技刑法也具有（具体内容不再赘述）。这符合辩证唯物主义个性与共性的基本原理。

（2）科技刑法的产生和发展是刑法与时俱进的产物。按照马克思主义关于"犯罪产生刑法"的辩证唯物主义和历史唯物主义观点，随着社会的日益发达，社会分工日益细密，犯罪也逐步发达和分化；刑法也因而不断发达和进一步细化。与科技犯罪、经济犯罪、行政犯罪、环境犯罪、恐怖犯罪、海洋犯罪等相对应的科技刑法、经济刑法、行政刑法、环境刑法、反恐刑法、海洋刑法等刑法分支不断涌现。尤其是当代社会，一方面，科学技术不仅是生产力，更是第一生产力，科技创新以至于成为一个国家的灵魂，创新能力是一个国家综合国力的集中体现和最关键的衡量标准。科技创新对一个国家和民族的生存和发展至关重要，从事科学技术研究和科技管理的人群已经成为社会一个重要的群体，科技活动、科技行为十分丰富、十分复杂；另一方面，大量的科技行为同时也存在失范、违规、违法等情况而急需净化，但是，不仅社会伦理道德规范、科技共同体的自律规范无能为力，而且，民法规范、行政法规范的法律制裁性措施也不足规制科技违法行为，而必须动用刑罚对严重的科技违法行为加以惩治，才能保障国家的科技法律秩序稳定、健康、有效地良性运转。科技刑法正是在这样的时代背景下不断产生和发展的。科技刑法的萌芽、产生和发展，又一次印证了社会物质条件决定经济基础，经济基础决定上层建筑的历史唯物主义的真理性。当然，科技刑法产生之后，作为上层建筑的一部分，它将反作用于经济基础，为国家的科技法律秩序保驾护航，发挥推动国家科技进步事业不断发展的积极作用。

（3）科技刑法以规制科技犯罪为内容。科技创新活动，从科技资金和物质的投入、科技立项、科技进步活动展开、科技成果的产生、科技成果的试产、产品的市场化，以及科技活动的国家合作等诸多环节，都有需要社会规范和法律规范的引导、调整和规制。鉴于刑法在法律体系中的地位，无不需要刑法来保驾护航，科技活动健康有效开展，须臾也不能离开科技刑法的保护和保障。

（4）科技刑法与行政刑法、经济刑法、环境刑法、反恐刑法、海洋刑法等的关系。

源于科技犯罪有其自身的特殊性，即使科技刑法与行政刑法、经济刑法、环境刑法、反恐刑法、海洋刑法等之间，在内容上有一些交叉关系，但更是存在着实质的差别。

行政刑法是指国家为了实现维护和分配公共利益的行政目的，将违反行政法规范同时又触犯国家刑律的行为规定为行政犯罪行为，并追究其刑事责任的法律规范的总称[1]（也有论者主张，所谓行政刑法是指国家为了实现行政管理的目的，维护正常的行政管理秩序，规定行政犯罪及其刑罚的法律规范和劳动教养法律规范的总称[2]）。经济刑法是指我国刑法根据维护社会主义经济秩序、保护公民财产所有权、加强廉政建设的需要，规定的什么行为是经济犯罪和如何追究其刑事责任的刑罚规范的总和。[3] 环境刑法是指规定环境犯罪即其刑事责任的法律规范的有机统一[4]（也有学者认为，环境刑法是规定环境犯罪和环境犯罪刑事责任，以及环境犯罪诉讼程序的法律）。[5]

以上是介绍了我国学者关于行政刑法、经济刑法和环境刑法等概念的界定。

---

[1] 刘艳红、周佑勇：《行政刑法的一般理论》，北京大学出版社 2008 年版，第 17 页。
[2] 黄河：《行政性法比较研究》，中国方正出版社 2001 年版，第 58 页。
[3] 赵长青主编：《经济刑法学》，法律出版社 1999 年版，第 8 页。
[4] 牛忠志、朱建华：《环境资源的刑法保护》，中国社会科学出版社 2007 年版，第 37 页。
[5] 将兰香等著：《环境刑法的效率分析》，中国政法大学出版社 2011 年版，第 18 ~ 19 页。

尽管上述学者的观点中，有的表述因社会的发展而过时、有的表述本身就欠缺适当性，因而难以为大家所普遍认同，但是，一个不争的事实是：与社会的发展和分化相伴，作为基本法律的刑法正在不断丰富、发展和分化，行政刑法、经济刑法、环境刑法、科技刑法等，不断产生而成为社会实在，而绝非法学家的杜撰和空想之物。另外，理论上对于经济刑法、行政刑法、环境刑法、科技刑法的划分主要是基于社会领域而作出的，而社会领域在现实中又是相互交叉的，因此，在承认行政刑法、经济刑法、环境刑法、科技刑法的不同的前提下，不得不承认，它们之间在内容上又存在交叉的情况。例如，《刑法》第 432 条第 1 款规定的故意泄露军事秘密罪和过失泄露军事秘密罪，既属于科技犯罪，也属于军职犯罪。

（二）科技刑法的特点

根据前文关于科技刑法的内涵及其与军职刑法、经济刑法、行政刑法等的分析，我们认为，科技刑法的特点主要有三点：

（1）科技刑法所保护的是国家的整体科技法律秩序，维护有关科学研究的民事法律规范、行政法律规范等规范的有效性。科技刑法保护科技利益，维护国家科技法律秩序，促进科技进步的这一立法目的，是科技刑法与经济刑法、行政刑法、环境刑法等刑法分支区别的关键。

（2）科技犯罪以违反科技法律法规为前提，科技刑法的使命是保障国家科技法律秩序。在完成这一使命的过程中，科技刑法具有间接地保护国家的、社会的、公民的科技权益的不可替代的作用。

（3）科技刑法以刑罚作为主要的制裁措施，对科技违法行为加以制裁，刑罚是最为严厉的制裁手段，其本质是剥夺犯罪人的权益，让犯罪人感受到痛苦，从而达到教育、改造罪犯，实现特殊预防和一般预防犯罪的目的，发挥科技刑法的规范的行为指引功能。同时，罪刑法定作为现代刑法的基本原则，表明现代刑法除了保护国家法律秩序外，还有一个重要的功能即是保障犯罪人的基本人权：法无明文规定不为罪；法无明文规定不处罚。由此，科技刑法也是保护科技犯罪者的基本权利的"大宪章"。

二、科技刑法规范的渊源

理论上，刑法渊源包括刑法典、单行刑法和附属刑法，科技刑法的渊源也应该包括刑法典中的科技刑法规范、单行刑法的科技刑法规范和作为附属刑法的科技刑法规范。不过，鉴于自 1997 年以来我国对刑法的修订主要是采用修正案的方式，单行刑法已经很少采用；附属刑法一般不再具有实际的罪行规范内容①，所以，这里仅对刑法典的科技刑法规范展开分析。

刑法是保护国家整体法律秩序的。如果按照刑法保护的法律秩序的核心内容——国家法益、社会法益和个人法益，立足于现行刑法，我们对科技刑法规范作以下划分：

（一）保护以国家法益为核心的法律秩序的科技刑法规范

（1）对侵害国家保密法律秩序的科技犯罪加以规制的刑法规范。这个方面的科技犯罪主要有：故意泄露国家秘密罪、过失泄露国家秘密罪；为境外窃取、刺探、收买、非法提供国家秘密、情报罪；非法获取国家机密罪；非法持有国家绝密、机密文件、资料、物品罪；非法获取军事秘密罪；为境外窃取、刺探、收买、非法提供军事秘密罪；故意泄露军事秘密罪和过失泄露军事秘密罪。

（2）对于具有国家工作人员身份的科技工作人员（即科技研发人员和科技管理人员），利用公职便利实施的贪腐渎职型科技犯罪加以规制的刑法规范。例如在科技领域中的贪污罪、挪用公款罪、受贿罪、行贿罪、单位受贿罪、对单位行贿罪、单位行贿罪、利用影响力受贿罪、对有影响力的人行贿罪、滥用职权罪、玩忽职守罪等。

（3）对于危害税收法律秩序的科技犯罪加以规制的刑法规范。科技研究人

---

①　例如，2007年12月修订的《科技进步法》第七章"法律责任"部分第73条规定："违反本法规定，其他法律、法规规定行政处罚的，依照其规定；造成财产损失或者其他损害的，依法承担民事责任；构成犯罪的，依法追究刑事责任。"再如2015年8月修订的《促进科技成果转化法》"第五章法律责任"部分，其第47条规定："违反本法规定，在科技成果转化活动中弄虚作假，采取欺骗手段，骗取奖励和荣誉称号、诈骗钱财、非法牟利的，由政府有关部门依照管理职责责令改正，取消该奖励和荣誉称号，没收违法所得，并处以罚款。给他人造成经济损失的，依法承担民事赔偿责任。构成犯罪的，依法追究刑事责任。"第48条规定："科技服务机构及其从业人员违反本法规定，故意提供虚假的信息、实验结果或者评估意见等欺骗当事人，或者与当事人一方串通欺骗另一方当事人的，由政府有关部门依照管理职责责令改正，没收违法所得，并处以罚款；情节严重的，由工商行政管理部门依法吊销营业执照。给他人造成经济损失的，依法承担民事赔偿责任；构成犯罪的，依法追究刑事责任。科技中介服务机构及其从业人员违反本法规定泄露国家秘密或者当事人的商业秘密的，依照有关法律、行政法规的规定承担相应的法律责任。"第49条规定："科学技术行政部门和其他有关部门及其工作人员在科技成果转化中滥用职权、玩忽职守、徇私舞弊的，由任免机关或者监察机关对直接负责的主管人员和其他直接责任人员依法给予处分；构成犯罪的，依法追究刑事责任。"第50条规定："违反本法规定，以唆使窃取、利诱胁迫等手段侵占他人的科技成果，侵犯他人合法权益的，依法承担民事赔偿责任，可以处以罚款；构成犯罪的，依法追究刑事责任。"第51条规定："违反本法规定，职工未经单位允许，泄露本单位的技术秘密，或者擅自转让、变相转让职务科技成果的，参加科技成果转化的有关人员违反与本单位的协议，在离职、离休、退休后约定的期限内从事与原单位相同的科技成果转化活动，给本单位造成经济损失的，依法承担民事赔偿责任；构成犯罪的，依法追究刑事责任。"以上关于刑事责任的规定，全部是援引型立法，没有实际的罪刑规范内容。

员，如果为了少缴税款、虚开增值税专用发票、用于骗取出口退税、抵扣税款发票罪、虚开普通发票，侵害税收法律秩序，情节严重的，则依法构成侵害税收法律秩序的科技犯罪。这一类犯罪主要包括：逃税罪、虚开增值税专用发票、用于骗取出口退税、抵扣税款发票罪、虚开发票罪等。

（二）保护以社会法益为核心的法律秩序的科技刑法规范

（1）对于非国家工作人员的科技腐败、渎职犯罪加以规制的刑法规范。除了"国有公司企业事业单位、人民团体"之外的其他公司、企业或者其他单位的科技工作人员，都属于非国家工作人员，如果有腐败、渎职行为，情节严重的，则构成相应的科技犯罪。主要有非国家工作人员受贿罪、对非国家工作人员行贿罪、职务侵占罪、挪用资金罪等刑法规范。

（2）对于侵犯知识产权的科技犯罪加以规制的刑法规范。如《刑法》第217条规定的侵犯著作权罪、第216条规定的假冒专利罪、《刑法》第219条规定侵犯商业秘密罪等。

（3）对于违背诚信市场规则的科技犯罪加以规制的刑法规范。如《刑法》第223条串通投标罪、第224条合同诈骗罪、第229条提供虚假证明文件罪和出具证明文件重大失实罪等。

（4）其他破坏科技法律秩序的犯罪。当行为人非法侵入计算机系统、非法获取计算机信息系统数据或者非法控制计算机信息系统，或者破坏计算机系统，危害科技利益，以及聚众扰乱科技法律秩序，危害科技利益，构成犯罪的，都属于科技犯罪的范畴。主要有非法侵入计算机系统罪；非法获取计算机信息系统数据、非法控制计算机信息系统罪；破坏计算机系统罪和聚众扰乱社会秩序罪等。

（三）保护以个人法益为核心的法律秩序的科技刑法规范

职务侵占罪、挪用资金罪、盗窃罪、故意毁坏财物罪，以及破坏生产经营罪，这些犯罪都可能破坏科技法律秩序，危害科技进步，因而属于科技犯罪。

三、科技刑法的目的

（一）科技刑法的目的的概念和分层

科技刑法的目的就是国家创制、实施科技刑法，规制科技社会关系所以欲达到的理想状态。结合刑法的目的可分为宏观、中观和微观三个层次，那么，在科技刑法子系统内，也存在一个科技刑法的整体目的、中观和微观的目的。科技刑法保障科技法的有效性；科技法的目的是指引国家科技进步事业，推进国家的科技创新，由此，科技刑法承接科技法的目的，并且在秉承刑法谦抑性的前提下，通过惩治科技犯罪，保障科技法律的有效性，保护国家、社会和科技工作的科技利益，维护国家的科技法律秩序。科技刑法的微观目的，是指具体的科技刑法规范目的。科技刑法的中观目的，就是科技刑法的某一方面的基本制度或者某一类的科技刑法规范（群）所具有的特定目的。

（二）科技刑法的目的地位和意义

科技刑法的目的是整个科技刑法逻辑起点，是全部科技刑法规范的创造者。现实社会中科技进步活动和事业发展出现了问题，科技法律秩序被严重地破坏时，就需要科技刑法来保驾护航；这种需求被国家立法者所认识，于是，"一定的立法目的"便形成了；之后，立法者通过国家的立法程序将其关于这一目的的意志注入具体的科技刑法规范之中，科技刑法的目的得以确立。在科技刑法目的确立的过程中，与科技刑法的目的相适应的科技刑法任务也为立法者所确定；科技刑法的功能受制于科技刑法的目的和任务，也同时为立法者所赋予。概而言之，在立法阶段，科技刑法的目的是整个科技刑法规范的创造者，立法者赋予科技刑法功能的依据，也是科技刑法设置法律任务的依归。科技刑法颁布之后，在法律实施过程中，科技刑法的目的是解释科技刑法规范含义的目标、决定着实施科技刑法的司法目的。

四、将科技刑法作为一个子系统加以研究的意义

系统论是研究系统的结构、特点、行为、动态、原则、规律以及系统间的联系，并对其功能进行数学描述的新兴学科。系统是指将零散的东西进行有序的整理、编排形成的具有整体性的整体。系统是相对的，所以，系统不仅是由相互作用相互依赖的若干组成部分结合而成的，具有特定功能的有机整体，而且，这个有机整体又是它从属的更大系统的组成部分。开放性、自组织性、复杂性、整体性、关联性，等级结构性、动态平衡性、时序性等，是所有系统的共同的基本特征。

系统论的核心思想是系统的整体观念。任何一个事物都可以被看作是一个系统；任何系统都是一个有机的整体，它不是各个部分的机械组合或简单相加，系统的整体功能是各要素在孤立状态下所没有的性质。亚里士多德就曾说过"整体大于部分之和"，系统的整体性是对孤立静止片面的机械论观点的反正。正因为系统中各要素不是孤立地存在着，每个要素在系统中都处于一定的位置上，起着特定的作用。要素之间相互关联，构成了一个不可分割的整体。要素是整体中的要素，如果将要素从系统整体中割离出来，它将失去要素的作用。

当科技活动是国家和社会的一项十分重要的伟业；当科技法律主体是一股巨大的社会力量；当科技进步行为渗透到社会生活的各个方面；科技成果对国

家、社会和民族的存在和发展举足轻重、生命攸关的时代；同时，伴随着科技的"正"作用的一面，作为"负"的一面的科研不端行为、科技违法犯罪行为现象也严重存在，甚至不时地泛滥或者猖獗。对科技进步活动的法律规制，包括对科技法律秩序的刑法保护和保障，也就十分必要。另一方面，科技刑法是社会现实和科学分析方法论的统一，正是治理科技犯罪社会现实的必要性和科学分析方法为人类认识深化所提供的可能性，促成了科技刑法子系统产生、存在和进一步发展。总之，科技刑法作为刑法的子系统，作为科技法的有机组成部分，是时代的产物，科技刑法应该具有独立的、十分重要的法律地位。

第三章

科技犯罪的犯罪构成

所谓科技犯罪是指任何人，无论是科技工作人员（包括研发人员和科技管理人员）和科技单位，还是普通人或者普通单位，违反科技法律法规，侵害科技法律秩序（危害科技利益），妨害科技进步，情节严重，触犯刑法，应受刑罚惩治的行为。

本章将以此为逻辑起点，按照犯罪构成四要件——犯罪客体要件、犯罪客观要件、犯罪主体要件和犯罪主观要件的理论模型，分析科技犯罪的客体要件、客观要件、主体要件和主观要件。

第一节　科技犯罪的犯罪客体要件

一、传统刑法理论关于犯罪客体的基本内容

在我国，犯罪客体是犯罪构成四要件理论中第一要件。我国传统的刑法理论，"犯罪客体是指刑法所保护而为犯罪行为所侵害的社会主义社会关系"。[①] 犯罪客体是犯罪行为具有社会危害性的集中体现，是犯罪构成的必要要件。任何一种行为，如果没有或者根本不可能侵害刑法所保护的社会关系，就不能构成犯罪。因此，任何一种犯罪，都必然要侵害一定的客体，不侵害客体的行为就不具备社会危害性，就当然不构成犯罪。并且，某种具体的犯罪客体在社会中越重要，则侵害其的犯罪行为的社会危害性就越严重，该犯罪行为就相对越构成重罪，处罚就相对越重。因

---

① 赵秉志主编：《高铭暄刑法思想述评》，北京师范大学出版社 2013 年版，第 132 页。

此，犯罪客体是决定犯罪的社会危害性质及其社会危害性严重程度的重要标准。对犯罪客体要件的研究有助于合理地划分犯罪类型，建立科学的刑法分则体系；有助于区分罪与非罪、此罪与彼罪；有助于正确地量刑等。

二、国内学者关于犯罪客体理论的争鸣

不过，随着我国改革开放的深入，国内刑法学界对作为犯罪客体理论通说的社会关系说提出了不同的看法。大体按照学说产生的时间顺序，归纳起来主要有：

（1）对通说的修正，以期使之更加完善。如有的学者注意到我国允许私营经济的发展和"一国两制"的落实，香港、澳门的回归，在当今中国，香港或者澳门的资本主义社会关系，也是我国宪法和法律所保护的，有鉴于此，主张应该把"社会主义的社会关系"扩展为"社会关系"，于是，"犯罪客体是指刑法所保护而为犯罪行为所侵害的社会关系"[1][2]。这种见解影响很大，目前代替了曾经的通说。坚持社会关系说的学者都认可了这种主张。

还有一些学者注意到环境保护法既调整人与人之间的社会关系，也调整人与自然的关系的见解，因此，有的学者主张，刑法不仅应当保护作为经济基础和上层建筑的所谓的社会主义社会关系，而且尤其应当保护社会生产力。犯罪行为不仅侵犯了社会主义的社会关系，而且还直接侵犯了生产力。[3] 但是，这一见解受到了批判："生产力和社会生产关系作为生产方式的两个组成部分，是一个问题的两个方面，互相渗透、互相影响。侵犯了生产关系，必然影响生产力的发展，反之，破坏生产力，必然侵犯一定的生产关系。"而且，"犯罪固然要破坏生产力、破坏自然资源，但这只是表面现象，在生产力、自然资源的背后，便隐藏着人与人之间的关系。""只有把对生产力、自然资源的破坏上升到对社会关系的危害，才能使我们对犯罪客体的认识符合马克思主义的一般原理。"应该说这一批判是正确的。这种观点目前的影响很小。

（2）对犯罪客体的犯罪构成要件地位的彻底否定。例如，有的学者认为，犯罪客体属于犯罪概念的内容而不应该将其定为犯罪构成的一个要件。[4] 有的

---

① 马克昌主编：《犯罪通论》，武汉大学出版社 1991 年版，第 109 页。

② 举其要者有：高铭暄、马克昌主编：《刑法学》（第七版），北京大学出版社、高等教育出版社 2016 年版；贾宇主编：《刑法学（第三版）》，中国政法大学出版社 2017 年版；赵秉志主编：《刑法新教程》（第四版），中国人民大学出版社 2012 年版；陈忠林主编：《刑法（总论）》，中国人民大学出版 2005 年版；冯军、肖中华主编：《刑法总论》，中国人民大学出版 2008 年版等。

③ 何秉松："关于犯罪客体的再认识——学习十三大报告的一点体会"，载《政法论坛》，1988 年第 3 期。转引自朱建华主编：《刑法学研究提要》，法律出版社 2013 年版，第 271 页。

④ 张文："犯罪构成初探"，载《北京大学学报（哲学社会科学版）》1984 年第 5 期。

学者受日本刑法理论的影响，认为犯罪客体是被侵犯的法益，但要确定某种犯罪行为是否侵犯了法益以及侵犯了什么法益，并不由犯罪客体本身来解决；从法律上说，要通过犯罪客观要件、主体要件和主观要件综合反映出来；从现实上说，要通过犯罪客观要件、主体要件和主观要件的事实综合反映出来。换言之，行为符合犯罪客观要件、主体要件和主观要件的，就必然出现犯罪的客体，不可能出现符合上述三个要件却没有侵犯客体的现象。[①] 有学者对"犯罪客体"的犯罪构成地位，持否定态度，主张将"犯罪客体"概念从我国犯罪构成体系中驱逐或者剔除出去。[②]

（3）在承认犯罪客体的犯罪构成地位的基础上，把"社会关系"置换为"利益""合法权益"或"法益"。例如，何秉松先生较早尝试对社会关系说进行改造，提出了利益说，即认为犯罪客体是犯罪主体的犯罪行为所侵害的、为我国刑法所保护的社会利益。[③] 有的学者从市场经济体制的角度提出"犯罪客体的实质应该是合法权益"，"合法权益"这一表述，才与社会主义市场经济体制相适应，既有充分的宪法依据，也符合现行刑法的规定。[④] 有学者主张用德日的"法益"直接置换这里的"严重的社会危害性"，因为法益一词更具有规范性和专属性。[⑤] 也有学者梳理了法益说的优点，认为我国现行的刑事立法实践表明，许多犯罪不宜将其客体归结为"社会关系"，但是完全可以将其归结为"法益"；所谓法益，是指有法律确认和保护的利益和价值。[⑥]

通观当前的中国刑法学界关于犯罪客体的观点可分为二大对立的派别：一是以传统四要件为基础，持修正的社会关系说，即犯罪客体是指刑法所保护而为犯罪行为所侵害的社会关系这种观点，接下来的任务是如何进一步完善客体要件？二是否定犯罪客体的犯罪构成要件之地位，将其作为犯罪概念的内容，即作为犯罪保护客体的法益，属于犯罪本质的内容，从而凌驾于其他的犯罪构成要件之上，成为犯罪构成要件的解释的目标。这种观点的问题是：否定客体要件地位是否可取？德日的法益理论能否承担起阐释中国语境下的犯罪本质的使命呢？

笔者认为：（1）在中国，必须坚持犯罪构成的实质解释，形式解释没有存在的余地。所以，犯罪客体要件是必不可缺少的，这就坚持犯罪构成四要件，

[①] 张明楷：《犯罪论原理》，武汉大学出版社1991年版，第134~135页。
[②] 杨兴培："论我国传统犯罪客体理论的缺陷"，载《华东政法学院学报》1999年第1期。另见朱建华："论犯罪客体不是犯罪构成要件"，载《广东社会科学》2005年第3期。
[③] 何秉松："论犯罪客体"，载《北京大学学报》（哲学社会科学版）1987年第3期。
[④] 王晨："论市场经济体制下犯罪客体的重构"，载《政法论坛》1996年第5期。
[⑤] 陈兴良："社会危害性理论——一个反思性检讨"，载《法学研究》2000年第1期。
[⑥] 魏东："论作为犯罪客体的法益及其理论问题"，载《政治与法律》2003年第4期。

不能是把犯罪客体要件驱逐出犯罪构成体系之后的"三要件"。（2）在中国违法与犯罪二元分离的立法框架下，德日关于法益理论，难以担当揭示犯罪本质的重任。直接移植法益理论，并不可行。因此，可行的努力方向是改良法益说，切切实实地把普通法益限定为刑法法益，并以"刑法法益"置换"社会关系"，把犯罪客体的内容解释为纳入国家整体法秩序的法益（此即刑法法益）。

三、把"法益"改良为"刑法法益"，用以置换"社会关系"

德日的法益说中的"法益"与我国传统的社会危害性说的"社会关系"的内涵与外延，虽然不同，但是，如果用"刑法保护的"来限定时，"刑法保护的社会关系"和"刑法保护的法益"，在某一个国家的同一时间，则二者应该是两个同心的等圆。"法益"一词相比于"社会关系"，更具体、更具操作性，所以，用法益说代替社会关系说，是犯罪客体理论的一点进步。

那么，把"法益"改良为"刑法法益"？

（1）刑法法益应该具有独立性。犯罪的本质不能简单地归结为法益侵害，刑法保护的法益与民法、行政法保护的法益应该具有实质的不同，所以，目前德国基本不区分民法法益、行政法法益和刑法法益的做法[1]——德国主流坚持违法性一元论，"所谓违法，就是指行为违反法律，行为为法律所不允许"[2]，由此，在德日，坚持违法一元论，那么，其民法法益、行政法法益和刑法法益不加区分，民法法益、行政法法益和刑法法益就是并列关系，以盗窃罪为例，盗窃一分钱的财物，也可以构成盗窃罪。这种做法是比较原始的，并不可取。因为刑法法益与民法法益、行政法法益应该有实质的差别。马克昌先生也认为："法益说没有解释清楚为什么某种法益侵害被规定为犯罪，而另一种法益侵害却不规定为犯罪。"[3] 马克思经典的论述：犯罪——孤立的个人反对统治关系的斗争，和法一样，也不是随心所欲地产生的，相反的，犯罪和现行的统治都产生于相同的条件，同样也就是那些把法和法律看作是某种独立存在的一般意志的统治的幻想家才会把犯罪看成是单纯对法和法律的破坏。"[4] 恩格斯也阐述道："蔑视社会秩序的最明显最极端的表现就是犯罪。"[5] 对于怎样才能说明犯罪所侵害的法益与其他违法行为所谓侵害的法益的不同呢？马克昌先生也主张，

---

[1] 由此，在德日，坚持违法一元论，其民法法益、行政法法益和刑法法益不加区分，由此，民法法益、行政法法益和刑法法益并列关系，如就盗窃罪而言，盗窃一分钱的财物，也可以构成盗窃罪。

[2] 张明楷：《外国刑法纲要》，清华大学出版社 2012 年版，第 137～149 页。

[3] 马克昌：《比较刑法原理——外国刑法学总论》，武汉大学出版社 2002 年版，第 93 页。

[4] 《马克思恩格斯全集》（第 3 卷），人民出版社 1998 年版，第 379 页。

[5] 《马克思恩格斯全集》（第 2 卷），人民出版社 1998 年版，第 410 页。

"只有从是否危害有利于统治阶级的统治关系和法律秩序，才能给予科学的说明。因为犯罪的本质正在于此。"①

（2）刑法法益，在我国，与民法法益、行政法法益不是并列关系，而是递进关系。从逻辑上讲，犯罪行为始于行为人对其法律义务的违反，经由对法益的侵害，最终破坏了国家的整体法律秩序。犯罪是严重的义务违反行为，必须是行为人的行为违反其法定义务，并且违反到一定的程度，以至于不用刑罚惩治这种违法行为，国家的整体法秩序就会坍塌的状况时，这种义务违反行为就是"严重的违法行为"，即"犯罪行为"。② 在我国坚持违法与犯罪严格区分的背景下，那么，民法法益、行政法法益和刑法法益就不是并列关系，而是递进关系。如就盗窃罪而言，盗窃数额不是较大的财物，就不能构成盗窃罪，即"数额不是较大的财物"是民法法益和行政法法益。只有"盗窃他人的财物，数额较大"时，才构成犯罪，"数额较大的财物"才是刑法法益。可见，源于中国与德日的违法一元论和违法多元论的，刑法法益与民法法益和行政法法益的为序关系就不同。

（3）犯罪是"严重的违法行为"即严重的义务违反行为，这是关于犯罪本质的物本逻辑结论。坚持犯罪本质的义务违反说，对于罪与非罪、此罪与彼罪的界分，对于说明过失犯罪和不作为犯罪的可谴责性等问题，较之以德日的法益说具有无可比拟的优越性。③ 上述物本逻辑结论，从根本上看，并没有错误。

不过，如果立于被害人的法益侵害的视角，那么，前述物本逻辑的结论，是可以转化的：在考察严重的义务违反到什么程度才算严重、才需要刑法介入调整时，若从被害人的权益一端来考察，就是这种严重的义务违反行为严重侵害或者威胁了权利人的合法法益，以至于如果不用刑罚的方法来惩治，那么，国家的整体法律秩序就会坍塌。由此，基于物本逻辑的"应该用义务违反行为是否动摇国家整体法律秩序来作为犯罪与否的关节点"，转化为采用法益说，用危害行为是否动摇国家整体法律秩序来限定其中的"法益"，即按照法益说的思路，"刑法法益是行为人的犯罪行为侵害或者威胁了国家整体法律秩序有机组成部分的法益"。

鉴于我国脱胎于几千年的封建专制主义，虽然当下中国的民主法治事业有一定的发展，但是在中国，民主、人权的观念还需要长期的培养和呵护，所以，如果直接地以严重的义务违反作为犯罪的本质来把握，可能会忽视特定义务的"法益保护"内容。而且，刑法是规范体系，刑法学是规范学，鉴于现代刑法

---

① 马克昌：《比较刑法原理——外国刑法学总论》，武汉大学出版社 2002 年版，第 93 页。

② 牛忠志："犯罪本质之义务违反说论纲"，载《山东社会科学》2014 年第 6 期。

③ 牛忠志："论犯罪本质的义务违反说优越于法益说"，载《法学论坛》2014 年第 1 期。

秉承其谦抑性，若从被害人法益被侵害的角度来评价行为是否犯罪，就有利于拓宽公民的行为空间（自由空间）。加上这一思路更能站在道德的制高点，而能为民众所接受！

总之，应该用国家整体法律秩序来限定法益说，即犯罪的本质是侵害了纳入国家整体法律秩序的法益，或者说，刑法法益是纳入国家整体法律秩序的法益：既不是简单的、"裸的"法益侵害，也不是可以撇开法益保护、没有以法益为内容的单纯的义务违反。

四、科技犯罪的客体要件

（一）科技犯罪的一般客体、同类客体和直接客体

（1）因为任何犯罪，包括任何科技犯罪，都是对国家整体法律秩序的破坏，因此，"国家整体法律秩序"作为一个整体，包括了科技犯罪所侵犯的法律秩序的全部内容，也就是说，科技犯罪与其他犯罪一样，其一般客体要件即"国家整体法律秩序"。

（2）科技犯罪的同类客体要件。

根据刑法所保障的社会领域，我们可以把刑法划分为经济刑法、教育刑法、交通刑法、科技刑法、医事刑法等分支。基于这样的视角，科技犯罪所侵犯的同类客体就是"国家整体法秩序中的科技法律秩序（或者科技法益）"这一个子系统。

科技犯罪的同类客体要件集中体现了科技犯罪的共同实质，揭示了科技刑法的目的和使命：通过规制科技犯罪，保护科技合法权益，维护国家科技法律秩序，推进国家科技创新事业不断前进，促成创新型国家建设目标的早日实现。

（3）科技犯罪的直接客体要件。

科技犯罪的直接客体就是某一科技犯罪所直接侵害的作为国家整体法秩序系统的某一个（几个）具体的科技法律秩序。例如，作为科技犯罪的假冒专利罪，其直接犯罪客体可以描述为：以他人的专利权为核心的国家专利管理秩序，也即纳入国家整体法律秩序的他人的专利权。再如，属于科技犯罪之一腐败型科技犯罪的贪污罪，其犯罪的直接客体要件就是国家科技工作人员职务行为的廉洁奉公秩序。

科技犯罪的直接客体要件，是决定具体科技犯罪成立与否的首要条件，也是对具体科技犯罪进行分则体系的定位依据之一。

（二）科技犯罪客体的其他分类

当然，我们还可以继续对科技犯罪的同类客体要件进行划分出若干次同类客体要件。而这一划分是与科技犯罪的分类相适应的。

1. 根据主体不同对科技犯罪的分类及其相应的客体要件

如果按照科技犯罪主体不同，将科技犯罪分为两大类：单位犯罪和自然人犯罪，那么科技犯罪的次同类客体就可以划分为单位犯罪客体子系统和自然人犯罪课题子系统。

2. 根据科技进步活动进程对科技犯罪的分类及其相应的客体要件

如果结合科技进步活动进程，把科技犯罪划分为发生在科技项目招投标环节的科技犯罪、发生在科技研发过程中科技犯罪、针对科技成果的科技犯罪、有关科技成果流转和科技成果转化的科技犯罪等，那么，科技犯罪的同类客体要件就可划分为发生在科技项目招投标环节科技犯罪的客体子系统、发生在科技研发过程中科技犯罪的客体子系统、针对科技成果的科技犯罪的客体子系统、有关科技成果流转和科技成果转化科技犯罪的客体子系统等。

3. 结合刑法分则的关于类罪的划分对科技犯罪的分类及其相应的客体要件

根据科技犯罪所侵害的社会关系的性质，结合刑法分则的关于类罪的划分，可以把科技犯罪的客体要件进一步细分为：危害国家安全的科技犯罪之客体子系统；违反税法的科技犯罪之客体子系统；侵犯知识产权的科技犯罪之客体子系统；侵犯财产的科技犯罪之客体子系统；违背诚信原则的科技犯罪之客体子系统；科技进步活动中的贪污贿赂、渎职失职犯罪之客体子系统等。

本书在第三编科技犯罪的分论部分，把科技犯罪分为侵害以国家法益为科技法律秩序内核的犯罪、侵害以社会法益为科技法律秩序内核的犯罪、侵害以个人法益为科技法律秩序内核的犯罪，其实质是，借鉴德日国家刑法理论将犯罪客体分为国家法益、社会法益和个人法益，并是以上述第三种划分为基础所构建的。

第二节　科技犯罪的犯罪客观要件

犯罪的客观要件是表明行为构成刑法规定的犯罪所具有的各种客观外在的事实特征的要件。犯罪客观要件作为犯罪构成的必备要件之一。犯罪的客观要件对于确定行为是否构成犯罪、构成何罪，以及具体犯罪行为的刑事责任，都具有重要的意义。犯罪客观要件包括危害行为、危害结果、行为方式、时间地点、因果关系等要素。其中危害行为是客体要件的必要要素；行为结果、行为方式、时间地点、因果关系等，是选择要素。

科技犯罪的社会危害性，同样地，直接体现在严重侵害特定的科技法律秩序的行为之中。如果用犯罪构成的四要件理论来解剖科技犯罪的成立条件，那么，科技犯罪的客观要件包括科技危害行为、行为结果、行为方式、时间地点、因果关系等。

一、危害行为和科技危害行为

（一）危害行为概述

1. 危害行为的概念和特点

我国刑法理论通说认为，刑法上的危害行为是指由行为人心理活动所支配的危害社会的身体动静。[①] 这一表述大致界定了危害行为，但有一些缺陷。

由此，危害行为具有以下特质：

一是主体的特定性。刑法中的危害行为的实施主体是人。这里的"人"，是刑法意义上的人，除了自然人之外，还包括具有法律拟制人格的法人等组织，我国刑法使用了"单位"一词加以概括。所以，作为犯罪客观构成要件之一的危害行为，是自然人或者单位实施的行为。

二是有意性。危害行为是受行为人的认识和意志支配的人体举动。人的身体举动与人的主观心理意识和意志具有因果关系，此时的举动才具有刑法意义。否则，不反映行为人主观意识和意志的人体的无意识举动，不属于犯罪客观构成要件中的危害行为。

三是有体性。即危害行为是行为人利用工具实施的身体的动作或静止。人体的动作包括人肢体的活动，甚至语言、表情和眼神等；在一定条件下，人身体的相对静止也可以构成刑法意义的行为。在科技发达的今天，犯罪工具的使用往往是行为的重要内容之一，赤手空拳实施犯罪的例子越来越少。

四是有严重的社会危害性。首先，危害行为是对社会有害的行为。是社会危害性，不是对某一个主体而言的危害性，就是说，这里的危害性是发散的，而不是局限于某一个法律主体，即不仅仅是对权利主体而言具有危害性。只有有害于社会的行为，才可能属于刑法调整的范围。其次，这种社会危害性不包括"显著轻微危害不大"的情形。如果是"显著轻微危害不大"的，则不是这里的危害行为，而是其他部门法上的"一般违法行为"。

五是触犯刑法规范性。这里的危害行为是违反刑法规范的行为。在众多的有害的行为中，只有那些具有严重社会危害性，触犯刑法规范的行为，才可能成为犯罪客观要件的危害行为。"触犯刑法规范"，包括违反禁止性规范和命令

[①] 马克昌主编：《犯罪通论》，武汉大学出版社 1119 年版，第 156 页。另见赵秉志主编《刑法新教程》（第四版），中国人民大学出版社 2012 年版，第 109 页。

性规范两种，前者如《刑法》第 398 条规定的故意泄露国家秘密罪和过失泄露国家秘密罪，后者如《刑法》第 201 条确立的应当依法纳税的刑法规范。

2. 危害行为的分类

在现实生活中，危害行为的具体表现形式多种多样。刑法理论上依据不同的标准，可以作不同的分类，最重要的是把危害行为划分为作为与不作为这两种基本形式。

（1）关于作为。所谓作为就是行为人积极地利用身体动作（含犯罪工具）去实施刑法所禁止的危害社会的行为。司法实践中绝大多数的犯罪是以作为的方式实施的，如抢劫、强奸等。作为是行为人积极的动作，由一系列利用含犯罪工具的举动组合完成。人的身体的静止不可能构成作为型犯罪。

作为是典型的危害行为，能够直观地、全面地体现危害行为的基本特性。

（2）不作为。不作为是指行为人负有积极实施某种行为的义务，从当时的情况来看也能够履行该义务而不履行该特定作为义务，从而导致严重后果的危害行为。不作为从行为的形态上是指行为人没有在法律指引的方向上积极行动（包含利用劳动工具）而是不去做法律要求做的积极举动，变现为法律意义上的静止。不作为的这一特征导致了认识上的争议。刑法意义上的危害行为，不是纯自然意义的行为（存在论的行为），而是规范论意义上的行为。从危害行为具有触犯刑法规范的特征分析，如果说作为犯罪是不应为而为之，那么，不作为犯罪就是应为、能为而不为，所以，在规范论的意义上，不作为与作为同样具有行为的等价性。

构成刑法上的不作为，必须具备三个条件：

第一，行为人负有实施某种积极行为的特定义务，这是不作为成立的前提条件。如果行为人不负有实施某种积极行为的特定义务，即使行为人不去实施该"作为"，现实也发生了客观的损害后果，也不能追究行为人的刑事责任。例如，有人意外落水，路人见死不救，不能认定路人见死不救的行为构成不作为。

关于义务的来源，一般认为有四：一是法律有明确规定的义务。这种义务不仅要求有其他部门法规定，同时还要求有刑法规范加以认可和保障该规范的有效性。如税收管理法规定公民和单位有依法纳税的义务，刑法也确立纳税人或者扣缴义务人有依法纳税的义务的命令式规范，行为人不得违反。如果违反了这种法定义务，就有可能构成不作为犯罪。二是行为人职务上或业务上要求的义务。行为人具有某种职务身份或正在从事某种业务，其职务或业务的性质决定了行为人必须履行某种特定的义务，如果行为人不履行这一义务，造成严重后果的，即构成不作为。如医生有救助病人的义务、消防队员有灭火的义务，如果医生、消防队员拒绝履行义务，当时情况下又能够履行该义务，但不履行该义务，造成了严重后果的，就构成不作为。三是法律行为引起的义务。法律行为是指能够在法律上产生一定权利义务的行为。如保姆与雇主签订有合同，保姆不履行认真看护婴儿的工作职责，造成婴儿的意外伤害结果，保姆要承担刑事责任。法律行为引起的义务，司法实务中大多数情况下是由合同行为引起的，既包括书面合同，也包括口头合同。四是先行行为引起的义务。行为人的行为使刑法所保护的法益处于某种危险状态之中，此时行为人负有采取积极措施避免这种危险状态转化为实害结果的义务。

第二，行为人有履行特定义务的可能性。负有特定积极作为的义务人必须具有履行特定义务的实际可能性时，才有可能构成不作为。如果行为人虽然具有履行某种行为的义务，但是由于客观原因不具有履行积极作为义务的可能性，即使最终出现了法定的危害结果，行为人也不构成不作为。刑法理论有句格言就是"法不强人所难"。例如消防队员在前往救火的路途中被山石造成的塌方阻隔，不能抵达火场，消防队员虽负有救火的义务，但客观上不具有履行救火义务的可能性，因而不构成不作为。

第三，构成刑法上的不作为，还要求行为人不履行特定义务，因而导致了严重后果。行为人有履行特定作为义务的可能而不履行该义务时，必须有法定的危害结果或者危险状态的出现，才能构成不作为。如果没有出现法定的危害结果或者危险状态的，不成立不作为行为。如保姆在工作期间擅离职守不履行看护职责，但是婴儿一直在熟睡，没有发生危害结果，因而认定保姆的行为构成刑法上的不作为，没有意义。

（二）科技犯罪的危害行为概述

1. 科技犯罪的危害行为的概念和特点

科技犯罪的危害行为是指科技犯罪的实行行为。科技危害行为不仅属于危害行为，而且是行为人在科技进步活动中实施的，破坏科技法律秩序、危害科技利益，妨害科技进步的行为。所以，这里的科技危害行为，除了具有上述危害行为共同的特殊性外，还在行为的社会危害性类别、行为发生的社会领域，行为的具体后果方面有自己的特殊性。例如，科技犯罪的行为方式即科技犯罪行为人为了实现犯罪的目的而采取的特定方式；科技犯罪具有危害国家的科技事业和科技创新的社会危害性，科技犯罪的危害后果，除了物质性的外，多为无形的、不可测度的性质。

2. 科技危害行为的基本类型

科技犯罪的危害行为也包括作为和不作为（持有）。很多科技犯罪都是既可以以作为的方式构成，也可以以不作为的方式构成，如过失泄露国家秘密罪、滥用职权罪、侵犯商业秘密罪等。有的科技犯罪只能以作为的方式构成，如，科技工作人员可能触犯的为境外窃取、刺探、收买、非法提供国家秘密、情报罪；非法获取军事秘密罪；为境外窃取、刺探、收买、非法提供军事秘密罪等。还有的科技犯罪只能以不作为（持有）的方式构成，如，非法持有国家绝密、机密文件、资料、物品罪（持有）；玩忽职守罪等。

二、科技犯罪客观要件的选择要素

（一）科技犯罪的危害结果

根据刑法理论通说，刑法中的危害结果是指危害行为对刑法所保护的社会关系造成的损害事实或危险状态。如果从刑法法益危害的角度考察危害结果，那么，这里的危害结果便是危害行为侵害刑法法益过程中所产生的直接结果和附随结果。

科技犯罪的危害结果，包括广义的危害结果和狭义的危害结果。广义的危害结果是指一切由科技危害行为所引起的损害事实。例如甲假冒了乙的专利权，给专利权人造成直接经济损失 50 万元以上；乙因悲伤过度也不幸过世。在这里，除了"给专利权人乙造成直接经济损失 50 万元以上"外，乙的死亡后果也是甲假冒专利的间接结果，是广义的危害结果之范畴。狭义的危害结果，是科技危害行为侵害犯罪客体而产生的直接结果或者可以被类型化的、密切关联的间接危害结果。如上例当中"给专利权人乙造成直接经济损失 50 万元以上"，属于狭义的危害结果；渎职罪中，虽然渎职行为与重大损失之间往往是间接的因果关系，但是这些重大损失是可以被类型化的，与渎职行为也是密切关联的，故属于狭义的危害结果。可见，从刑法上的因果关系而言，危害行为与狭义的危害结果是刑法选定的因果关系（包括通常的直接因果关系和见解的因果关系），即刑法上的危害行为与狭义的危害结果之间的因果关系，虽然许多是直接的因果关系，但是，并不一定都局限于直接的因果关系。狭义的危害结果是定罪的重要根据。而广义的危害结果中，如"乙的妻子的不幸过世"，只能对甲的量刑时作为酌定情节来考虑；广义的结果中，有的甚至没有刑法意义。

按照不同的标准，可以将广义的危害结果分为：（1）物质性结果和非物质性结果。所谓物质性的结果，即现象形态为物质性变化的结果。所谓非物质性结果，即现象形态为无形的，因而是不能或者难以测定的非物质性变化的结果。如贪污罪的贪污数额较大是物质性结果；贪污行为造成恶劣影响，是非物质性结果。（2）实害结果和危险结果。所谓实害结果，是指危害行为对社会造成了已然的损害事实；所谓危险结果，是指危害行为对社会造成现实危险的法定趋势。过去，有的学者否定危险结果的见解①，既不符合刑法的立法现状，也不符合逻辑。例如，受贿罪场合，非法收受他人的财物，导致他人的财产损失是实害结果；非法持有国家绝密、机密文件、资料、物品罪而言，行为人非法持有国家绝密、机密文件、资料、物品，导致的对国家秘密的危害，是危险结果。（3）直接后果和间接后果。所谓直接结果即危害行为与危害结果之间是直接联系的，二者之间不存在其他独立的第三种因素的介入；所谓间接结果是指危害行为与该危害结果之间还存在着另一因素的介入。有学者不承认间接结果，"如果将间接结果纳入危害结果之中，就会导致危害结果的外延无限扩张，是许多不当法的行为受到刑事制裁，有违刑法的谦抑性。"② 这一结论没有考虑到犯罪是规范论的产物，而不是存在论的产物，而且也与现行刑法的立法规定相矛盾。以玩忽职守罪为例，国家机关工作人员滥用职权或者玩忽职守，致使公共财产、国家和人民利益遭受重大损失的，因为国家工作人员不处于生产的第一线，所以，玩忽职守行为与这一结果是间接的因果关系。（4）法定的构成结果和非构成结果。所谓法定的构成结果，即定罪结果，是指成立该罪或者该罪的既遂必须具有的结果，主要是直接结果和一些间接结果。刑法上，以危害结果作为罪与非罪界限，或者以特定的危害结构作为既遂的犯罪，叫作结果犯。结果犯中的结果，是构成结果。所谓非构成结果，即量刑结果，是指该结果与犯罪的成立、犯罪的既遂无关，只影响量刑。例如，根据 2010 年最高人民检察院、公安部《关于公安机关管辖的刑事案件立案追诉标准的规定（二）》第 73 条规定，侵犯商业秘密，涉嫌下列情形之一的，应予立案追诉："（1）给商业秘密权利人造成损失数额在 50 万元以上的；（2）因侵犯商业秘密违法所得数额在 50 万元以上的；（3）致使商业秘密权利人破产的；（4）其他给商业秘密权利人造成重大损失的情形。"在这一司法解释中，给商业秘密权利人造成损失数额在 50 万元以上；因侵犯商业秘密违法所得数额在 50 万元以上；致使商业秘密权利人破产等，都是法定的危害结果。在合同诈骗罪的场合，行为人的诈骗行为导致了合同的标的财产转移的经济损失，是法定结果；被害人因被骗心情郁闷，大病一场住院花去大量的医疗费，这一损失是非构成结果。

（二）科技危害行为的时间、地点、方式（方法）和犯罪工具等客观要素

科技危害行为的时间、地点、方式（方法），是指科技危害行为发生（持续存在）的时间、地点，危害行为具体实施的方式（方法）。

---

① 何秉松主编：《刑法教科书》（上），中国法制出版社 2000 年版，第 354 页。

② 李晓明：《刑法学总论》，北京大学出版社 2017 年版，第 231 页。

刑法规范将特定的时间、地点和犯罪工具规定为某些犯罪成立的必备要件的，只有在特定的时间、地点，使用特定的方法实施的，才会构成犯罪。此时犯罪实施的时间、地点、方式方法，以及犯罪工具对定罪就具有了决定意义，例如《刑法》第341条规定的非法捕捞水产品罪和非法狩猎罪，"禁渔期、禁猎期、禁渔区、禁用的工具、方法"就是构成本罪的必要要素。

再如假冒专利罪，并非任何侵犯专利权的行为，都构成犯罪，刑法只将特定的假冒专利行为入罪。根据2004年12月22日最高人民法院、最高人民检察院《关于审理非法出版物刑事案件具体应用法律若干问题的解释》第10条规定，实施下列行为之一的，属于假冒专利罪的"假冒他人专利"行为："（1）未经许可，在其制造或者销售的产品、产品的包装上标注他人专利号的；（2）未经许可，在广告或者其他宣传材料中使用他人的专利号，使人将所涉及的技术误认为是他人专利技术的；（3）未经许可，在合同中使用他人的专利号，使人将合同涉及的技术误认为是他人专利技术的；（4）伪造或者变造他人的专利证书、专利文件或者专利申请文件的。"

有的刑法规范规定，危害行为持续的时间长短是衡量其危害性大小的一个因素。如"挪用公款数额较大，且超过3个月未还"是挪用公款罪的入罪情形之一。

科技危害行为的时间、地点、方式（方法）和犯罪工具等，除了具有犯罪成立与否的意义之外，这些客观要素，对量刑具有意义。绝大多数犯罪的成立是不受时间、地点、方式（方法）和犯罪工具的限制的，这时，危害行为的时间、地点、方式（方法）和犯罪工具不具有定罪意义。但是这些因素往往也能够反映犯罪社会危害性的大小，会对量刑产生影响。分则有的罪名直接将时间、地点、犯罪工具规定为法定的量刑情节之一，如《刑法》第432条规定，违反保守国家秘密法规，故意或者过失泄露军事秘密，情节严重的，处五年以下有期徒刑或者拘役；情节特别严重的，处五年以上十年以下有期徒刑。战时犯前款罪的，处五年以上十年以下有期徒刑；情节特别严重的，处十年以上有期徒刑或者无期徒刑。这里的"战时"，《刑法》第451条规定："本章所称战时，是指国家宣布进入战争状态、部队受领作战任务或者遭敌突然袭击时。部队执行戒严任务或者处置突发性暴力事件时，以战时论。"

即使法律没有把时间、地点、犯罪工具规定为法定量刑情节，但在司法实务中也会对量刑产生影响，这就是被称之为酌定的量刑情节。酌定量刑情节，简称酌定情节，它虽然不是刑法明文规定的情节，但对量刑仍然起着重要作用。应该注意的是，不要误认为酌定量刑情节，是可以考虑，也可以不考虑的情节。它是量刑时必须考虑的情节，只是因为这些情节在具体的犯罪里不具有规律性，很难由法律作出统一的规定。故对它的考量应交由法官来进行。作为客观要素的酌定情节，常见的有犯罪的手段、犯罪的时间、地点及环境条件、犯罪的对象、犯罪造成的危害结果等。

第三节 科技犯罪的主体要件

一、犯罪主体与犯罪主体要件

一般而言，犯罪主体是指实施严重的危害社会行为，依法应当负刑事责任的自然人或者单位。简而言之，犯罪主体是实施了犯罪行为的自然人或单位。任何犯罪都是一定的行为，犯罪主体就是犯罪行为的实施者。没有犯罪主体，就没有犯罪。具体的犯罪总是与特定的犯罪主体相联系，未实施危害行为者，就不是犯罪主体。

犯罪主体要件是实施犯罪行为的人本身必须具备的条件。犯罪行为是在罪过心理支配下实施的，犯罪主体要件就是说明行为人是否存在实施行为和具有罪过的前提条件。具备这一前提条件，就表明行为人可能实施犯罪行为，可能具有罪过心理；反之，则表明行为人不可能实施犯罪行为，不可能具有罪过心理。所以，犯罪主体要件，是成立犯罪必不可少的要件。在犯罪构成四要件模式中，犯罪主体要件是独立的第三个要件。犯罪主体要件是刑法规定的。

我国刑法总则规定了犯罪主体的共同要件，如《刑法》第 17 条对自然人犯罪主体的年龄条件作了规定；《刑法》第 18 条对自然人犯罪主体的辨认与控制能力条件作了规定。由于刑法总则对犯罪主体的共同要件作了明确规定，所以，当具体犯罪的成立在犯罪主体方面没有特别要求时，刑法分则便没有、也没有必要对主体要件再作规定。在这种情况下，并非不需要具备主体要件，而是说只要具备总则规定的一般犯罪主体要件即可（《刑法》第 164 条对非国家工作人员行贿罪）。如果具体犯罪的成立，除要求主体具备总则规定的共同要件外，还要求具备某种特殊要件（《刑法》第 229 条提供虚假证明文件罪、出具证明文件重大失实罪），那么，刑法分则的相应条文就应对这种特殊要件作出规定。简而言之，我们可以把犯罪主体要件划分为犯罪主体的一般条件和犯罪主体的特殊条件：犯罪主体的一般条件是任何犯罪的主体都必须具有的，而犯罪主体的特殊条件是某些犯罪主体必须具有的。犯罪主体要件除了对于定罪的意义外，对于量刑也具有重要意义。

可见，犯罪主体和犯罪主体要件是两个既密切关联有明显不同的概念。刑法理论通说不严格区分这两个概念①的做法需要纠正。

在我国，1979 年《刑法》只规定了自然人一元犯罪主体；1987 年《中华人民共和国海关法》首次确立了单位犯罪主体，1997 年修订的《刑法》吸收《海关法》等特别刑法的立法例，确立了自然人与单位二元犯罪主体。

同理，科技犯罪的犯罪主体和科技犯罪的犯罪主体要件，是两个既相互区别又密切关联的概念。科技犯罪的犯罪主体，既包括一般主体，又包括特殊主体；科技犯罪的犯罪主体要件也分为一般条件和特殊条件。科技犯罪主体也是二元的，包括科技工作者个人或者科技单位。本节对科技犯罪主体要件，如果没有明显的特殊性的，仅作一般的理论介绍，如果有特殊性的，现在相应的地方显示，不再对科技犯罪主体要件做集中的阐述。

二、自然人犯罪主体要件

（一）自然人一般犯罪主体要件的内容

自然人一般犯罪主体要件的内容，即行为人的辨认、控制能力，是指行为人对自己行为的辨认能力与控制能力。这是自然人犯罪主体的共同要件。

刑法上的辨认、控制能力，由辨认能力与控制能力组成。辨认能力，是指行为人具有认识自己行为的性质、后果与社会意义的能力，也可称为认识能力。能够认识自己行为的性质、后果与社会意义的，就是具有辨认能力；反之，则没有辨认能力。控制能力，是指行为人支配自己实施或者不实施特定行为的能力。在自由意志条件下，行为人实施犯罪行为时，处于既可以实施，也可以不实施的状态，行为人在认识到特定行为的性质、后果与社会意义后，能够控制自己实施或者不实施该行为时，即有控制能力；反之，则没有控制能力。控制能力实际是刑法学意义上的意志能力。

辨认能力与控制能力密切联系。辨认能力是控制能力的基础与前提，没有辨认能力就谈不上有控制能力。控制能力奠基于人的辨认能力之上，有控制能力就表明行为人具有辨认能力。刑法要求行为人同时具备辨认能力与控制能力才具有犯罪能力，才可构成犯罪；只具有其中一种能力的，属于没有犯罪能力。值得注意的是，在某些情况下，有辨认能力的人可能由于某种原因而丧失控制能力（如某消防队员被歹徒捆绑起来而不能赴火灾现场履行救火义务），刑法认为这种情况不具有实施犯罪的能力。

---

① 高铭暄、马克昌主编：《刑法学》（第七版），北京大学出版社、高等教育出版社 2016 年版，第 51 页。

（二）辨认、控制能力的影响因素

辨认控制能力是自然人犯罪的主体条件，它有质和量两方面的规定性。也即辨认控制能力不仅存在有和无的问题，还存在辨认控制能力的程度问题。

影响一个人辨认控制能力的因素，首先是生理年龄，其次是精神状况、器官功能是否正常、是否具有特殊身份等。也就是说，辨认控制能力与生理年龄、精神状况、器官功能是否正常、是否具有特殊身份等不是并列关系。这是必须注意的。

1. 刑事法定年龄及规定

刑事法定年龄，是指刑法所规定的，行为人实施犯罪行为所必须达到的年龄。如果没有达到刑事法定年龄，其实施的行为就不可能成立犯罪，故刑事法定年龄，事实上是犯罪年龄。达到刑事法定年龄，是自然人犯罪主体必须具备的条件之一。

我国刑法基于我国政治、经济、文化的发展水平、少年儿童接受教育的条件，依据我国的地理、气候条件，根据国家对少年儿童的政策，对法定年龄作了以下规定：

第一，《刑法》第 17 条第 1 款规定，不满 14 周岁的人，一律不负刑事责任。即不满 14 周岁的人，其实施的任何行为都不构成犯罪。此时期为绝对无刑事责任时期或完全无刑事责任时期，也可称为完全无犯罪能力时期。之所以如此规定，是因为不满 14 周岁的人，还处于幼年时期，身心发育不成熟，法律规定他们对自己行为的性质、后果与意义，还不能有明确的认识，又很难控制自己的行为。因此，即使他们实施了有害于社会的行为，也绝对地不作为犯罪处理。

刑法的这一规定是严格的、绝对的立法推定，司法机关必须遵守。即使差一天、一小时，也不能突破刑法的规定，不允许以行为人发育早熟、具有辨认控制能力为由，将不满 14 周岁的人的行为以犯罪论处。

第二，《刑法》第 17 条第 2 款规定："已满 14 周岁不满 16 周岁的人，犯故意杀人、故意伤害致人重伤或者死亡、强奸、抢劫、贩卖毒品、放火、爆炸、投毒罪的，应当负刑事责任"。这一时期为相对负刑事责任时期。之所以这样规定，是因为已满 14 周岁不满 16 周岁的人，已经具有一定的辨认控制能力，虽然对较轻的犯罪行为还没有辨认控制能力，但对严重犯罪行为已具有辨认控制能力，所以，已满 14 周岁不满 16 周岁的人，实施刑法所列举的上述犯罪行为的，应当负刑事责任；实施此外的行为的，不成立犯罪，也不负刑事责任。刑法将已满 14 周岁不满 16 周岁的人可成立犯罪因而负刑事责任的范围不作概括性规定而予以明确具体规定，既有利于更有效、更准确地惩治严重危害社会的犯罪，又有利于减少司法实践中的分歧，还充分体现了国家对有越轨行为的未成年人重教育、轻处罚的刑事政策。

刑法的这一规定也是严格的、绝对的法律推定，不允许超出这一规定的范围，追究行为人的刑事责任。

第三，《刑法》第 17 条第 1 款规定："已满 16 周岁的人犯罪，应当负刑事责任。"据此，已满 16 周岁的人具备触犯非身份犯的所有罪名的资格。这一时期为完全负刑事责任时期。因为已满 16 周岁的人，已接受了较多教育，身心发育比较成熟，对什么行为是国家和社会提倡的、什么行为是国家和社会反对的都有比较明确的认识，也能够控制自己实施或者不实施某个行为，也即具有辨认控制能力，故应对一切危害行为承担法律责任，原则上具备触犯任何罪名的资格。

第四，《刑法》第 17 条第 3 款规定："已满 14 周岁不满 18 周岁的人犯罪，应当从轻或者减轻处罚。"此为减轻刑事责任时期。这样规定，一方面是因为这些人还属于未成年人，身心发育不十分成熟，辨认控制能力比成年人要差一些，故其犯罪的社会危害程度比成年人犯罪的社会危害程度低一些。另一方面，未成年人的可塑性较大，比较容易接受改造。基于我国一直关怀青少年的成长，重视对青少年教育的政策，按照罪刑相适应原则与刑罚目的的要求，对未成年人罪犯应当从轻或者减轻处罚。

第五，对未成年人的保安措施。《刑法》第 17 条第 4 款规定："因不满 18 周岁不予刑事处罚的，责令他的家长或者监护人加以管教；在必要的时候，也可以由政府收容教养。"据此，未达到法定年龄的人，如果实施了有害于社会的行为，虽不构成犯罪，不对其科处刑罚处罚，但也不是姑息放纵，而应加强教育和看管，甚至由政府收容教养。这些都是预防他们将来再次走上犯罪道路的必要措施，此即"对人的保安措施"。

2. 精神病因素及其规定

除了年龄因素外，行为人的精神状态也影响他的辨认和控制能力。例如，行为人虽然达到法定年龄，但由于精神疾病而完全丧失辨认控制能力；或者行为人患有间歇性精神病，精神状态时好时坏；或者精神病影响到了行为人的辨认控制能力，但又不是致使行为人"完全丧失辨认控制能力"，而只是一定程度地"减弱了他的辨认控制能力"。

对于这些情况，《刑法》第 18 条作了规定：

第一，《刑法》第 18 条第 1 款规定："精神病人在不能辨认或者不能控制自己行为的时候造成危害结果，经法定程序鉴定确认的，不负刑事责任，但是应当责令他的家属或者监护人严加看管和医疗；在必要的时候，由政府强制医疗。"这也属于完全无辨认控制能力的情形。

第二，《刑法》第 18 条第 3 款规定："尚未完全丧失辨认或者控制自己行为能力的精神病人犯罪的，应当负刑事责任，但是可以从轻或者减轻处罚。""尚未完全丧失辨认或者控制自己行为能力的精神病人"就是限制辨认控制能力的人。这里的"可以"是一个授权性规定，鉴于精神病的程度问题是一个区间，而不是一个点，况且案件情况十分复杂，因此立法规定将到底是从轻或者减轻，交由法官结合具体的案件，自由地裁量。

第三，《刑法》第 18 条第 2 款规定："间接性精神病人在正常的时候犯罪，应当负刑事责任。"据此，间歇性精神病人实施行为的时候，如果精神正常、具有辨认控制能力，当然应对自己的行为承担刑事责任；即使实施行为后精神不正常了，也应承担刑事责任。反之，实施行为的时候，如果精神不正常、不具有辨认控制能力，该行为便不成立犯罪，因而不负刑事责任；即使实施行为后精神正常了，也不应承担刑事责任。由此可见，间歇性精神病人的行为是否成立犯罪，应以其实施行为时是否精神正常、是否具有辨认控制能力为标准，而不是以侦查、起诉、审判时是否精神正常为标准。

（三）自然人特殊犯罪主体要件的内容

特殊身份，是指行为人在身份上的特殊资格，以及其他与一定的犯罪行为有关的，行为人在社会关系上的特殊地位或者状态。如男女性别、亲属关系、中国人外国人的区别、国家工作人员、司法工作人员、证人等等。这种特殊身份不是自然人主体的一般要件，只是某种犯罪的自然人主体必须具备的要件。

刑法规定不以特殊身份作为要件的犯罪主体，称为一般主体；刑法规定以特殊身份作为要件的犯罪主体，称为特殊主体。以特殊身份作为主体要件或者刑罚加减根据的犯罪，称为身份犯。也即身分犯包括真正身份犯与不真正身份犯。真正身份犯，是指以特殊身份作为主体要件的犯罪。在这种情况下，如果行为人不具有特殊身份，就不构成本罪。例如，刑讯逼供罪的主体必须是司法工作人员，所以，如果不是司法工作人员，其行为就不可能成立刑讯逼供罪。这种特殊身份，也称为构成身份。

不真正身份犯，是指特殊身份不影响定罪但影响量刑的犯罪。在这种情况下，如果行为人不具有特殊身份，犯罪也成立；如果具有这种身份，则从重处罚或者从宽处罚。例如，诬告陷害的实施者既可以是一般主体，也可是国家机关工作人员。也即是否具有特殊身份并不影响本罪的成立，但刑法规定国家机关工作人员犯诬告陷害罪的从重处罚。国家机关工作人员这一身份，虽然不是诬告陷害罪的主体要件，却是从重处罚的根据。这种特殊身份，也可称为加减身份。

特殊身份必须是在行为人开始实施犯罪行为时就已经具有的特殊资格或已经形成的特殊地位或者状态。因此，行为人在实施犯罪后才形成的特殊地位，不属于本罪的特殊身份。例如，在犯罪集团中起组织、策划、指挥作用的首要分子，这里的"首要分子"之地位不属于特殊身份。特殊身份是行为人在人身方面的特殊资格、地位或状态，因此，特定犯罪目的与动机等心理状态，就不是特殊身份。特殊身份总是与一定的犯罪行为密切联系的，与犯罪行为没有联系的资格等情况，不是特殊身份，例如，在强奸罪中，性别与犯罪行为有密切联系，属于特殊身份；但在故意杀人罪中，性别与犯罪行为没有密切联系，因而不是特殊身份。

作为犯罪主体要件的特殊身份，只是针对该犯罪的实行犯而言，至于教唆犯与帮助犯，则不受特殊身份的限制。例如，贪污罪的主体必须是国家工作人员或者受国家机关、国有公司、企业、事业单位、人民团体委托管理、经营国有财产的人员，但这只是就实行犯而言。不具有上述特殊身份的人教唆或者帮助具有上述特殊身份的人犯贪污罪的，成立共犯。

刑法将特殊身份规定为某些犯罪的主体要件，一方面是因为有些犯罪只有具有特殊身份的人才能实施，其他人不可能实施。如《刑法》第401条规定的徇私减刑、假释、暂予监外执行条件的罪犯，对不符合减刑、假释、暂予监外执行的行为，只能由司法工作人员实施，一般公民不可能实施该行为。另一方面是因为有些行为只有具有特殊身份的人实施，其社会危害性才达到犯罪程度，一般公民实施时其社会危害性没有达到犯罪程度。例如，侵犯少数民族风俗习惯的行为，如果由一般公民实施，则社会危害性较小，没有达到犯罪程度；如果由国家机关工作人员实施，人们便把国家机关工作人员的身份与国家政策联系起来，这样会造成恶劣的影响，其社会危害性就严重。因此，刑法规定侵犯少数民族风俗习惯罪的主体必须是国家机关工作人员。

第四节　科技犯罪的主观要件

一、犯罪主观要件的概述

犯罪主观方面与犯罪主观要件，是既相互区别，有密切联系的两个概念。

犯罪主观方面是联结犯罪主体与犯罪客体的精神中介，如行为人的认识、意志、情绪、动机、目的等。在犯罪主观方面之中，一些要素是犯罪成立所不可缺少的，被称之为犯罪主观要件。缺少了犯罪主观要件，就不可能组成犯罪构成这个具有特定的社会危害性的有机整体。

犯罪主观要件是指犯罪主体对自己的行为及其危害社会结果所抱的心理态度。它包括罪过（即犯罪故意或者犯罪过失）以及犯罪目的和犯罪动机这几种因素。其中，犯罪故意和犯罪过失，合称罪过，是任何犯罪成立都不可缺少的要件，称之为必要要件；犯罪目的、犯罪动机是一些犯罪成立所需要的条件，属于选择要件。

从罪过形式的角度看，刑法中的犯罪大致可以分为两种类型：一是只能由犯罪故意构成的犯罪，这样的犯罪很多，如危害国家安全的犯罪、破坏社会主义市场经济秩序的犯罪、侵犯财产的犯罪、妨害婚姻家庭的犯罪、侵犯公民民主权利的犯罪，以及一些侵犯公民人身权利的犯罪等，都属此类；二是只能由犯罪过失构成的犯罪，如交通肇事罪、重大责任事故罪、重大劳动安全事故罪、消防责任事故罪等。犯罪主观要件体现着行为人行为当时心理状态的重要指标，也是衡量行为人主观恶性的重要参考。犯罪故意还是犯罪过失，反映了犯罪人主观恶性的不同，并进而直接影响到犯罪社会危害性的大小和刑罚目的实现之难易，因而刑法对故意犯罪和过失犯罪规定了轻重大不相同的刑罚。

犯罪主观要件有以下几个特点：

（1）犯罪主观要件的内容是心理态度。这里的"主观"是指支配行为人外在活动的主观意识。它由认识因素与意志因素构成，是犯罪主体对自己实施的危害行为及其危害结果所持的心理态度。罪过是犯罪主观要件的核心内容，它与犯罪客观要件密切联系：罪过是对危害行为与危害结果的故意与过失；罪过必须表现在一定的危害行为中；罪过只能是行为时的心理态度，罪过的有无以及罪过形式与内容都应以行为时为准，而不能以行为前或行为后为准，"罪过与行为同时存在"是现代刑法理论公认的一个命题。

（2）犯罪主观要件是刑法明文规定的心理状态。我国《刑法》总则第14条和第15条明文规定了犯罪故意与犯罪过失两种心理态度；刑法分则通过多种方式规定了具体犯罪的主观要件，如有的条文明确规定某种犯罪由犯罪故意或犯罪过失构成，有的条文通过规定"故意……""意图""以……为目的"以及对行为的具体描述表明某种犯罪只能由犯罪故意构成。

（3）犯罪主观要件是人身危险性的直接流露，是衡量行为人的主观恶性主要指标。主观恶性是犯罪社会危害性的重要组成部分，犯罪主观要件的内容说明行为人对合法权益的保护持悖反态度。犯罪故意表明行为人对合法权益持一种敌视、蔑视态度；犯罪过失表明行为人对合法权益持一种漠视或者忽视态度。因此，犯罪故意与犯罪过失是一种应当受到谴责的心理态度。

（4）犯罪主观罪过是一切犯罪都必须具备的要件。犯罪具有社会危害性，而这种社会危害性是由行为的主客观方面相统一所决定的。若不是在罪过心理支配下实施行为所造成的客观损害，如自然灾害、自然事故所造成的损害，就不具有刑法意义上的社会危害性。只有在罪过心理支配下实施的危害行为，才具有刑法意义上的社会危害性。犯罪构成是犯罪社会危害性的法律标志，主客观相统一的社会危害性，决定了犯罪构成的主客观统一性，决定了犯罪必须具备主观要件。从刑法规定上看，我国刑法坚持主客观相统一的原则，《刑法》第16条明文规定没有犯罪故意与犯罪过失的不成立犯罪，这便肯定了犯罪故意与犯罪过失是成立犯罪的主观要件。

罪过是刑事责任的主观依据的原因在于：首先，任何正常人均有着相对的意识和意志自由，在现实社会中，都有着实施或不实施危害行为的选择自由，如果在其意识和意志支配下实施的危害社会的行为，表明了行为人的主观上的可谴责性。其次，基于生活常识、职业习惯和业务规章的要求，一个正常的行为人在实施一定行为时，应当履行注意义务，避免危害结果的发生，多数人能够注意的场合，少数人因为怠于注意或疏于避免，以致发生危害结果，说明行为人主观上具有犯罪过失的罪过，不能宽宥。所以，国家通过对行为人追究刑事责任，使之认识到自己行为的社会危害性，改过自新，不致今后再作出危害社会之举，同时，通过惩罚犯罪人也警醒世人既克制主观恶性，又勤于"注意"，避免重蹈覆辙。犯罪主观要件是区分罪与非罪的标准之一、区分此罪与彼罪的标准之一，对于区分一罪与数罪、区分重罪与轻罪都有重要作用。

基于研究的需要，本书只对作为必要要件的罪过，即犯罪故意和犯罪过失，详细展开讨论。

二、犯罪故意

（一）犯罪故意的概念

我国《刑法》第14条规定："明知自己的行为会发生危害社会的结果，并且希望或者放任这种结果发生，因而构成犯罪的，是故意犯罪。"这是关于故意犯罪的概念。据此，所谓犯罪故意，就是指行为人明知自己的行为会发生危害社会的结果，并且希望或者放任这种结果发生的一种主观心理态度。

犯罪故意包含两项内容：一是行为人明知自己的行为会发生危害社会的结果，这种"明知"属于心理学上所讲的认识方面的因素，亦称意识方面的因素；二是行为人希望或者放任这种危害结果的发生，这种"希望"或"放任"的心理属于心理学上意志方面的因素。实施危害行为的行为人在主观方面必须同时具备这两个方面的因素，才能认定他具有犯罪故意。

（二）犯罪故意的内涵分析

1. 认识因素

在认识因素上，行为人必须"明知自己的行为会发生危害社会的结果"。所谓认识因素，又叫意识因素，是指行为人对自己的行为性质、意义乃至后果的辨认。行为人明知自己的行为会发生危害社会的结果，这是构成犯罪故意的认识因素，是一切故意犯罪在主观认识方面必须具备的。如果一个人的行为虽然在客观上会发生甚至已经发生了危害社会的结果，但他本人在行为时并不知道自己的行为会发生这种结果，那就不构成犯罪的故意。关于犯罪故意的认识因素，应明确以下几点：

（1）如何理解明知的内容？"明知"是犯罪故意认识因素的前提和标志，表明行为人在决意实施某种行为之前，已经比较明确地意识到了自己实施这种行为将会对社会利益构成的危害。根据犯罪主观要件与犯罪客观、客体要件的联系，明知的内容应当包括法律所规定的构成某种故意犯罪所不可缺少的危害事实，亦即作为犯罪构成要件的客观事实。具体说来包括三项内容：第一，对行为本身的认识，即对刑法规定的危害社会行为的内容及其性质的认识。第二，对行为结果的认识仔细分析刑法规定，我们认为，这里的"明知"是"明知刑法上的因果关系"，即对行为产生或将要产生的危害社会结果的内容与性质的认识。一个人只有认识到自己所要实施或正在实施的行为危害社会的性质和内容，并且认识到行为与结果的客观联系，才能谈得上进一步认识行为之结果的问题。例如故意杀人罪的行为人认识到自己的行为会发生致使他人死亡的结果，盗窃罪的行为人认识到自己的行为会发生公私财物被非法占有的结果。由于具体犯罪中危害结果就是对直接客体要件的损害，因而这种对危害结果的明确认识，也包含了对犯罪直接客体要件的认识。第三，对危害行为和危害结果相联系的其他犯罪构成要件事实的认识。在分则条文中，有的要求行为人对法定的犯罪对象有认识，如盗窃枪支罪，要求行为人明知自己盗窃的对象是枪支；有的要求行为人对犯罪的内容有认识，如走私、贩卖、运输、制造毒品，要求行为人明知的内容是毒品；有的要求行为人对法定的犯罪手段有认识，如抢劫罪，要求行为人明知自己非法占有财物的行为是以暴力、威胁或其他强制性方法为特定手段；有的要求行为人对法定的犯罪时间、地点要有认识，如非法捕捞水产品罪、非法狩猎罪，要求行为人明知自己是在特定的时期采用特定的方法来实施捕捞或狩猎行为。

当然，理解"明知"的含义，应当注意两点：一是这种认识不一定是准确的，它可以是明确断定，也包括"可能是"。这种明知是立法推定的。例如，

《刑法》第 219 条第 2 款①也使用了"应知"一词，这是立法推定，推定的犯罪故意。同时，司法解释一般持此观点。例如，最高人民检察院《关于构成嫖宿幼女罪主观上是否需要具备明知要件的解释》（高检法释字〔2001〕3 号）规定："行为人知道被害人是或者可能是不满 14 周岁幼女而嫖宿的，适用《刑法》第 306 条第 2 款的规定，以嫖宿幼女罪追究刑事责任。"在这里，"知道是"即对事实的断定；"知道可能是"即对事实的猜测，"有可能是"。前者如断定自己开枪的行为会杀死对方、发现某种品牌有市场而假冒其注册商标。后者如帮别人带东西，怀疑该东西是毒品或其他违禁品而仍然帮别人运输或携带，这即是司法解释的"应当知道"情形。二是这种认识不一定是正确的，比如误以为某种物质可以置人于死地而往被害人的食物中投放该物质，但该物质结果于人体无害。这属于认识错误问题，具体处理参见本书相应部分的内容。

（2）犯罪故意内容是否要求包含违法性认识？这与对违法性理解有关。如果将违法性作实质的理解，即主张实质的违法性，那么，实质的违法性就是社会危害性的同义语，从而必须要求行为人认识到；如果将违法性作形式意义的理解，即主张形式的违法性，是否必须要求行为人认识到自己行为的违法性，对此，理论界见解不尽一致，主要有违法性必要说、违法性不要说以及自然犯和法定犯区别对待说。

我国的触犯刑法的"违法性"与西方的违法性内涵不同，我们必须从实质与形式相统一的角度理解我国的刑事违法性。至于对自己行为的刑法意义的认识，一般只要认识到具有社会危害性就够了，所以，自然犯和法定犯区别对待说是可取的。

（3）如何理解明知自己的行为"会发生"危害社会的结果？所谓"会发生"，包括两种情况：一种是明知自己的行为必然要发生某种特定的危害结果。如行为人甲将公民乙从十几层的高楼猛力推下，甲明知自己的行为必定致乙死亡。另一种是明知自己的行为可能要发生某种特定的危害结果。如行为人甲欲枪杀公民乙，但枪法不准，又没办法接近乙，只好在远距离开枪射杀，在这种

---

① 《刑法》第 219 条规定："有下列侵犯商业秘密行为之一，给商业秘密的权利人造成重大损失的，处三年以下有期徒刑或者拘役，并处或者单处罚金；造成特别严重后果的，处三年以上七年以下有期徒刑，并处罚金：（一）以盗窃、利诱、胁迫或者其他不正当手段获取权利人的商业秘密的；（二）披露、使用或者允许他人使用以前项手段获取的权利人的商业秘密的；（三）违反约定或者违反权利人有关保守商业秘密的要求，披露、使用或者允许他人使用其所掌握的商业秘密的。明知或者应知前款所列行为，获取、使用或者披露他人的商业秘密的，以侵犯商业秘密论。本条所称商业秘密，是指不为公众所知悉，能为权利人带来经济利益，具有实用性并经权利人采取保密措施的技术信息和经营信息。本条所称权利人，是指商业秘密的所有人和经商业秘密所有人许可的商业秘密使用人。"

情况下，甲所明知的"会发生"，就是一种可能性，即开枪可能打死乙，也可能打不死乙。

2. 意志因素

在意志因素上，必须对危害社会的结果持"希望"或"放任"态度。所谓意志，是行为人控制自己行为的心理态度。这种意志因素，从对于危害结果发生的心理态度来看，可以分为"希望"（追求）和"放任"（不追求也不反对）两种。所谓希望危害结果的发生，是指行为人对危害结果抱着积极追求的心理态度，该危害结果的发生，正是行为人通过一系列犯罪活动所意欲达到的犯罪目的。所谓放任危害结果的发生，是指行为人虽然不希望、不是积极追求危害结果的发生，但也不反对，也不设法阻止这种结果的发生，而是对结果是否发生采取听之任之的心理态度。放任是一种中间意志形态，属于"不希望"意志，但不是"希望危害结果不发生"，或者说，这时，行为人"放任了危害结果的发生"，而不是"放任了危害结果的不发生"。① 由此可见，"放任"也是有价值取向的，而不是"价值中立"。

3. 认识因素与意志因素的关系

认识因素和意志因素是成立犯罪故意的两方面的心理因素，它们彼此联系互相促进形成完整的犯罪故意。一方面，认识因素是意志因素存在的前提和基础，行为人对结果发生采取希望和放任的心理态度，是建立在对行为及其结果的危害性质明确认识的基础上的，惟有有了这种明确的认识，才谈得上对危害结果发生是持希望还是放任的心理态度，才会有在这种意志支配下的进一步的危害行为。另一方面，意志因素又是认识因素的发展，是犯罪故意的关键因素。如果仅有认识因素而没有意志因素，即主观上不是希望也不是放任危害结果的发生，也就不存在犯罪故意，不会有故意犯罪的行为。总之，认识因素是意志因素存在的前提，也是犯罪故意成立的基础；意志因素是认识因素的发展和犯罪故意形成的推动力，对行为人将犯罪故意变成犯罪行为起着决定性作用，并决定着行为方式的选择与修正。

（三）犯罪故意的类型

犯罪故意依据不同的分类标准可以进行多种类的划分，如根据故意内容的明确性程度，可分为确定的故意和不确定的故意；根据故意形成是否经过深思熟虑，可以将其分为预谋的故意和突然的故意等。而我国刑法是根据行为人对危害行为所具有的心理状态的不同，将其划分为直接故意和间接故意两类。本书按照犯罪故意的法定分类来讨论。

---

① 牛忠志："重新认识间接故意"，载《政法论丛》2002 年第 6 期。

1. 直接故意

犯罪的直接故意是指行为人明知自己的行为必然或可能发生危害社会的结果，并且希望这种结果发生的心理态度。按照认识因素的不同内容，可以把犯罪的直接故意区分为两种表现形式：

（1）行为人明知自己的行为必然发生危害社会的结果，并且希望这种结果发生的心理态度。即"必然发生＋希望发生"。例如，某甲想杀死某乙，用枪顶在某乙的脑袋上射击，他明知这种行为必然导致某乙死亡而仍决意为之，某甲的心理态度即为此种直接故意。

（2）行为人明知自己的行为可能发生危害社会的结果，并且希望这种结果发生的心理态度。即"可能发生＋希望发生"。例如，某丙想杀死某丁，但只能于晚上趁某丁返家途中隔小河射击，由于光线不好，距离较远，某丙的射击技术又不甚好，因而他对能否射杀某丁没有把握，但他不愿放过这个机会，希望能打死某丁，并在这种心理的支配下实施了射杀行为。某丙的心理态度即属于此种直接故意。

可见，直接故意的意志因素，是以希望危害结果的发生为其必要特征的。

2. 间接故意

犯罪的间接故意是指行为人明知自己的行为可能发生危害社会的结果，并且放任这种结果发生的心理态度。即"可能发生＋放任发生"。

在认识因素上，间接故意表现为行为人认识到自己的行为"可能"发生危害社会结果的心理态度。即行为人根据对自身犯罪能力、犯罪对象情况、犯罪工具情况，或者犯罪的时间、地点、环境等情况的了解，认识到行为导致危害结果的发生只是具有或然性（可能性），而不是具有必然性。这种对危害结果可能发生的认识，为间接故意的意志因素即放任心理的存在提供了前提和基础。

在意志因素上，间接故意表现为行为人放任危害结果发生的心理态度。所谓"放任"，当然不是希望，不是积极的追求，而是行为人在明知自己的行为可能发生特定危害结果的情况下，为了达到自己的既定目的，仍然决意实施这种行为，对危害结果发生的障碍不去排除，也不设法阻止危害结果的发生，而是自觉听任危害结果的发生。

在司法实践中，犯罪的间接故意大致有以下三种情形：第一，行为人为了追求某一种犯罪的危害结果，而放任了另一种危害结果的发生。例如，甲欲毒杀妻子乙，就在妻子盛饭时往妻子碗内投下了剧毒药。甲同时还明知到其妻有可能喂饭给孩子吃而祸及孩子，但他因为杀妻心切，就抱着听任孩子也被毒死的心理态度。事实上妻子乙在吃饭时确实喂了孩子几口，结果母子均中毒死亡。

此案中，甲明知投毒后其妻必然吃饭中毒身亡并积极追求这种结果的发生，其杀妻行为构成杀人罪的直接故意无疑；但甲对其孩子死亡结果的发生并不是希望，而是为了达到杀妻的结果而予以有意识的放任，这完全符合间接故意的条件。

第二，行为人追求一个非犯罪目的而放任某种危害结果的发生。例如，某甲在林中打猎时，发现一个酣睡的猎物，同时又发现猎物附近有一个孩子在玩耍，根据自己的枪法和离猎物的距离，甲明知自己开枪不一定打中猎物，而有可能打中小孩。但某甲打猎心切，不愿放过这一机会，遂放任可能打死小孩这种危害结果的发生，仍然向猎物开枪，结果子弹打偏，打死了附近的小孩。此例中，某甲明知自己的开枪打猎行为可能打中小孩使其毙命，但为追求打到猎物的目的，仍然开枪打猎，听任打死小孩这种危害结果的发生。具备了间接故意的认识因素和其特定的意志因素，因而构成犯罪的间接故意。

第三，追求伤害结果，放任死亡结果的发生。例如，实践中，一些青少年临时起意，动辄行凶，不计后果，朝对方乱捅一刀两刀即扬长而去，并致人死亡的案件就属于这种情况。这种案件里，行为人用刀扎人显然是追求伤害结果，"动辄行凶，不计后果，朝对方乱捅一刀两刀即扬长而去"显然是放任死亡结果的发生。如果出现死亡结果时，行为人构成故意杀人罪（间接故意）。

3. 直接故意与间接故意的区别

（1）就二者的认识因素而言。直接故意既包含行为人对危害结果必然发生的明知，也包含行为人对危害结果可能发生的明知。而间接故意则只能是对危害结果可能发生的明知。[①] 有学者认为，认识因素上，直接故意与间接故意没有区别。我们反对这种见解，主张当行为人认识到自己的行为"必然发生"危害社会的结果时，就不会再存在"放任"意志了。

（2）从意志因素上看，二者对危害结果发生的心理态度显然不同。直接故意是希望即积极追求危害结果的发生。在这种心理支配下，行为人就会想方设法，克服困难，创造条件，排除障碍，积极地甚至顽强地实现犯罪目的，造成犯罪结果。间接故意对危害结果的发生则不是持希望的心理态度，而是持放任的心理态度。"放任"就是对结果的发生与否采取听之任之、满不在乎、无所谓的态度，不发生结果他不懊悔，发生结果也不违背他的本意。在放任心理支配下，行为人就不会想方设法，排除障碍，去积极追求犯罪结果的发生，或防止结果的发生。意志因素的不同，或者说，有无犯罪目的，是两种故意区别的关键所在。

---

① 马克昌：《犯罪通论》，武汉大学出版社 1998 年版，第 48 页。

（3）就二者的成立条件而言，直接故意的成立不以特定的有形危害结果的发生为条件，即只要行为人主观上有犯罪的直接故意，客观上有相应的行为，即构成特定的故意犯罪，特定的有形危害结果的发生与否不影响定罪，而只是在那些以结果为既遂要件的犯罪里是区分既遂与未遂形态的标志。对间接故意而言，在没有发生危害结果的情况下，行为人的心理状态就不构成犯罪故意。即特定结果的发生与否，决定了间接故意犯罪的成立与否。因为在间接故意中，特定的危害结果可能发生，也可能不发生，结果发生与否都不违背其意志，都包含在其本意中，因而要根据主客观相统一的原则，仅有行为而无特定的有形危害结果时，尚不能认定构成特定的犯罪（包括其未遂形态），只有发生了特定危害结果才能认定构成特定的犯罪。例如，在开枪打猎而放任杀伤附近小孩的情况下，未射中小孩不构成犯罪，打死小孩构成间接故意的杀人罪，打伤小孩构成间接故意的伤害罪。

（4）只有直接故意犯罪才能进行犯罪停止形态的划分，而间接故意犯罪在犯罪构成所要求的危害结果出现前，人们无法判断行为的停止形态。①

三、犯罪过失

根据《刑法》第 15 条关于过失犯罪的规定，所谓犯罪的过失，就是指行为人应当预见自己的行为可能发生危害社会的结果，因为疏忽大意而没有预见，或者已经预见而轻信能够避免的一种心理态度。

过失犯罪与犯罪的过失是不同的概念。犯罪过失只是过失犯罪的主观心理态度。过失犯罪则是主客观的统一，行为人负刑事责任的客观基础，是其行为对社会造成的严重危害结果，行为人的过失心理态度，就是让他负刑事责任的主观根据。

（一）犯罪过失的特征

1. 认识因素上的特征

在认识因素上，必须对危害社会的结果"应当预见"或"已经预见"。构成过失犯罪的行为人，他们对自己的行为所具有的社会危害性的性质都是有可能预见的，但行为人的实际认识与认识能力不一致，有的行为人没有预见，有的行为人已经预见到了这种危害行为发生的可能性，只不过对危害结果的避免可行性作出了错误的判断。如果事实表明，某种损害结果确实是由行为人造成的，但他却缺乏预见能力，不可能对此有所预见，则不成立过失犯罪。同理，如果行为人对于严重损害结果的发生虽然有能力预见，但他没有预见义务，也

---

① 曾粤兴："犯罪未遂比较研究"，载《法学家》2002 年第 4 期。

不构成过失犯罪。需要注意的是，"应当"或"应知"是犯罪过失以及过失犯罪的标志性用语。

2. 意志因素上的特征

犯罪过失场合，在意志因素上，行为人根本不希望自己的行为发生危害结果，或者说行为人希望自己的行为不发生危害结果。但这种愿望与客观效果发生了悖反，"事与愿违"。与这种愿望相联系的行为表现和意志态度是"疏忽大意"或者"轻信避免"。

在犯罪过失的意志因素上，"疏忽大意"的"无意志"表现为缺乏法定的认识内容的情况下的草率行事，显示严重不负责任、根本不发挥主观能动性的行为倾向。而"轻信避免"则是一种有认识前提下"反对危害结果发生"的意志形式。由于"轻信"的前提是行为人对可能发生的危害结果已经有所预见，但是没有充分发挥其主观能动性，因而行为人当时综合各方面的情况所得出的判断结论是错误的。当然，如果在没有赖以自信的主观和客观依据的情况下，则不应认定为过于自信过失，而应认定为间接故意。

（二）犯罪过失与犯罪故意的联系与区别

犯罪过失与犯罪故意相比较，是既有联系又有区别的两个概念：

（1）其相同之处在于，过失与故意均统一于罪过的概念之下，即犯罪过失与犯罪故意都是认识因素与意志因素的统一，都说明行为人对合法权益的保护所持的悖反态度。

（2）其区别在于，过失与故意是两种不同的罪过形式，各自的认识因素与意志因素的具体内容不同。从认识因素上看，犯罪故意表现为行为人明知行为必然或者可能发生危害结果的心理态度；而犯罪过失表现为行为人对危害结果的发生虽然应当预见到但实际上并未预见到，或者虽然预见到但在他看来并非现实发生的可能性。从意志因素上看，犯罪故意的内容是希望或者放任危害结果发生的心理态度，而犯罪过失则对危害结果的发生既不是希望也不是放任，而是无意志，或者排斥、反对的心理态度。简而言之，犯罪故意是明知故犯的心理态度，犯罪过失则是由于缺乏必要的谨慎导致危害社会结果的心理态度。因而，犯罪故意所表明的行为人的主观恶性，明显地大于犯罪过失。所以，刑法对过失犯罪的规定不同于故意犯罪。首先，过失犯罪均以发生特定的有形危害结果为要件；而故意犯罪并非一概要求发生特定的有形危害结果。其次，刑法规定"过失犯罪，法律有规定的才负刑事责任"，"故意犯罪，应当负刑事责任"，这体现了刑法以处罚故意犯罪为原则、以处罚过失犯罪为特殊的精神，说明刑法分则没有明文规定罪过形式的犯罪一般来说应当由故意构成。再次，刑法对过失犯罪规定了较故意犯罪轻得多的法定刑。

（三）犯罪过失的类型

按照犯罪过失心理态度的不同内容，中国刑法理论上把犯罪过失区分为过于自信的过失与疏忽大意的过失两种类型。

1. 过于自信的过失

过于自信的过失，是指行为人已经预见到自己的行为可能发生危害社会的结果，但轻信能够避免，以致发生这种结果的心理态度。在行为人已经预见到自己的行为可能发生危害社会的结果的时候，"已经预见"是当时客观的认识状态，轻信"自己能够避免"是其判定结论。

（1）在认识因素上，行为人已经预见到自己的行为可能发生危害社会的结果。如果行为人行为时根本没有预见到自己的行为会导致危害结果的发生，则不属于过于自信的过失，而有可能属于疏忽大意的过失或意外事件。如果行为人预见到自己的行为必然发生而不是可能发生危害社会的结果，则属于犯罪直接故意的心理态度，而不是过于自信的过失。

（2）在意志因素上，行为人之所以实施行为，是基于"能够避免危害结果的发生"，只不过这是一个错误的判断而已（即"轻信"）。有人认为过于自信犯罪过失没有意志因素，理由是人的意志因素应当表现为肯定性质的因素。我们认为，在否定性质因素上，也可以形成意志。"能够避免危害结果的发生"，就是"不希望"，也是一种意志。所谓"轻信"，就是说，行为人过高地估计了可以避免危害结果发生的其主观和客观的有利因素，而过低地估计了行为会导致危害结果发生的可能程度。正是这种"轻信能够避免危害结果的发生"的"不希望"的心理，支配着行为人实施了错误的行为而发生了危害结果；也正是这种"轻信能够避免危害结果的发生"的"不希望"，使过于自信的过失得以成立并区别于其他罪过形式。

（3）过于自信过失与间接故意的区别

犯罪的过于自信的过失心理与间接故意的心理在认识因素上都预见到行为可能发生危害社会的结果，在意志因素上都不是希望危害结果的发生，因而二者容易混淆。但是，它们是性质截然不同的两种罪过形式，在认识因素和意志因素上都有着重要的区别：

第一，认识因素上有所不同。二者虽然都是预见到行为发生危害结果的可能性，但它们对这种可能性是否会转化为现实性即实际上发生危害结果的主观估计是不同的。间接故意的心理对可能性转化为现实性并未发生错误的认识和估计，并不是认为这种可能性不会转化为现实性，因而在可能性转化为现实性即发生危害结果的情况下，行为人的主观认识与客观结果之间并未产生错误认识，主观与客观是一致的。而过于自信的过失心理则不同，具有这种心理者虽然也预见到危害结果发生的可能性，但在主观上认为，由于他的自身能力、技术、经验和某些外部条件，他实施行为时，危害结果发生的可能性不会转化为现实性，即他对可能性转化为现实性的客观事实发生了错误认识，在危害结果发生的情况下，其主观与客观是不一致的。

第二，意志因素上有重要区别。二者虽然都不希望危害结果的发生，但它们对危害结果的态度仍是不同的。间接故意的行为人虽不希望结果发生，但也并不反对不排斥危害结果的发生，因而也就不会凭借什么条件和采取什么措施去防止危害结果的发生，而是听之任之，有意放任危害结果的发生。过于自信过失的行为人不仅不希望危害结果的发生，同时也不放任危害结果的发生，而是希望危害结果不要发生，希望避免危害结果的发生，即排斥、反对危害结果的发生。关于过于自信的过失与间接故意的区分，应考察客观上是否存在行为人"自信"的依据，不能偏听行为人的辩解。有的案件表面上看起来似乎是行为人轻信能够避免危害结果的发生，但这种所谓"轻信"没有实际根据，行为人所指望的避免结果发生的那种情况根本不会存在，或者虽然存在，但对防止结果的发生毫无意义或意义极小，在这种情况下，如果发生危害结果，不是过于自信的过失，而是间接故意犯罪。例如：司机某甲夜晚行车中，因疏忽大意将乙撞成重伤，甲为了不让后面的来车很快发现肇事而得以争取时间顺利逃脱，即将伤口流血不止并处于昏迷中的乙拖入路边小树林中，乙因伤口出血过多而死亡了。甲在案发后交代说，他虽然当时已经预见到这样乙可能会因出血过多死亡，但他想乙也可能醒来呼救而获救，或者恰巧有人从林中小路行走时发现乙而将其救护，因而不一定死亡。问题：甲对乙的死亡，主观上是过于自信的过失，还是间接故意？过于自信的过失之"轻信"危害结果不会发生，是有其凭借的实际根据和条件的；而间接故意因为是放任危害结果的发生，因而不需要也不会有实际根据和条件来防止危害结果之发生。本案中，甲对乙的死亡，似乎也是凭借某种条件来加以防止，但这种防止没有任何实际根据，他全是抱着侥幸、碰运气的心理，他所指望的避免结果发生的情况根本不存在，或者即使存在亦对防止结果的发生毫无意义或意义极小，他实际上是有意听任乙死亡之发生。因而甲这种心理不是过于自信的过失，而是间接故意。

2. 疏忽大意的过失

疏忽大意的过失，是指行为人应当预见到自己的行为可能发生危害社会的结果，因为疏忽大意而没有预见，以致发生这种结果的心理态度。没有预见的原因并非行为人不能预见，而是在应当预见的前提下由于疏忽大意才没有预见；如果行为人小心谨慎、认真负责，就会预见进而避免危害结果。应当预见是前提，没有预见是事实，疏忽大意是原因。

（1）行为人应当预见到自己的行为可能发生危害社会的结果。所谓"应当预见"，是指行为人在行为时负有预见到自己的行为可能发生危害结果的义务。"应当预见"是预见义务与预见能力的统一，所以判断是否"应当预见"，既不能只考虑行为人的主观内容，也不能只看重客观因素。预见义务从客观上提供"应当预见"的法律依据；而预见能力则从主观意义上提供"应当预见"的本体依据。

疏忽大意的过失中的预见义务，来源于法律规定，或者职务、业务的要求，或是公共生活准则的要求。

对于预见能力，其衡量标准如何？理论界见解不一，主要的见解有：一为客观标准说，即主张以社会上一般人的认识水平为标准来衡量。二为主观标准说，即在当时的具体条件下以行为人本身的认识能力和水平来衡量（在笔者看来，这一标准实际是主客观综合判断说）。三为折衷说，主张当行为人本身的认识能力和水平高于社会上一般人的认识能和水平时，应以社会上一般人的认识水平为标准，当行为人本身的认识能力和水平低于社会上一般人的认识能和水平时，应以行为人的认识能和水平来衡量。

我们认为，现代国家惩罚犯罪的根据在于行为人基于罪过的心理实施了危害社会的行为，动用刑罚的目的在于报应与功利的结合，因此，判断行为人是否应当预见的标准，不能脱离行为人本人的认识能力和当时的环境条件。客观说完全以理想化、抽象化的"社会上一般人（同类人）的认识能力"为标准，显然不当，罪过毕竟是行为人的认识和意志。如果不考察具体的行为环境，而仅仅以抽象的"行为人个人的认识能力"为标准，也不正确。所以，可行的并且合理的方案是：首先，对于行为时是否存在预见能力，判断的基础资料是综合的。既要考虑行为人的年龄、知识、致力、工作条件以及担负的职务等本身的素质，又要考虑到行为当时的具体环境和条件。把行为人的主观认识能力同客观存在的认识条件、外部环境结合起来，进行综合分析。其次，判断结果要区分情况区别对待。如果客观上存在着足够的相当的预见条件，同时主观上具有能够预见的能力，则要求行为人"应当预见"；如果主观上具有预见能力，但客观上不具备预见的相当足够的条件，或在客观上虽具备预见的相当足够的条件，主观上却不具有预见能力，则法律上就不要求行为人"应当预见"。

（2）疏忽大意过失的认识和意志内容

行为人由于疏忽大意，而没有预见到自己的行为可能发生危害社会的结果。所谓没有预见到，是指行为人在行为当时没有想到自己的行为可能发生危害社会的结果。"应当预见"是一种认识的可能性，"没有预见"是一种实际的"没有认识"的状态。

疏忽大意过失的意志因素是"无意志"的。不过，若整体考量的话，则是"反对危害结果发生或希望危害结果不发生，至少可以说是既不希望也不放任危害结果发生"的。因为行为人没有预见危害结果，故，其实施行为时不可能希望或放任危害结果发生。需要说明的是，疏忽大意的过失的意志因素属于消极因素，司法机关不需要证明这一点，只要证明了疏忽大意的认识因素，没有证据表明行为人希望或放任危害结果发生，就可以确定为疏忽大意的过失。

法律规定惩罚这种过失犯罪，从客观方面看，是因为行为给社会造成了实际危害后果；从主观方面看，就是要惩罚和警诫这种行为人懒惰而不发挥能动性，对社会利益严重不负责任的疏忽大意的心理态度，以促使行为人和其他人努力发挥主观能动性，防止疏忽大意过失犯罪的发生。

（3）过于自信的过失与疏忽大意的过失的区别

作为犯罪过失的两种类型，二者在认识因素和意志因素上都有所不同。在认识因素上，对危害结果的可能发生，过于自信的过失已经有所预见，而疏忽大意过失根本没有预见；在意志因素上，对危害结果的可能发生，二者虽然都持排斥态度，但过于自信的过失是轻信能够避免，而疏忽大意的过失是疏忽。

四、无罪过事件

我国《刑法》第16条规定："行为在客观上虽然造成了损害结果，但是不是出于故意或者过失，而是由于不能抗拒或者不能预见的原因所引起的，不是犯罪。"对此，刑法教科书一般是将该条作为意外事件纳入主观要件中论述，并认为意外事件包括"不能抗拒的原因"和"不能预见的原因"两类。近年来刑法教科书逐渐认为上述论述不科学，认为只有不能预见的原因引起危害社会结果的情况才是意外事件，而因为不能抗拒的原因引起危害社会结果的情况应该称为不可抗力。意外事件同不可抗力两种情况统称为无罪过事件。

（1）意外事件。是指行为虽然在客观上造成了危害社会的结果，但不是出于行为人的故意或者过失，而是由于不能预见的原因所引起的情况。"不能预见"是意外事件最本质的特征，也是其与罪过相区别的根本标志。所谓不能预见，是指行为人对其行为发生危害社会的结果未预见到，也不可能预见到，即不应当预见实际也未预见。意外事件容易与疏忽大意的过失相混淆。

（2）不可抗力事件。是指行为虽然在客观上造成了危害社会的结果，但不是出于行为人的故意或者过失，而是由于不能抗拒的原因所引起的情况。"不能抗拒"是不可抗力事件最本质的特征，也是其与罪过相区别的根本标志。所谓不能抗拒，是指行为人在行为发展过程中可能认识到了某行为可能发生的后果，但是根据行为人自身的能力及行为当时的客观条件，无论怎么努力，也无法避免危害结果的发生。不可抗力事件容易与过于自信过失相混淆。二者区别在于：①过于自信过失行为人在行为之前即可预见到自己的行为可能发生危害社会的结果；而不可抗力事件中的行为人的危害结果的发生只是在行为开始后、危害结果发生前的行为过程中才可能认识到，而在行为之前则没有认识到。②过于自信过失中行为人完全可以也有能力基于对危害结果可能发生的预见，而采取有效的措施避免危害结果的发生；而不可抗力事件中行为人则不可能采取有效措施以避免危害结果的发生。

（3）疏忽大意的过失与意外事件的异同。由"不能预见的原因"所致的意外事件，与疏忽大意的过失有相同之处：二者都是行为人对有害结果的发生没有预见，并因此而发生了这种结果。二者的区别在于：根据行为人的实际认识能力和当时的情况，意外事件是行为人对损害结果的发生不可能预见，不应当预见而没有预见；疏忽大意的过失则是行为人对行为发生危害结果的可能性能够预见、应当预见，只是由于疏忽大意的心理而导致了未能实际预见，主观上有罪过；意外事件则是不能预见，主观上没有罪过。因此，根据行为人的实际能力和当时的情况，结合法律、职业等的要求来认真考察其没有预见的原因，对于区分意外事件与疏忽大意的过失至关重要，这是罪与非罪的原则区分。例如，李某（男，25 岁，拖拉机手）于某年 1 月 9 日下午 5 时许，为换油桶而将内盛冻油的油桶在自家院内用火烤，火烤 5 分钟后油桶爆炸起火，旁边另一油桶也被引爆，当场将邻院 1 人炸死、1 人炸成重伤，并造成附近其他 7 人不同程度的烧伤。问题：李某的行为是过失犯罪还是意外事件？本案的关键在于区分疏忽大意的过失犯罪与意外事件，其在于行为人对危害结果的可能发生应否预见、能否预见。李某是知识和智力正常的成年人，且是拖拉机手，根据其职业和知识等个人情况，他应当预见也能够预见在寒冬用火烤冻油桶是很危险的，有可能引起爆炸，但却因疏忽大意而没有预见，其行为导致了严重后果的发生。因而该案不是由于不能预见的原因所致的意外事件，而是由疏忽大意的心理造成的过失爆炸犯罪。

第 三 编 科技法律秩序的刑法保护分论

刑法对法益的保护是间接的和附带的。① 把犯罪视为单纯的侵害法益行为则过于简单化了。从根本上看，犯罪是对国家整体法律秩序的挑战和破坏。国家法律秩序由法律主体特定的权利和特定的义务关系网结而成，在不同的法律秩序中，具体的权利的内容有所不同。德、日刑法，以及我国台湾地区的"刑法"，把犯罪所间接侵害的法益划分为国家法益、社会法益和个人法益。由此，犯罪被划分为侵害个人法益的犯罪、侵害社会法益的犯罪、侵害国家法益的犯罪。我国也有学者对犯罪做这样的划分。② 不过，考虑到刑法对法益的保护的间接性和附带性，称之为侵害"以国家法益为内核"的法律秩序的犯罪、侵害"以社会法益为内核"的法律秩序的犯罪、侵害"以个人法益为内核"的法律秩序的犯罪，无疑是更加深刻和准确的。

据此，本书把科技犯罪划分为"侵害以国家法益为内核的科技法律秩序的犯罪""侵害以社会法益为内核的科技法律秩序的犯罪""侵害以个人法益为内核的科技法律秩序的犯罪"。简称为（间接）侵害国家法益的科技犯罪、（间接）侵害社会法益的科技犯罪和（间接）侵害个人法益的科技犯罪，分三章加以阐述。

① ［德］克劳斯·罗克辛：《德国刑法学总论（第 1 卷）》，王世洲译，法律出版社 2005 年版，第 9 页以下。
② 李晓明：《刑法学分论》，北京大学出版社 2017 年版，第 30 页以下；又见周光权：《刑法各论》，中国人民大学出版社 2016 年版，第 11 页以下。

第一章

侵害国家法益的科技犯罪

第一节　侵害国家保密法律秩序的科技犯罪

我国的保密法律法规规定了对国家秘密、情报的保护。如果这些秘密、情报同时又属于科技秘密和情报，那么，行为人违反保密法义务，侵害国家保密法律秩序，情节严重的，构成相应的科技犯罪。这个方面的科技犯罪主要有：故意泄露国家秘密罪、过失泄露国家秘密罪；为境外窃取、刺探、收买、非法提供国家秘密、情报罪；非法获取国家机密罪；非法持有国家绝密、机密文件、资料、物品罪；非法获取军事秘密罪；为境外窃取、刺探、收买、非法提供军事秘密罪；故意泄露军事秘密罪和过失泄露军事秘密罪（后面的四个军职犯罪因为涉及面不大，故本书不予介绍）。

一、故意泄露国家秘密罪

各级各类科技工作人员（包括科技管理人员），以及非科技工作人员，如若违反保守国家秘密法（即指《保守国家秘密法》及其"实施细则"等法律法规）的规定，故意泄露国家秘密，则构成故意泄露国家秘密罪。2006年的邓某成故意泄露国家秘密案、①

---

① 基本案情：2006年2月10日，邓某成将工作中接触到的《中国网通集团总部2006投资计划汇总表（万元）》和《2006年中国网通南网分公司专业属性汇总表》（经国家保密局鉴定均为机密级国家秘密）以电子邮件的形式发送给爱立信（中国）有限公司员工吕宁等人。同年4月10日，邓某成又将《中国网通2006南方21省年度计划》、《中国网通2006年北京市分公司新建项目固定资产投资预算（信息化）》（经国家保密局鉴定均为机密级国家秘密）和《中国网通2006年集团拟建项目》（经国家保密局鉴定为情报）以电子邮件的形式发送给爱立信（中国）有限公司员工吕宁等人，并以合同方式收取费用人民币20万元。本案构成故意泄露国家秘密罪。参见岳金矿、李华伟：《故意泄露国家秘密罪实例分析》，《中国检察官》，2009年第4期。

2011 年 9 月 8 日北京市西城区人民法院判决的伍某某故意泄露国家秘密案①等，即是典型案例。

（一）故意泄露国家秘密罪的概念与犯罪构成

根据《刑法》第 398 条的规定，故意泄露国家秘密罪是指国家机关工作人员或者非国家机关工作人员违反保守国家秘密法，故意使国家秘密被不应知悉者知悉，或者故意使国家秘密超出了限定的接触范围，情节严重的行为。

本罪的犯罪构成是：

（1）客体要件是关于保护国家秘密的整体法律秩序。

本罪的行为对象是国家秘密。国家秘密，是指关系到国家的安全和利益，依照法律程序确定，在一定时间内只限一定范围的人知悉的秘密事项。关于国家秘密的具体范围，《保守国家秘密法》第 9 条规定有以下几种：一是国家事务重大决策的秘密事项；二是国防建设和武装力量活动中的秘密事项；三是外交和外事活动中的秘密事项以及对外承担保密义务的事项；四是国民经济和社会发展中的秘密事项；五是维护国家安全活动和追查犯罪中的秘密事项；六是其他经国家保密工作部门确定应当保守的国家秘密事项。政党的秘密事项中符合《保守国家秘密法》第 2 条规定的，也属于国家秘密。

国家秘密分为秘密、机密和绝密三级。绝密，是最重要的国家秘密，泄露会使国家安全和利益遭受特别重大损失；机密，是重要的国家秘密，泄露会使国家安全和利益遭受严重损失；秘密，是一般的国家秘密，泄露会使国家安全和利益遭受损失。本罪的国家秘密包括秘密、机密和绝密三个密级的国家秘密。

（2）客观要件为违反国家保密法规，泄露国家秘密，情节严重的行为。

首先，行为人的行为违反了保守国家秘密法。

其次，行为人泄露了国家秘密，即把自己掌握或者知悉的国家秘密泄露给不该知悉的人或者使国家秘密超出了限定的接触范围。行为人泄露国家秘密的行为，既可以是作为，也可以是不作为。作为方式，常见的如：口头或者书面向他人告知国家秘密的内容；向他人直接提供秘密的原件或者原件的复制品；为他人提供阅览、复制、摘抄原件的机会；在书籍、报刊、音像制品等大众传媒中披露国家秘密的内容。不作为的方式，常见的如：在收发、保管、传递或

---

① 基本案情：2010 年 1 月至 6 月，被告人伍某某在中国人民银行金融研究所货币金融史研究室工作期间，违反国家保密法的规定，将其在价格监测分析行外专家咨询会上合法获悉的、尚未对外正式公布的属于秘密级国家秘密的 25 项国家宏观经济数据，多次以手机短信方式向魏某春、刘某会、伍某某、刘某云等人故意泄露 224 次。2011 年 9 月 8 日北京市西城区人民法院判决伍某某构成故意泄露国家秘密罪。转引于北大法宝数据库［（法宝引证码）CLI.C.860279］，访问时间 2018 年 5 月 30 日。

者外出携带国家秘密时，未按保密法规定采取安全措施，导致国家秘密文件、物品被盗或者丢失，从而使国家秘密泄露。

特别需要指出的是，在互联网和自媒体时代，网络、微信、博客、电子邮件等渠道，是极易泄露国家秘密的，保密人员必须对此具有高度的戒备心理，以防止泄密。

最后，泄露国家秘密的行为必须是情节严重的，才可构成犯罪。对于情节一般的泄密行为，不按犯罪处理，可产生行政法等其他的法律责任。情节严重，可以从秘密的密级、数量以及泄露的时间、地点、方法、危害后果等方面综合认定。根据 2006 年 7 月 26 日公布的《最高人民检察院关于渎职侵权犯罪案件立案标准的规定》，涉嫌下列情形之一的，应予立案：①泄露绝密级国家秘密 1 项（件）以上的；②泄露机密级国家秘密 2 项（件）以上的；③泄露秘密级国家秘密 3 项（件）以上的；④向非境外机构、组织、人员泄露国家秘密，造成或者可能造成危害社会稳定、经济发展、国防安全或者其他严重危害后果的；⑤通过口头、书面或者网络等方式向公众散布、传播国家秘密的；⑥利用职权指使或者强迫他人违反国家保守秘密法的规定泄露国家秘密的；⑦以牟取私利为目的泄露国家秘密的；⑧其他情节严重的情形。

（3）主体要件是需要具备国家机关工作人员的身份。但是，鉴于非国家机关工作人员也可能了解和掌握国家秘密，也可能泄露国家秘密，所以，刑法同时规定："非国家机关工作人员犯前款罪的，依照前款的规定酌情处罚。"

可见，在我国，无论是事业单位的还是企业的无论是国企的，还是私企的，无论是一线科技人员还是各类科技工作人员或者非科技工作人员，都可能构成本罪。

（4）主观要件是犯罪故意。行为人明知自己的行为会泄露国家秘密，持有希望或者放任该结果发生的心理态度。行为人的动机可以是多种多样，有的是为了出卖而获利，有的是为了炫耀以显示自己的消息灵通等。动机如何不影响本罪的构成。

（二）故意泄露国家秘密罪认定的疑难问题

1. 罪与非罪之界限

区分本罪与非罪的界限，注意以下几点：一是如果行为人主观上没有罪过，泄露国家秘密的行为是由于不能抗拒或者不能预见的原因所引起的，就不能追究行为人的刑事责任。二是行为人的泄密情节是否严重。只有情节严重的泄密行为，才能构成犯罪（具体标准见前述司法解释）。三是注意行为人泄露对象是否属于国家秘密，所泄露的不属于国家秘密范围而是单位内部一般情况的，不能构成本罪。

2. 本罪与其他关联犯罪的界限

行为人如果明知是境外的机构、组织、人员，而为其窃取、刺探、收买、非法提供国家秘密或者情报，构成为境外窃取、刺探、收买、非法提供国家秘密、情报罪。

行为人有"以盗窃、利诱、胁迫或者其他不正当手段获取权利人的商业秘密的；披露、使用或者允许他人使用以前项手段获取的权利人的商业秘密的；违反约定或者违反权利人有关保守商业秘密的要求，披露、使用或者允许他人使用其所掌握的商业秘密的，以及明知或者应知前述所列行为，获取、使用或者披露他人的商业秘密"等行为，给商业秘密的权利人造成重大损失的，可构成侵犯商业秘密罪。

现役军人违反保守国家秘密法规，故意泄露军事秘密，情节严重的，构成故意泄露军事秘密罪。

3. 罪数问题

2012 年最高人民法院、最高人民检察院《关于办理渎职刑事案件适用法律若干问题的解释（一）》第 3 条规定："国家机关工作人员实施渎职犯罪并收受贿赂，同时构成受贿罪的，除刑法另有规定外，以渎职犯罪和受贿罪数罪并罚。"这意味着，具有国家工作人员身份的科技管理人员因受贿而渎职的，如泄露国家秘密，则构成受贿罪与泄露国家秘密罪，数罪并罚之。

（三）故意泄露国家秘密罪的刑事责任

根据《刑法》第 398 条的规定，国家机关工作人员违反保守国家秘密法的规定，故意或者过失泄露国家秘密，情节严重的，处 3 年以下有期徒刑；情节特别严重的，处 3 年以上 7 年以下有期徒刑。非国家机关工作人员犯泄露国家秘密罪的，按照上述法定刑酌情处罚。

二、过失泄露国家秘密罪

科技工作人员（科技管理人员），违反保守国家秘密法的规定，过失泄露国家秘密，情节严重的，则依法构成过失泄露国家秘密罪。

（一）过失泄露国家秘密罪的概念与犯罪构成

根据《刑法》第 398 条的规定，过失泄露国家秘密罪是指国家机关工作人员或者非国家机关工作人员违反保守国家秘密法律法规，过失泄露国家秘密，或者遗失国家秘密载体，致使国家秘密被不应知悉者知悉或者超出了限定的接触范围，情节严重的行为。

本罪的犯罪构成是：

（1）本罪的客体要件和国家秘密的范围，与故意泄露国家秘密罪相同，不再赘述。

（2）客观要件为违反保守国家秘密法的规定，过失泄露国家秘密，情节严重的行为。关于情节严重，2006 年 7 月 26 日公布的《最高人民检察院关于渎职侵权犯罪案件立案标准的规定》规定，涉嫌下列情形之一的，应予立案：①泄露绝密级国家秘密 1 项（件）以上的；②泄露机密级国家秘密 3 项（件）以上的；③泄露秘密级国家秘密 4 项（件）以上的；④违反保密规定，将涉及国家秘密的计算机或者计算机信息系统与互联网相连接，泄露国家秘密的；⑤泄露国家秘密或者遗失国家秘密载体，隐瞒不报、不如实提供有关情况或者不采取补救措施的；⑥其他情节严重的情形。

（3）主体要件是需要具备国家机关工作人员的身份。但是，鉴于非国家机关工作人员也可能了解和掌握国家秘密，也可能泄露国家秘密，所以，《刑法》同时规定："非国家机关工作人员犯前款罪的，依照前款的规定酌情处罚。"由此，在我国，无论是事业单位的还是企业的，无论是国企的还是私企的，无论是一线科技研究人员还是各类科技管理人员，都具备本罪的主体资格，可依法构成本罪。

（4）主观要件是犯罪过失，包括过于自信的过失与疏忽大意的过失两种形式。具体而言即，行为人应当预见到自己的行为会发生泄露国家秘密的后果，因其疏忽大意而没有预见，或者虽然已经有所预见但轻信能够避免，以至于发生这种结果的心理态度。

（二）过失泄露国家秘密罪认定的疑难问题

1. 罪与非罪的界限

过失泄露国家秘密罪的成立必须是有泄密行为，且情节严重。至于情节严重的具体标准，依照前述《最高人民检察院关于渎职侵权犯罪案件立案标准的规定》相应规定执行。

2. 此罪与彼罪的界限

现役军人违反保守国家秘密法规，过失泄露军事秘密，构成过失泄露军事秘密罪。非军人过失泄露军事秘密，构成犯罪的，以本罪论处。

（三）过失泄露国家秘密罪的刑事责任

《刑法》第 398 条规定，国家机关工作人员犯本罪的，处 3 年以下有期徒刑或者拘役；情节特别严重的，处 3 年以上 7 年以下有期徒刑。非国家机关工作人员犯泄露国家秘密罪的，按照上述法定刑酌情处罚。

三、为境外窃取、刺探、收买、非法提供国家秘密、情报罪

任何科技研究人员和科技管理人员，为境外的机构、组织、人员窃取、刺探、收买、非法提供国家秘密或者情报，情节严重的，则构成为境外窃取、刺探、收买、非法提供国家秘密、情报罪。吴某、马某向境外机构告知国家秘密案①，即是适例。

（一）为境外窃取、刺探、收买、非法提供国家秘密、情报罪的概念和犯罪构成

根据《刑法》第111条的规定，为境外窃取、刺探、收买、非法提供国家秘密、情报罪，是指为境外的机构、组织、人员窃取、刺探、收买、非法提供国家秘密或者情报的行为。

本罪的犯罪构成是：

（1）客体要件是中华人民共和国国家安全。

（2）客观要件为境外的机构、组织或者人员窃取、刺探、收买、非法提供国家秘密或者情报的行为。

窃取、刺探、收买、非法提供，是本罪的四种行为方式。这里的窃取，是指用盗窃的手段获取国家秘密或者情报的行为，包括直接窃取国家秘密文件、用计算机窃取国家秘密或者情报、采用照相的方式拍照、通过电磁波的方式窃取等。这里的刺探，是指采取探听、侦察、骗取等方式窃取国家秘密或者情报，如利用与知情人的特殊关系向其打听有关国家秘密或者情报，利用合法的贸易、学术交流、科技成果鉴定、科技管理审批等多种渠道打探国家秘密或者情报；利用窃听、电子监控、黑客攻击等高科技手段非法获取国家秘密或者情报等。这里的收买，是指利用金钱腐蚀、物质引诱、色相引诱、利益交换等手段向有关人员渗透，以非法获取国家秘密或者情报。这里的非法提供是指掌握或者知晓国家秘密或者情报的人员，非法向境外的机构、组织、个人提供国家秘密或者情报的行为。

这里的境外指我国边境以外的国家和地区，包括我国的台湾、香港和澳门地区。这里的境外机构、人员，既包括设置在境外的机构、组织和人员，也包括境外机构组织在中国的分支机构及其人员。这里的国家秘密，是指《保守国家秘密法》第2条、第9条所确定的关系国家安全和利益、在一定的时间内只限一定范围的人员知悉的各种事项；这里的情报，是指国家秘密以外的、关系

---

① 基本案情：吴某、马某（达到刑事责任年龄且精神正常，符合本罪的犯罪主体条件）将在工作中知悉的国家秘密泄露给香港《快报》报社（即境外机构），构成故意泄露国家秘密罪。参见陈兴良主编：《刑法案例教程》，中国法制出版社2003年版，第224页以下。

到国家安全和利益、尚未公开或者依照规定不应公开的事项，包括各种资料、情况、消息等。

在司法实践中，如何具体认定国家秘密或者情报？2001 年 1 月 17 日最高人民法院发布的《关于审理为境外窃取、刺探、收买、非法提供国家秘密、情报案件应用法律若干问题的解释》第 7 条规定，审理为境外窃取、刺探、收买、非法提供国家秘密案件，需要对有关事项是否属于国家秘密以及属于何种密级进行鉴定的，由国家保密工作部门或者省、自治区、直辖市保密工作部门鉴定。

结合《刑法》第 13 条的规定，前述《关于审理为境外窃取、刺探、收买、非法提供国家秘密、情报案件应用法律若干问题的解释》规定，为境外窃取、刺探、收买、非法提供国家秘密、情报，具有下列情形之一的，构成本罪：①为境外窃取、刺探、收买、非法提供机密级国家秘密的；②为境外窃取、刺探、收买、非法提供三项以上秘密级国家秘密的；③为境外窃取、刺探、收买、非法提供国家秘密或者情报，对国家安全和利益造成其他严重损害的。同时，该"解释"还规定，行为人知道或者应该知道没有标明密级的事项关系国家的安全和利益，而为境外窃取、刺探、收买、非法提供的，或者通过互联网将国家秘密或者情报非法发送境外的，也构成本罪。但是，将国家秘密通过互联网发送，情节严重的，定故意泄露国家秘密罪。

本罪是选择罪名，只要具有为境外窃取、刺探、收买、非法提供的行为之一即可构成犯罪。

（3）主体要件即达到刑事责任年龄（已满 16 周岁）且精神正常因而具有刑事责任能力的中国公民、外国人（包括无国籍的人），均可构成本罪。因此，各类科技研究人员、科技管理人员，都具备本罪的主体要件。

（4）主观要件是犯罪故意。既可以是直接故意也可以是间接故意。前述的司法解释规定，行为人知道或者应当知道没有标明密级的事项关系国家安全和利益，而为境外窃取、刺探、收买、非法提供的，依照《刑法》第 111 条的规定以为境外窃取、刺探、收买、非法提供国家秘密罪定罪处罚。这是对犯罪故意的推定。

（二）为境外窃取、刺探、收买、非法提供国家秘密、情报罪认定的疑难问题

1. 罪与非罪界限的把握

在我国，犯罪是严重的违法行为；构成犯罪，需要违法行为的情节严重。本罪的情节严重与否的标准，依据前述司法解释的规定。由此，尽管行为人有为境外窃取、刺探、收买、非法提供国家秘密、情报的行为，但没有达到司法解释确定的入罪标准的，不构成犯罪。

2. 与故意泄露国家秘密罪的界限

为境外窃取、刺探、收买、非法提供国家秘密罪与故意泄露国家秘密罪有相似之处，如二者都是侵犯国家保密秩序的犯罪，其犯罪对象都是国家秘密。它们的区别表现为：（1）犯罪主体要件不同。本罪是一般主体；后者的主体主要限于国家机关工作人员（非国家机关工作人员也可以构成本罪）。（2）客观行为的表现形式不同。本罪的窃取、刺探、收买、非法提供国家秘密罪只能表现为窃取、刺探、收买、非法提供等作为方式；后者的客观要件为违反国家保密法规，泄露国家秘密，情节严重的行为，既可以表现为作为，也可以表现为不作为。（3）客体要件不同。本罪的客体是国家安全；后者的客体要件是国家的保密秩序。

前述"解释"第6条规定，通过互联网将国家秘密或者情报非法发送给境外的机构、组织、个人的，依照法本罪定罪处罚；将国家秘密通过互联网予以发布，情节严重的，依照故意泄露国家秘密罪定罪处罚。

（三）为境外窃取、刺探、收买、非法提供国家秘密、情报罪的刑事责任

根据《刑法》第111条、第56条、第113条的规定，为境外的机构、组织、人员窃取、刺探、收买、非法提供国家秘密或者情报的，处5年以上10年以下有期徒刑；情节特别严重的，处10年以上有期徒刑或者无期徒刑；情节较轻的，处5年以下有期徒刑、拘役、管制或者剥夺政治权利；对国家和人民危害特别严重、情节特别恶劣的，可以判处死刑。犯本罪的，应当附加剥夺政治权利，可以并处没收财产。

四、非法获取国家秘密罪

（一）非法获取国家秘密罪的概念和犯罪构成

非法获取国家秘密罪，是指以窃取、刺探、收买等方法，非法获取国家秘密的行为。

本罪的犯罪构成是：

（1）客体要件为国家的保密法律秩序，即有关国家保密的办法、措施、要求等一系列秩序。本罪的犯罪对象是国家秘密。所谓国家秘密，是指关系到国家安全和利益，在一定时间只限于一定范围内知悉的事项。根据《保守国家秘密法》的规定，其基本范围是：①国家事务重大决策中的秘密事项；②国防建设和武装力量活动中的秘密事项；③外交和外事活动中的秘密事项以及对外承担保密义务的事项；④国民经济和社会发展中的秘密事项；⑤科学技术中的秘

密事项；⑥国家安全以及追查刑事犯罪中的秘密事项；⑦其他经保密部门确定应当保密的事项。

（2）客观要件为行为人实施了非法获取国家秘密的行为。其方式主要包括窃取、刺探、收买等方式。窃取是指以不为人知的方法暗中偷取。"不为人知"的认定以行为人的主观认识为标准，即在行为人看来，别人不知道他在实施犯罪行为。刺探是指通过各种手段或途径探听国家秘密。收买是指以给予物质利益的方法获取国家秘密。行为人只要实施了上述行为中的任意一个行为即可构成本罪，所以本罪是行为犯。至于非法获取国家秘密的行为是否造成后果，不影响本罪的构成。

（3）主体要件是年满16周岁且精神正常。任何符合主体要件的人，不限于科技研究人员和科技管理人员，都可以构成本罪。

（4）主观要件为犯罪故意。行为人必须认识到自己非法获取的是或者可能是国家秘密，但不要求认识到国家秘密的密级，也不要求具有特定的目的。

（二）非法获取国家秘密罪的认定

应划清本罪与为境外机构、组织人员窃取、刺探、收买、提供国家秘密罪的界限。其主要区别是：（1）客体要件不同。前罪是社会管理秩序，后罪是国家安全。（2）主观要件内容不同。前罪不以国家秘密提供的对象为限定，而后罪则必须是为了将国家秘密提供给境外机构、组织或人员。（3）客观要件有所区别。前罪是以窃取、刺探、收买等方法，非法获取国家秘密的行为；后罪不仅包括前罪的行为方式，而且还包括单纯的提供行为。

还应当注意的是，当行为在同一阶段表现为为境外机构、组织、人员窃取、刺探、收买、提供国家秘密的时候，两罪具有竞合的关系，应当依照特殊法条定罪。当行为不处于同一阶段的时候，即行为人在非法获取国家秘密之后，又故意将所获国家秘密提供给境外机构、组织、人员的，应当按照数罪并罚或牵连关系处理的原则进行处理。

如果行为人意图盗窃财物，但客观上窃取了国家秘密，不能认定为非法获取国家秘密罪。

（三）非法获取国家秘密罪的刑事责任

《刑法》第282条规定，犯本罪的，处3年以下有期徒刑、拘役、管制或者剥夺政治权利；情节严重的，处3年以上7年以下有期徒刑。何谓情节严重，还没有明确的司法解释。实践中一般是指非法获取国家绝密级秘密的，或非法获取国家秘密造成严重后果的，或非法获取大量国家秘密的。

五、非法持有国家绝密、机密文件、资料、物品罪

（一）非法持有国家绝密、机密文件、资料、物品罪的概念和犯罪构成

非法持有国家机密、绝密文件、资料、物品罪，是指违反法律规定，非法持有国家机密、绝密文件、资料、物品，拒不说明来源与用途的行为。

本罪的犯罪构成是：

（1）客体要件为国家对国家机密、绝密文件以及资料、物品管理的法律秩序。《国家安全法》第 20 条明文规定，任何组织和个人都不得非法持有国家机密、绝密文件、资料、物品。

（2）客观要件为行为人实施了非法持有国家机密、绝密文件、资料、物品，并拒不说明来源和用途的行为。所谓非法持有行为，依据《国家安全法实施细则》，首先是指：①不应知悉的人携带、存放国家机密、绝密文件、资料、物品的行为；②可以知悉的人未经办理有关手续，私自携带留存国家机密、绝密文件、资料、物品。其次，拒不说明来源、用途。即在有权机关责令行为人说明非法持有的国家机密、绝密文件、资料、物品来源与用途时，行为人拒不说明。如果非法持有国家机密、绝密文件、资料、物品，但说明了来源或者用途，不构成本罪；构成其他犯罪的，依相应的条款定罪判刑。

（3）主体要件是年满 16 周岁且精神正常。任何符合主体要件的人都可以构成本罪。既可以是不应知悉国家机密、绝密文件、资料、物品的人，也可以是有权知悉国家机密、绝密文件、资料、物品而未经办理有关手续的人。

（4）主观要件为犯罪故意。具体为持有故意和拒不说明来源和用途的故意的结合。

（二）非法持有国家绝密、机密文件、资料、物品罪的刑事责任

《刑法》第 282 条第 2 款规定，犯本罪的，处 3 年以下有期徒刑、拘役或者管制。

第二节　贪污贿赂型犯罪

具有国家工作人员身份的科技研究人员、科技管理人员，利用所担任的公职职务便利，实施的腐败、渎职行为，构成相应的科技腐败、渎职犯罪。本节讨论科技研究人员、科技管理人员发生在科技领域中的贪污罪、挪用公款罪、

受贿罪、行贿罪、单位受贿罪、对单位行贿罪、单位行贿罪、利用影响力受贿罪、对有影响力的人行贿罪等。

一、贪污罪

具有国家工作人员身份的科技研究人员和科技管理人员，如果利用职务上的便利，侵吞、窃取、骗取或者以其他手段非法占有公共财物，数额较大或者有其他较重情节，则依法构成贪污罪。陈某旭贪污罪案（浙江省杭州市中级人民法院刑事判决书〔2013〕浙杭刑法初字第 36 号）①、刘某平、张某光、尹某圣共同贪污罪案（山东省高级人民法院刑事裁定书〔2014〕鲁刑二终字第 53 号）②、宋某强贪污罪案（北京市第一中级人民法院刑事判决书〔2014〕一中刑

---

① 基本案情：2008 年 8 月至 2011 年 12 月，被告人陈某旭作为浙江大学环境与资源学院常务副院长、浙江大学水环境研究院院长，在申报与中标国家科技重大专项课题"太湖流域苕溪农业面源污染河流综合整治技术集成与示范工程"（合同起止时间为 2008 年 9 月至 2010 年 12 月，经费预算为 3.1354 亿元，其中 1.0554 亿元为专项国拨经费）过程中，利用本人担任建议课题技术责任人、课题总负责人并负责课题申报、预决算编制、课题技术支持单位确定，以及任务合同书的签订、对中央财政投入的专项科研经费的总体把握、分配管理、拨付的职务便利，将陈某旭个人控制的、被夸大科研力量和人员结构的高博公司和波易公司列为建议课题技术支持单位（即课题外协单位），并将自己辅导的博士研究生、硕士研究生胡某、田某、王某甲、杨某甲等人作为高博公司、波易公司的职员列为课题的主要参与人员，并从优确保高博公司在所参与的第四子课题"畜禽水产养殖业循环经济关键技术与区域污染控制示范"下"养殖废水高效低耗处理技术与示范"中享有国拨经费 600 万元，波易公司作为该子课题下"畜禽水产养殖区域循环经济关键技术与水污染控制技术集成示范"中享有国拨经费 600 万元，波易公司在所参与的第十课题"农业面源污染控制与管理技术综合集成示范"下"县域面源污染控制欲信息管理技术集成示范"中享有国拨经费 320 万元。之后，被告人陈某旭授意为其工作的博士生杨某甲、王某甲、梁某等人陆续以开具虚假发票、编制虚假合同、编制虚假账目、错误列支等手段，将高博公司和波易公司账上以及浙江工业大学账上的国拨经费 9 454 975 元冲账套取，用于高博公司增资以及提现等，其行为构成贪污罪。

② 基本案情：山东大学系国有事业单位，所属实验动物中心系该大学副处级单位，被告人刘某平自 2002 年 9 月任实验动物中心主任。2003 年 11 月 3 日，山东大学成立山东大学新药评价中心（以下简称药评中心），刘某平任副主任，主持该中心工作，负责该中心日常行政管理、科研经费的支出，试剂耗材及设备采购、合同制工人工资的发放等相关费用报销的签字审核等全面工作。被告人张某光系药评中心通过济南和诺人力资源服务有限公司劳务派遣的方式聘任的员工，自 2004 年 1 月任药评中心行政管理部主管，负责药评中心的日常管理、合同制员工的工资发放和药评中心实验动物、试剂耗材、设备的采购及相关费用的报销等工作。被告人尹某圣系山东大学实验动物中心实验师。2009 年 3 月至 2012 年 3 月，被告人刘某平在担任药评中心副主任及科研项目负责人期间，利用职务上的便利，单独或指使被告人张某光、尹某圣，采取虚开发票的方式，多次套取山东大学公款共计 9 211 970 元。此案经济南市中级人民法院初审认定为贪污罪山东省高级人民法院终审裁定维持原判。

终字第 1160 号)① 等，都是典型案例。

（一）贪污罪的概念和犯罪构成

根据《刑法》第 382 条的规定，贪污罪，是指国家工作人员利用职务上的便利，侵吞、窃取、骗取或者以其他手段非法占有公共财物或特定的非公共财物，贪污数额较大或者有其他较重情节的行为。受国家机关、国有公司和企事业单位、人民团体委托管理、经营国有财产的人员，利用职务上的便利，侵吞、窃取、骗取或者以其他手段非法占有国有财物，贪污数额较大或者有其他较重情节的，以贪污罪论。

本罪的犯罪构成是：

（1）客体要件是国家工作人员职务行为的廉洁奉公秩序。我国刑法学界对于本罪客体要件的认识不一。有观点认为，本罪为复杂客体，主要是侵犯了国家工作人员职务行为的廉洁性，同时还侵犯了公共财产的所有权。② 有学者认为本罪的客体是公共财产所有权和国家公职行为的廉洁性。③ 有学者认为，本罪的侵犯的法益是双重法益：既侵犯了国家工作人员的廉洁性，又侵犯了公共财产。④

我们认为，这里存在疑问：国家工作人员的廉洁性与公共财产权的关系到底是什么？真的是并列关系吗？不是！我们主张，行为人对于公共财产所有权的侵犯以及其他情节，是表明犯罪人侵犯职务行为廉洁性是否达到了应当动用刑罚惩罚及其程度的主要标志。对于公共财产所有权的侵犯以及其他情节，如果与公务人员职务行为廉洁性没有关联，则对于本罪的成立不具有任何独立意义。1979 年《刑法》将贪污罪列入分则中侵犯财产罪一章，这表明当时的立法者认为贪污罪的客体要件是公共财产的所有权。随着反腐败工作的深入开展，立法者逐渐认识到，贪污罪的危害性在于侵害国家工作人员职务行为的廉洁性。职务行为的廉洁性，要求国家工作人员依据法律和有关制度正确地、合理地行使国家所赋予的特定权力，做到秉公执法、奉公履职、清正廉洁，不得损公肥

---

① 被告人宋某强自 2010 年 7 月 15 日起任北京邮电大学软件学院执行院长。北京邮电大学系国家事业单位法人，住所地在北京市海淀区。2010 年 9 月至 2011 年 6 月间，被告人宋某强在担任北京邮电大学"面向新型网络应用模式的网络化操作系统"子课题的团队负责人期间，利用审批和分配科研资金的职务便利，伙同他人，以虚列劳务人员名单的方式，将国家科技重大专项中央财政资金人民币 68 万元（税后实际所得人民币 571 072 元）据为己有，并以签订虚假劳务合同的方式应对财务审计。经北京市海淀区人民法院和北京市第一中级人民法院两级法院审判，均判定其行为构成贪污罪。

② 高铭暄、马克昌主编：《刑法学》，北京大学出版社、高等教育出版社 2016 年版，第 621 页。

③ 贾宇主编：《刑法学》，中国政法大学出版社 2017 年版，第 459 页。

④ 李晓明：《刑法学分论》，北京大学出版社 2017 年版，第 516 页。

私、以权谋私。贪污罪就是国家工作人员中的腐败分子违背职责，滥用国家赋予的公共权力的严重非清廉行为之一。长期以来，我国司法实践中，基本上是把贪污数额作为唯一的犯罪标准，但是，2015 年《刑法修正案（九）》将本罪的入罪标准和法定刑升级标准修改为"贪污数额较大或者有其他较重情节""贪污数额巨大或者有其他严重情节""贪污数额特别巨大或者有其他特别严重情节""数额特别巨大，并使国家和人民利益遭受特别重大损失"的情形，这就从立法上进一步明确地表明，"数额或者情节"的上位概念是"国家工作人员职务行为的廉洁性"，而否定了"数额""情节"与"国家工作人员职务行为的廉洁性"的并列关系。所以，必须改变把公共财产权与职务行为廉洁性相并列的错误观念。简而言之，本罪的客体要件是国家工作人员的廉洁性要求，对公共财产权的侵犯及其程度是衡量"国家工作人员的不廉洁"的主要标准（此外还包括其他情节）。如果把公共财产权法益（或者其他情节）单独作为客体要件之一，那么，国家工作人员的廉洁性，便成了没有依托的"无本之木"。

（2）客观要件是行为人利用职务上的便利，侵吞、窃取、骗取或者以其他手段占有公共财物，贪污数额较大或者有其他较重情节的行为。在这里，利用职务上的便利、非法占有公共财物并且达到情节严重程度，三者缺一不可：

①行为人非法占有公共财物必须是利用了职务上的便利。

这里的"利用职务上的便利"，包括两种情况：一是利用自己职务范围内主管、管理、经营、经手公共财物所形成的便利条件；二是利用自己受托管理、经营国有财产的职务所形成的便利条件。就其内容而言，它首先强调的是行为人违背职责，将国家和公众赋予的权力作为牟取私利的工具；其次是行为人的行为与其职权的关联性，即行为人是利用自己的职权所形成的便利条件，而不是利用与其职权无关的其他方便条件；最后是利用职权范围的特定性，即行为人利用职权的范围，仅仅限于主管、管理、经手公共财物或者管理、经营国有财产的权力，而非其他任何职权。这里的"主管"，是指审查、批准、调拨、转移和使用等支配公共财物的职权；"管理"是指监守、看管、保护、处理等职权；"经手"是领取、支出等经办公共财物的职权；"受委托管理、经营"，是指以承包、租赁等方式管理国有财产或者运用国有资产进行营业活动的职权。

如果行为仅仅因为是单位职工而熟悉作案环境，或者易于接近作案目标，或者凭其工作证进出单位便利等，则不属于本罪的"利用职务之便"。

②贪污的手段，即侵吞、窃取、骗取或者以其他手段非法占有公共财物的行为。

所谓侵吞，是指行为人将暂由自己合法管理、经营、使用的公共财物非法占为己有或者转为他人所有，包括收款后应入账而不入账、应交公不交公以及将所经手的公共财物非法转卖或者非法赠与等。《刑法》第 394 条规定，国家工作人员在国内公务活动或者对外交往中接受礼物，依照国家规定应当交公而不交公，数额较大的，按照贪污罪论处。在这里，行为人贪污的行为方式实际也是侵吞。所谓窃取，是指行为人采用秘密的方法将经管的公共财物非法占有，即通常所说的监守自盗，如将自己控制的财物悄悄拿回家的行为。所谓骗取，是指行为人利用职务上的便利，采用虚构事实或者隐瞒真相的方法，如通过谎报差旅费骗取公款，通过做假账、伪造工资表、涂改入库单据、伪造出库单据等方式非法占有公共财物。所谓其他手段，是指采取除侵吞、窃取、骗取手段以外的方式，将公共财物非法占有的行为。

本罪的犯罪对象是体现职务廉洁性的公共财物以及应交公的礼物。《刑法》第 91 条规定："本法所称公共财产，是指下列财产：（一）国有财产；（二）劳动群众集体所有的财产；（三）用于扶贫和其他公益事业的社会捐助或者专项基金的财产。在国家机关、国有公司、企业、集体企业和人民团体管理、使用或者运输中的私人财产，以公共财产论。"在特定情况下，还包括非公共财物。根据《刑法》第 272 条第 2 款的规定，国有公司、企业或者其他国有单位委派到非国有公司、企业以及其他单位从事公务的人员，利用职务上的便利，将本单位财物非法占为己有，数额较大的，依照贪污罪的规定定罪处罚。再如，国有保险公司委派到非国有保险公司从事公务的人员利用职务上的便利，故意编造未曾发生的保险事故进行虚假理赔，骗取保险金归自己所有的，根据《刑法》第 183 条第 2 款的规定，构成贪污罪。再如，《刑法》第 394 条所规定，国家工作人员在国内公务活动或者对外交往中接受礼物，依照国家规定应当交公而不交公，数额较大的，依照贪污罪的规定定罪处罚。

就科技活动而言，来源于各级各类财政资金设立的课题经费，以及国有公司、企业和各级各类事业单位、集体企业、人民团体运用公有财产设立的纵向调研课题的经费和供研究所使用的仪器设备等，都属于公共财产，都可以成为贪污罪的犯罪对象。

③危害行为必须达到"贪污数额较大或者有其他较重情节"。2016 年 4 月 18 日最高人民法院、最高人民检察院发布的《关于办理贪污贿赂刑事案件适用法律若干问题的解释》第 1 条规定：贪污或者受贿数额在 3 万元以上不满 20 万元的，应当认定为《刑法》第 383 条第 1 款规定的"数额较大"，依法判处 3 年以下有期徒刑或者拘役，并处罚金。贪污数额在 1 万元以上不满 3 万元，具有下列情形之一的，应当认定为《刑法》第 383 条第 1 款规定的

"其他较重情节"，依法判处 3 年以下有期徒刑或者拘役，并处罚金：其一，贪污救灾、抢险、防汛、优抚、扶贫、移民、救济、防疫、社会捐助等特定款物的；其二，曾因贪污、受贿、挪用公款受过党纪、行政处分的；其三，曾因故意犯罪受过刑事追究的；其四，赃款赃物用于非法活动的；其五，拒不交代赃款赃物去向或者拒不配合追缴工作，致使无法追缴的；其六，造成恶劣影响或者其他严重后果的。

（3）本罪的主体是特殊主体，即必须是国家工作人员或者受国家机关、国有公司、企业、事业单位、人民团体委托管理、经营国有财产的人员。具体包括以下两类人员：

①《刑法》第 93 条规定的国家工作人员。

首先是国家机关中从事公务的人员，包括各级国家权力机关、行政机关、审判机关、检察机关和军事机关中从事公务的人员，参照国家《公务员法》进行管理的各级党委、政协机关中从事公务的人员。

其次是国有公司、企业、事业单位、人民团体中从事公务的人员。其中国有公司指财产属于国家所有的公司，包括国有独资公司和两个以上国有企业组成的有限责任公司、股份有限公司；国有企业指财产属于国家所有的从事生产、经营活动的企业；国有事业单位指国家投资兴办管理的科技、教育、文化、卫生、体育、新闻、广播、出版等单位；人民团体指各民主党派、各级工会、共青团、妇联等人民群众性组织。

再次是国家机关、国有公司、企业、事业单位委派到非国有公司、企业、事业单位、社会团体中从事公务的人员。

最后是其他依照法律从事公务的人员。这里指依照法律规定选举或者任命产生，从事某项公共事务管理的人员。如被依法选出在人民法院履行职务的人民陪审员、履行特定手续被人民检察院聘任的特邀检察员。根据全国人大常委会 2000 年 4 月 29 日关于《刑法》第 93 条第 2 款的解释，村民委员会等村基层组织人员协助人民政府从事特定行政管理工作的，属于"其他依照法律从事公务的人员"：其一，救灾、抢险、防汛、优抚、扶贫、移民、救济款物的管理；其二，社会捐助公益事业款物的管理；其三，国有土地的经营和管理；其四，土地征用补偿费用的管理；其五，代征、代缴税款；其六，有关计划生育、户籍、征兵工作；其七，协助人民政府从事的其他行政管理工作。这些人员从事上述规定的公务，利用职务上的便利，非法占有公共财物的，构成贪污罪。

②受国家机关、国有公司、企业、事业单位、人民团体委托管理、经营国有资产的人员，主要是指以承包、租赁、聘用等方式，管理、经营其承包、租赁的国有单位或者其中的一个部门国有财产的人员。这些人不属于国家工作人

员，但为了有利于保护国有财产，刑法将该类人专门作为贪污罪的主体予以规定。

不具有上述身份的一般社会公民与具有上述身份的人员勾结，伙同贪污的，构成贪污罪的共犯。

就科技领域而言，其中属于国家公务员系列的科技研究人员和科技管理人员，以及国有公司、企业和事业单位的科技研究人员和科技管理人员，都具备本罪的主体资格。

（4）主观要件是犯罪故意，而且具有非法占有他人财物的目的。即行为人明知自己利用职务之便，侵吞、窃取、骗取或者以其他手段占有公共财物和特定的非公共财物的行为会发生侵犯其职务的廉洁性之危害后果，并希望或者放任这种结果发生的心理态度。过失不构成本罪。

（二）贪污罪认定的疑难问题

1. 贪污罪与一般贪污行为的界限

贪污罪与一般贪污行为区分的关键一是考察贪污的数额，二是根据其他情节。根据《刑法》第 383 条的规定，一般情况下，贪污数额在 3 万元以上的，构成犯罪；在特殊情况下，如果具有特殊的情节，那么，行为人贪污数额在 1 万元以上不满 3 万元的，也构成犯罪（具体见前述司法解释）。

2. 本罪与盗窃罪、诈骗罪的界限

本罪与盗窃罪、诈骗罪主观上都是故意，并且都以非法占有为目的，本罪的客观要件也可以采用窃取、骗取的手段。其主要区别是：（1）犯罪客体要件和犯罪对象不同。本罪的客体要件是国家工作人员职务行为的廉洁性，犯罪对象主要是公共财物（个别情况下也可以是非公共财物）。盗窃罪、诈骗罪客体要件是他人的财产所有权，犯罪对象没有限制。（2）客观要件相同。本罪的窃取、骗取是利用职务上的便利进行的，与行为人的职务密不可分。盗窃罪、诈骗罪的窃取、骗取则不存在利用职务上的便利问题。（3）犯罪主体不同。本罪的主体是特殊主体，即国家工作人员和受委托管理、经营国有财产的人员。盗窃罪、诈骗罪的主体是一般主体。

（三）贪污罪的刑事责任

《刑法》第 383 条规定，对犯贪污罪的，根据情节轻重，分别依照下列规定处罚：

（1）贪污数额较大或者有其他较重情节的，处 3 年以下有期徒刑或者拘役，并处罚金。具体标准前已有述。

（2）贪污数额巨大或者有其他严重情节的，处 3 年以上 10 年以下有期徒刑，并处罚金或者没收财产。前述贪污贿赂刑事案件司法解释第 2 条第 1 款规定：贪污或者受贿数额在 20 万元以上不满 300 万元的，应当认定为《刑法》第 383 条第 1 款规定的"数额巨大"，依法判处 3 年以上 10 年以下有期徒刑，并处罚金或者没收财产。该条第 2 款规定，贪污数额在 10 万元以上不满 20 万元，具有本解释第 1 条第 2 款规定的情形之一的即具有下列情节"（1）贪污救灾、抢险、防汛、优抚、扶贫、移民、救济、防疫、社会捐助等特定款物的；（2）曾因贪污、受贿、挪用公款受过党纪、行政处分的；（3）曾因故意犯罪受过刑事追究的；（4）赃款赃物用于非法活动的；（5）拒不交代赃款赃物去向或者拒不配合追缴工作，致使无法追缴的；（6）造成恶劣影响或者其他严重后果的"之一的应当认定为《刑法》第 383 条第 1 款规定的"其他严重情节"，依法判处 3 年以上 10 年以下有期徒刑，并处罚金或者没收财产。

（3）贪污数额特别巨大或者有其他特别严重情节的，处 10 年以上有期徒刑或者无期徒刑，并处罚金或者没收财产。

前述"贪污贿赂刑事案件司法解释"第 3 条第 1 款规定，贪污或者受贿数额在 300 万元以上的，应当认定为《刑法》第 383 条第 1 款规定的"数额特别巨大"，依法判处 10 年以上有期徒刑、无期徒刑或者死刑，并处罚金或者没收财产。该条的第 2 款规定，贪污数额在 150 万元以上不满 300 万元，具有本解释第 1 条第 2 款规定的情形之一的即具有下列情节"（1）贪污救灾、抢险、防汛、优抚、扶贫、移民、救济、防疫、社会捐助等特定款物的；（2）曾因贪污、受贿、挪用公款受过党纪、行政处分的；（3）曾因故意犯罪受过刑事追究的；（4）赃款赃物用于非法活动的；（5）拒不交代赃款赃物去向或者拒不配合追缴工作，致使无法追缴的；（6）造成恶劣影响或者其他严重后果的"之一的应当认定为《刑法》第 383 条第 1 款规定的"其他特别严重情节"，依法判处 10 年以上有期徒刑、无期徒刑或者死刑，并处罚金或者没收财产。

（4）终身监禁制度。《刑法》第 383 条限制了本罪死刑的使用——尽量用终身监禁替代死刑。前述"贪污贿赂刑事案件司法解释"第 4 条进一步明确规定，贪污数额特别巨大，犯罪情节特别严重、社会影响特别恶劣、给国家和人民利益造成特别重大损失的，可以判处死刑。符合前款规定的情形，但具有自首、立功、如实供述自己罪行、真诚悔罪、积极退赃或者避免、减少损害结果的发生等情节，不是必须立即执行的，可以判处死刑缓期 2 年执行。符合第 1 款规定情形的，根据犯罪情节等情况可以判处死刑缓期 2 年执行，同时裁判决定在其死刑缓期执行 2 年期满依法减为无期徒刑后，终身监禁，不得减刑、假释。必须说明的是，该司法解释第 20 条规定，本解释自 2016 年 4 月 18 日起施行。最高人民法院、最高人民检察院此前发布的司法解释与本解释不一致的，以本解释为准。由此，处理贪污案件，应该采用从旧兼从轻原则。鉴于 2016 年 4 月 18 日发布的解释提高了贪污罪的入罪门槛，是有利于被告的，只是在终身监禁的科处上，新法有趋严的倾向。所以，对于终身监禁的科处，应该慎用。

（5）对多次贪污未经处理的，按照累计贪污数额处罚。这里的"多次贪污未经处理"，是指由于某种原因，贪污行为未被发现或者虽已被发现，但未给予刑事处罚或者行政处理的情况。这里可能存在三种情况：①多次的贪污行为分开来看，每一次的行为单独都已经构成犯罪。这里数额的累计仅仅影响量刑而不影响对行为的罪与非罪的定性。②多次的贪污行为分别来看，有的构成犯罪，有的不构成犯罪。这时数额的累计对于行为人行为的罪与非罪性质认定也没有影响，贪污数额会影响到法定刑的升级。③多次的贪污行为单独地看，每一次都不构成犯罪，但累计之后，达到了刑法对该罪所规定的数额标准。这种情况下，多次一般违法行为之积累则上升为犯罪。

（6）特别从宽制度。犯贪污罪，在提起公诉前如实供述自己罪行、真诚悔罪、积极退赃，避免、减少损害结果的发生，属于基本犯的情形的，可以从轻、减轻或者免除处罚；属于第 2 项、第 3 项规定情形，即结果加重犯或者情节加重犯的，可以从轻处罚。

（7）伙同贪污问题。行为人虽然本人不具有身份，但与国家工作人员勾结，伙同贪污的，以共犯论处，构成贪污罪。

（8）2016 年 4 月 18 日发布的贪污贿赂刑事案件司法解释的其他规定：①第 16 条规定，国家工作人员出于贪污、受贿的故意，非法占有公共财物、收受他人财物之后，将赃款赃物用于单位公务支出或者社会捐赠的，不影响贪污罪、受贿罪的认定，但量刑时可以酌情考虑。②第 18 条规定，贪污贿赂犯罪分子违法所得的一切财物，应当依照《刑法》第 64 条的规定予以追缴或者责令退赔，对被害人的合法财产应当及时返还。对尚未追缴到案或者尚未足额退赔的违法所得，应当继续追缴或者责令退赔。③第 19 条规定，对贪污罪、受贿罪判处 3 年以下有期徒刑或者拘役的，应当并处 10 万元以上 50 万元以下的罚金；判处 3 年以上 10 年以下有期徒刑的，应当并处 20 万元以上犯罪数额 2 倍以下的罚金或者没收财产；判处 10 年以上有期徒刑或者无期徒刑的，应当并处 50 万元以上犯罪数额 2 倍以下的罚金或者没收财产。

二、挪用公款罪

公立高校、具有事业单位性质的科研院所、国有公司或者企业的科技研究人员、国家科技管理机关的工作人员，如果挪用了纵向科研经费，情节严重，则依法构成挪用公款罪。孙某挪用公款案（河北省承德市中级人民法院刑事裁定书〔2017〕冀 08 刑终 225 号）①，就是典型的案例。

（一）挪用公款罪的概念和犯罪构成

根据《刑法》第 384 条的规定，挪用公款罪，是指国家工作人员利用职务上的便利，挪用公款归个人使用，进行非法活动；或者挪用公款数额较大、进行营利活动；或者挪用公款数额较大、超过 3 个月未还的行为。

本罪的犯罪构成是：

（1）客体要件。有学者认为，本罪的客体是复杂客体：既侵犯国家工作人员职务廉洁性，也侵犯了公共财产的占用、使用、收益权。② 有的学者认为，本罪的客体是公共财产的使用收益权。③ 我们认为，首先，将本罪的客体定位为财产使用收益权，与法律的规定相矛盾，法律设置本罪的立法目的不是保护财产权。其次，本罪也不应该是复杂客体。作为成立本罪的必不可缺少的是对于"国家关于禁止工作人员利用职务行为对公款的非法占用、使用、收益所形成的法律秩序"所造成的危害。行为人私自对公款的占用、使用、收益是其职务行为不廉洁的具体表现。换而言之，对公款的非法占用、使用、收益，最终评价为"职务行为的不廉洁"。

本罪的犯罪对象主要是公款，即以货币或者有价证券形态存在的公共财产，包括人民币、外国货币、支票、股票、国库券、债券等有价证券。同时，根据《刑法》第 384 条第 2 款的规定，挪用用于救灾、抢险、防汛、优抚、扶贫、移民、救济款物归个人使用的，从重处罚。据此，挪用公款罪的犯罪对象并不完全限于公款，还包括用于上述目的的特定财物。但是，除了上述特定财物以外的一般公物，不属于挪用公款罪的犯罪对象。

就科研活动而言，来源于各级各类财政资金设立的课题经费，以及国有公司、企业和各级各类事业单位、集体企业、人民团体运用公有财产设立的纵向调研课题的经费，都属于这里的公款，都可以成为挪用公款罪的犯罪对象。

---

① 基本案情：承德市农业科学研究所是承德市政府管理的全额事业单位。2009 年 4 月 2 日，承德市农业科学研究所大部分职工入股以本所外自然人之名成立承德市华邦种业有限公司。被告人孙某（时任该所副所长主持工作）入股 50 000.00 元。2010 年 10 月至 11 月间，被告人孙某个人决定，将该所公款共计 1200 000.00 元借给承德市华邦种业有限公司，用于公司工商登记经营范围以外的经营活动。后承德市华邦种业有限公司于 2010 年 12 月 22 日、2011 年 4 月 19 日、2013 年 4 月 28 日分三次将 1200 000.00 元归还承德市农业科学研究所。被告人孙某身为国家工作人员，利用职务上的便利，挪用公款归个人使用，数额较大，进行营利活动。经兴隆县人民法院和河北省承德中级人民法院两审均认定孙某的行为已构成挪用公款罪。
② 高铭暄、马克昌主编：《刑法学》，北京大学出版社、高等教育出版社 2016 年版，第 625 页。
③ 贾宇主编：《刑法学》，中国政法大学出版社 2017 年版，第 464 页。

（2）客观要件是国家工作人员利用职务上的便利，挪用公款归个人使用，进行非法活动；或者挪用公款数额较大、进行营利活动；或者挪用公款数额较大、超过 3 个月未还的行为：

①这里的利用职务上的便利，是指行为人利用本人职务所形成的主管、管理、经手公款的便利条件。其中，既包括利用本人直接经手、管理公款的便利条件，也包括行为人因其职务关系而具有的调拨、支配、使用公款的便利条件。

②关于这里的归个人使用。全国人大常委会 2002 年 4 月 28 日通过的《关于〈刑法〉第 384 条第 1 款的解释》规定，有下列情形之一的，属于挪用公款"归个人使用"：一是将公款供本人亲友或者其他自然人使用的；二是以个人名义将公款供其他单位使用的；三是个人决定以单位名义将公款供其他单位使用，谋取个人利益的。

③根据刑法的规定，挪用公款归个人使用有三种表现形式。

第一，挪用公款进行非法活动。按照最高人民法院 1998 年 4 月 29 日公布的《关于审理挪用公款案件具体应用法律若干问题的解释》，非法活动指进行走私、赌博等活动。尽管法条没有要求"数额较大"，但是结合《刑法》第 13 条"但书"的规定，仍需衡量是否达到犯罪所要求的情节严重。对此，2016 年 4 月 18 日最高人民法院、最高人民检察院发布的《关于办理贪污贿赂刑事案件适用法律若干问题的解释》第 5 条规定：挪用公款归个人使用，进行非法活动，数额在 3 万元以上的，应当以挪用公款罪追究刑事责任。

第二，挪用公款进行营利活动、数额较大。这里所说的营利活动，是指合法的经济行为，即国家法律所允许的经营性活动，包括开工厂、办商店、炒股票、购买国债、集资、入股等，否则，其行为就属"非法活动"的范畴了。营利活动本身具有合法性，这是该种类型的挪用公款罪与前一类型的根本区别。如果行为人将挪用的公款用于偿还本人或他人在过去的经营活动中所欠的债务，也应视为挪用公款进行营利活动。这种挪用行为构成犯罪，不受挪用时间和是否归还的限制，也不受行为人在实际营利活动中是否获利的限制，但法律明确规定必须挪用数额较大。前述解释第 6 条规定：挪用公款归个人使用，进行营利活动或者超过 3 个月未还，数额在 5 万元以上的，应当认定为《刑法》第 384 条第 1 款规定的"数额较大"。

第三，挪用公款数额较大、超过 3 个月未还。这是指挪用公款用于自己或者他人的生活消费或者其他非经营性支出，如偿还债务（因经营活动而欠的债务除外）、购置家具、修缮房屋、支付医药费。这种挪用方式的"数额较大"，2016 年 4 月 18 日的司法解释规定，也以 5 万元为起点。

（3）本罪的主体是特殊主体，即《刑法》第 93 条规定的国家工作人员。

受国家机关、国有公司、企事业单位、人民团体委托管理、经营国有财产的人员，不可成为本罪的主体。这明显区别于贪污罪的主体范围。

1999 年 12 月 25 日第九届全国人大常委会第十三次会议通过的《刑法修正案》第 7 条第 2 款规定，国有商业银行、证券交易所、期货交易所、证券公司、期货经纪公司、保险公司或者其他国有金融机构的工作人员，以及前述诸国有金融机构委派到非国有商业银行、证券交易所、期货交易所、证券公司、期货经纪公司、保险公司或者其他非国有金融机构中从事公务的人员利用职务上的便利，挪用本单位或者客户资金的，以挪用公款罪定罪处罚。

就科技研究人员和科技管理人员而言，必须具有国家工作人员的身份的，才可能构成本罪。具体地说，依照我国现行的法律法规，国家科技管理机关的工作人员、高校教师、事业单位的科研院所的工作人员等，都具有国家工作人员的身份。

（4）主观要件是犯罪故意，即明知是公款而故意违反有关规定予以挪用，目的是非法取得公款的使用权，而不是非法占有公款。挪用的动机是多种多样的，有的是为了进行非法活动，有的是为了进行营利活动，有的则是出于生活上的某种需要。

（二）挪用公款罪认定的疑难问题

1. 本罪与一般挪用公款行为的界限

并非所有的挪用公款行为都构成犯罪。区分本罪和一般挪用公款行为，应从四个方面着手：（1）要考虑挪用公款的数额。对于不同的挪用公款行为方式来说，标准尽管有所不同，但均须达到构罪数额起点。（2）要考虑挪用公款的用途和时间。如果是用来进行非法活动，不仅没有挪用时间的限制，而且数额起点较低；如果用来进行营利活动，没有挪用时间的限制，但要数额较大；如果是用作生活消费和其他非经营性活动，数额较大，且必须是超过 3 个月未还，才构成犯罪。（3）还要考虑到挪归个人使用还是挪归单位使用。如果是挪归单位使用，必须符合前述全国人大常委会关于"归个人使用"的解释时，才能认定构成本罪。（4）还要考虑主观因素。挪用公款给他人使用，如果明知使用人用于营利活动或者非法活动，应当认定为挪用人挪用公款进行营利活动或者非法活动。

2. 本罪与贪污罪的界限

本罪与贪污罪在构成特征上有一定的共同之处：两罪的主体都是国家工作人员；在主观方面都是出于故意；犯罪对象都包括公款；客观方面都利用了职务上的便利。二者的主要区别是：（1）犯罪的客体要件不完全相同。虽然都属于对职务廉洁性的侵犯，但前者是通过侵犯公款所有权中的占有、使用、收益权来进行；后者是通过侵犯公款所有权的全部权能来实现。（2）犯罪对象范围的差别。前者的犯罪对象原则上是公款，也包括用于救灾、抢险、防汛、优抚、扶贫、移民、救济的特定公物；后者的对象既包括公款，还包括其他任何公共财物。在不典型贪污罪时，犯罪对象还不限于公共财物。（3）行为方式不同。前者从性质上说是改变公款的既定用途，私自使用公款；后者是采取侵吞、窃取、骗取或者其他手段非法将公共财物占为己有。（4）主体的范围不完全相同。本罪的主体仅限于国家工作人员；而贪污罪的主体除国家工作人员外，还包括受国家机关、国有公司、企业、事业单位、人民团体委托管理、经营国有财产的人员。（5）犯罪的目的不同。前者以暂时占有、使用公款而获益为目的，后者则以对公共财物的永久性非法占有为目的。

值得注意的是，挪用公款的行为在一定条件下可以向贪污罪转化。如果行为人先行实施了挪用公款的行为，案发前有能力归还，出于非法占有的目的而拒不归还，则其行为则由挪用公款罪转化为贪污罪。1998 年 5 月 9 日最高人民法院施行的《关于审理挪用公款案件具体应用法律若干问题的解释》第 6 条规定，携带挪用的公款潜逃的，依照刑法关于贪污罪的规定定罪处罚。

（三）挪用公款罪的刑事责任

《刑法》第384 条第1 款规定，国家工作人员利用职务上的便利，挪用公款归个人使用，进行非法活动的，或者挪用公款数额较大、进行营利活动的，或者挪用公款数额较大、超过 3 个月未还的，是挪用公款罪，处 5 年以下有期徒刑或者拘役；情节严重的，处 5 年以上有期徒刑。挪用公款数额巨大不退还的，处 10 年以上有期徒刑或者无期徒刑。挪用于救灾、抢险、防汛、优抚、扶贫、移民、救济款物归个人使用的，从重处罚。

挪用公款罪的法定刑依法分为三个档次：

（1）构成挪用公款罪的基本犯，处 5 年以下有期徒刑或者拘役。具体的入罪标准，前已有述。

（2）情节严重的，处 5 年以上有期徒刑。

这里的情节严重，是指挪用的数额在一定数额限度以上，但又没有达到巨大的界限。

首先，按照2016 年4 月18 日发布的司法解释第6 条，挪用公款归个人使用，进行非法活动，数额在 300 万元以上的，应当认定为《刑法》第 384 条第 1 款规定的"数额巨大"。具有下列情形之一的，应当认定为《刑法》第 384 条第 1 款规定的"情节严重"：其一，挪用公款数额在 100 万元以上的；其二，挪用救灾、抢险、防汛、优抚、扶贫、移民、救济特定款物，数额在 50 万元以上不满 100 万元的；其三，挪用公款不退还，数额在 50 万元以上不满 100 万元的；其四，其他严重的情节，如因挪用公款严重影响生产、经营、造成严重损失。

其次，按照 2016 年 4 月 18 日发布的司法解释第 6 条的规定，挪用公款归个人使用，进行营利活动或者超过 3 个月未还，数额在 500 万元以上的，应当认定为《刑法》第 384 条第 1 款规定的"数额巨大"。具有下列情形之一的，应当认定为《刑法》第 384 条第 1 款规定的"情节严重"：一是挪用公款数额在 200 万元以上的；二是挪用救灾、抢险、防汛、优抚、扶贫、移民、救济特定款物，数额在 100 万元以上不满 200 万元的；三是挪用公款不退还，数额在 100 万元以上不满 200 万元的；四是其他严重的情节。

（3）数额巨大不退还的，处 10 年以上有期徒刑或者无期徒刑。首先，这里的数额巨大，按照 2016 年 4 月 18 日发布的司法解释第 5 条，挪用公款归个人使用，进行非法活动，数额在 300 万元以上的，应当认定为《刑法》第 384 条第 1 款规定的"数额巨大"；该解释第 6 条规定，挪用公款归个人使用，进行营利活动或者超过 3 个月未还，数额在 500 万元以上的，应当认定为《刑法》第 384 条第 1 款规定的"数额巨大"。其次，这里的"不退还"是指因客观原因在一审宣判前不能退还的。如果是因主观原因不退还，行为人先是挪用，后来携款潜逃，则转化为贪污罪。

挪用公款在案发前即被司法机关、所在单位或有关部门发现之前，行为人全部归还本金的，可以从轻或者免除处罚；给国家、集体造成利息损失的，应予追缴。挪用公款数额巨大、超过 3 个月、案发前全部归还的，可以酌情从轻处罚。

多次挪用公款不还，挪用公款的数额累计计算；多次挪用公款，并以后次挪用公款归还前次挪用的公款，挪用公款数额以案发时未还的实际数额认定。

《刑法》第 384 条第 2 款规定，挪用用于救灾、抢险、防汛、优抚、扶贫、移民、救济款物归个人使用的，从重处罚。

国家工作人员利用职务上的便利，收受他人财物，为他人谋取利益，同时构成受贿罪和挪用公款罪的，除刑法另有规定外，以受贿罪和渎职犯罪数罪并罚。

挪用公款进行犯罪活动构成其他犯罪的，数罪并罚。

三、受贿罪

具有国家工作人员身份的科技研究人员、科技管理人员（如公立高校的在编教师和科技管理部门的教师、国家机关序列的科技管理部门的工作人员以及具有人民团体性质的各级科协等单位的科技管理人员），如果利用科技管理职权，索取他人财物或者非法收受他人财物，数额较大或者有其他较重情节，则依法构成受贿罪。张某某贪污、受贿案（辽宁省沈阳市中级人民法院刑事裁定书〔2017〕辽01刑终22号）①；陕西开达化工有限责任公司等贪污、受贿、单位行贿、受贿案（大连市中级人民法院刑事判决书〔2012〕大刑二初字第64号）②；《最高检通报保障和促进科技创新十大典型案例之五："案例五为中小企业创新发展保驾护航"》③ 等，都是典型案例。

（一）受贿罪的概念和犯罪构成

根据《刑法》第385条的规定，受贿罪，是指国家工作人员利用职务上的便利，索取他人财物，或者非法收受他人财物，为他人谋取利益的行为。

本罪的犯罪构成是：

（1）客体要件是公务人员职务行为的不可收买性。具体表现为通过权（职权）钱（贿赂）交易，损害了公务行为的不可收买性。

对于本罪的客体要件，过去曾长期表述为"国家机关的正常管理活动"，这显然是十分笼统的。近年来一般表述为"国家工作人员职务行为的廉洁性"。④ 有的表述为：国家机关和国有公司、企业、事业单位的正常工作秩序和

---

① 受贿罪的基本案情：张某某担任中国医科大学科研处综合计划科科长，其工作职责包括负责科技部、教育部等科研项目的组织申报、实施、结题等，在任职期间的2003年至2015年，利用职务便利，以帮助他人在获评国家科技进步二等奖、申报教育部博士点基金等事项为由，先后收受辛某1000元、徐某5000元、王某某5000元、孙某某10000元、邱某某10000元，共计人民币31000元。2015年10月21日，被告人张某某将受贿所得31000元上缴至苏家屯区人民检察院并被依法扣押。证人辛某、徐某、王某某等人证实因时任计划科科长的张某某具有上述职责，故在申报相关科研奖项等事宜过程中，为请求和答谢张某某从中提供的周旋和帮助而给予张某某钱款，张某某对其接受钱款的事实和数额亦予认可。上述事实和证据可证实张某某的行为属实。经沈阳市苏家屯区人民法院和辽宁省沈阳市中级人民法院均认定为构成受贿罪。

② 因本案涉及法律关系复杂，涉案人员众多，案情太复杂，难以详细叙述案情，故这里仅摘要判决书部分："陕西开达化工有限责任公司等贪污、受贿、单位行贿、行贿案"，经大连市中级人民法院审理，作出判决（〔2012〕大刑二初字第64号刑事判决书）认定："被告人朱泽华、刘小秦、董纯坚、程立泉、肖俊钦身为国家工作人员，利用职务上的便利，非法收受他人财物，为他人谋取利益，其行为均侵犯了国有公司的正常工作秩序和国家的廉洁制度，均已构成受贿罪。"

③ 基本案情：上海市中小企业发展服务中心合作交流部原副部长戴某，在2008年至2014年先后担任上海市小企业（生产力促进）服务中心综合资源开发部、上海市中小企业发展服务中心政策咨询部工作人员以及上海市中小企业发展服务中心合作交流部副部长期间，利用其负责指导、联系、组织专业服务机构为中小企业提供专项辅导的职务便利，多次收受相关企业人员给予钱款卡物等共计人民币17万元。2014年6月，上海市徐汇区人民检察院以涉嫌受贿罪依法对戴某立案侦查。2015年5月，徐汇区法院以受贿罪判处戴某有期徒刑5年，并处没收人民币1万元。"最高检通报保障和促进科技创新十大典型案例"，载《检察日报》2016年7月15日。

④ 高铭暄、马克昌主编：《刑法学》，北京大学出版社、高等教育出版社2016年版，第629页。

国家公职行为的廉洁性。① 相比而言，"公务人员职务行为的不可收买性"是对"职务行为的廉洁性"进一步具体化，较为可取。

（2）客观要件是利用职务上的便利，索取他人财物，或者非法收受他人财物，为他人谋利益，情节严重的行为：

①利用职务上的便利。这里的"利用职务上的便利"，是指利用本人职务范围内的权力，即自己主管、负责或者承办某项公共事务的职权及其所形成的便利条件。可见，利用职务上的便利不仅限于利用自己的职权，包括其地位所形成的便利条件。"利用职务上的便利"的实质是国家工作人员索取或者非法收受财物的行为与其职务行为有内在的关联。这是一切受贿所必须具备的客观方面的要素。

②索取他人财物，或者非法收受他人财物，为他人谋取利益的行为。

第一，索取他人财物。所谓索取他人财物，是指行为人利用职务上的便利，主动向他人索要或勒索并收取财物。索取贿赂的基本特征是受贿人索要贿赂的主动性和他人给付贿赂的被动性。就索贿而言，是行为人主动地要求他人给自己以财物，以此作为权钱交易的条件。就对方而言，是在索贿人的索要或勒索之下被动地甚至被迫地交付财物。索贿行为可以是明示的，也可以是暗示的；可以是本人直接索取，也可以是通过他人间接索取。

第二，除索贿外，受贿罪的行为方式还包括非法收受他人财物，为他人谋取利益。所谓非法收受他人财物，是指行为人被动地接受对方给予自己的贿赂。其基本特征是行贿人给付财物的主动性、自愿性和受贿人接受贿赂的被动性。所谓为他人谋取利益，是指受贿人为他人谋取某种特定利益。这里所说的利益，可以是合法的利益，也可以是非法的利益；可以是物质性利益，也可以是非物质性利益。

"为他人谋取利益"是否是任何形式受贿罪的必备要件，对此，曾经是有争议的。后来有司法解释规定，"索取他人财物的，不论是否'为他人谋取利益'，均可构成受贿罪。非法收受他人财物的，必须同时具备'为他人谋取利益'的条件，才能构成受贿罪"。

关于"为他人谋取利益"的理解，最先是"旧客观说"畅行，之后出现了是"主观说"。有的学者主张"许诺说"，认为，"为他人谋取利益"包括四种情况：①已经许诺为他人谋取利益，但尚未实际进行谋取；②正在实施为他人谋取利益的行为，但尚未取得成果；③为他人谋取利益已经取得一定进展，但尚未完全实现；④为他人谋取利益，已经全部实现了他人的要求。可见，为他

---

① 贾宇主编：《刑法学》，中国政法大学出版社 2017 年版，第 469 页。

人谋取利益，不是仅限于为他人谋取到了利益，只要许诺为他人谋取利益即可。至于这种许诺是明示的还是默许的，可以不问；甚至是虚假的许诺也可能构成受贿罪。① 也有不少学者主张取消"为他人谋取利益"②。

本书认为，从应然而言，应该取消"为他人谋取利益"。但在立法没有取消之前，尽量弱化这一要件。2016 年 4 月 18 日最高人民法院、最高人民检察院发布的《关于办理贪污贿赂刑事案件适用法律若干问题的解释》第 13 条规定，具有下列情形之一的，应当认定为"为他人谋取利益"，构成犯罪的，应当依照刑法关于受贿犯罪的规定定罪处罚："（1）实际或者承诺为他人谋取利益的；（2）明知他人有具体请托事项的；（3）履职时未被请托，但事后基于该履职事由收受他人财物的。国家工作人员索取、收受具有上下级关系的下属或者具有行政管理关系的被管理人员的财物价值三万元以上，可能影响职权行使的，视为承诺为他人谋取利益。"这一解释显然是对"为他人谋取利益"做了极为宽泛的解释。

关于贿赂内容的界定问题，存在以下三种宽窄不同的主张：①财物说。认为贿赂应限定为金钱和物品。②物质利益说。认为贿赂应指金钱、财物及物质性利益。即贿赂的对象既可以是财物，如金钱、物品；也可以是其他的物质性利益，如债权的设立、债务的免除，提供劳务或担保，降低贷款利息、提供住房权等。③需要说或者利益说。认为凡是能够满足人的物质或精神需求的一切有形或者无形、物质或者非物质、财产或者非财产性的利益均应视为贿赂。其中非财产性利益，包括安排子女就业、解决招工指标、提供出国机会、提职晋级乃至提供色情服务等等。

我们认为，应然而言，应当对刑法规定"财物"作出修改，使贿赂包括财物和财产性利益以及非财产性利益，而且，收取非财产性利益对于国家工作人员职务行为廉洁性的侵犯也不亚于收取财物和财产性利益，所以，不仅物质性利益，而且，那些诱惑性强、腐蚀性大的一些非财产性利益如提供色情服务，应当纳入贿赂范围。但是，在刑法修改之前，我们只能将"物质性利益"解释为这里的"贿赂"，这是罪刑法定原则所允许的扩大解释，而不应将非财产性利益作为贿赂。

2016 年 4 月 18 日最高人民法院、最高人民检察院发布的《关于办理贪污贿赂刑事案件适用法律若干问题的解释》第 12 条规定：贿赂犯罪中的"财物"，包括货币、物品和财产性利益。财产性利益包括可以折算为货币的物质

①　张明楷：《刑法学》，法律出版社 2003 年版，第 925 页。
②　朱建华："受贿罪'为他人谋取利益'要件取消论"，载《现代法学》2001 年第 4 期，第 126 页。

利益如房屋装修、债务免除等，以及需要支付货币的其他利益如会员服务、旅游等。后者的犯罪数额，以实际支付或者应当支付的数额计算。在这里，司法解释对财物扩张解释，把财产性利益包括在"财物"之中。

除了直接利用本人的职权外，还存在"斡旋受贿"的情形。

《刑法》第 388 条规定，国家工作人员利用本人职权或者地位形成的便利条件，通过其他国家工作人员职务上的行为，为请托人谋取不正当利益，索取或者收受请托人财物的，以受贿论处。

据此，斡旋受贿行为构成受贿罪须具备五个要件：①行为人向请托人索取或者收受财物。②行为人为请托人谋取的必须是不正当利益。如果说"索取贿赂形式的受贿犯罪不要求行为人为他人谋取利益，收受贿赂形成的受贿犯罪，虽要求行为人为他人谋取利益但可以不问谋取的是合法利益还是非法利益"的话，那么斡旋形式受贿罪则要求必须是为请托人谋取不正当利益。2012 年《最高人民法院、最高人民检察院关于办理行贿刑事案件具体应用法律若干问题的解释》（法释〔2012〕22 号）第 12 条规定：行贿犯罪中的"谋取不正当利益"，是指行贿人谋取的利益违反法律、法规、规章、政策规定，或者要求国家工作人员违反法律、法规、规章、政策、行业规范的规定，为自己提供帮助或者方便条件。违背公平、公正原则，在经济、组织人事管理等活动中，谋取竞争优势的，应当认定为"谋取不正当利益"。③行为人为请托人谋取的不正当利益是通过其他国家工作人员职务上的行为实现的。这里的职务行为，是指其他国家工作人员实施的职权范围的行为。④行为人必须利用了本人职权或者地位形成的便利条件。这里所说的本人职权，是指在行为人职务范围内，并能对其他国家工作人员形成制约或者施加影响的权力，不包括直接利用本人掌握的职权。所谓地位，是指行为人所在的能对其他国家工作人员形成制约或者施加影响的领导岗位，或者在领导身边工作或负有特定职责并从事公务活动的工作岗位。如果行为人利用自己与其他国家工作人员的亲友关系，则不属于斡旋受贿行为，而是受贿罪的共犯。⑤被行为人利用的第三者国家工作人员，在案件中没有与行为人共同受贿的故意和行为。

③情节严重。这是成立受贿罪的必备条件。2016 年两高《关于办理贪污贿赂刑事案件适用法律若干问题解释》第 1 条第 1 款规定：贪污或者受贿数额在 3 万元以上不满 20 万元的，应当认定为《刑法》第 383 条第 1 款规定的"数额较大"，依法判处 3 年以下有期徒刑或者拘役，并处罚金。该条第 3 款还规定：受贿数额在 1 万元以上不满 3 万元，具有前款第 2 项至第 6 项规定的情形（即曾因贪污、受贿、挪用公款受过党纪、行政处分的；曾因故意犯罪受过刑事追究的；赃款赃物用于非法活动的；拒不交代赃款赃物去向或者拒不配合追缴工

作，致使无法追缴的；造成恶劣影响或者其他严重后果的）之一①，或者具有下列情形之一的，应当认定为《刑法》第383条第1款规定的"其他较重情节"，依法判处3年以下有期徒刑或者拘役，并处罚金：①多次索贿的；②为他人谋取不正当利益，致使公共财产、国家和人民利益遭受损失的；③为他人谋取职务提拔、调整的。

（3）本罪的主体是特殊主体，即国家工作人员。《刑法》第93条规定："本法所称国家工作人员，是指国家机关中从事公务的人员。国有公司、企业、事业单位、人民团体中从事公务的人员和国家机关、国有公司、企业、事业单位委派到非国有公司、企业、事业单位、社会团体从事公务的人员，以及其他依照法律从事公务的人员，以国家工作人员论。"

首先是国家机关中从事公务的人员，包括各级国家权力机关、行政机关、审判机关、检察机关和军事机关中从事公务的人员；参照国家《公务员法》进行管理的各级党委、政协机关中从事公务的人员。

其次是国有公司、企业、事业单位、人民团体中从事公务的人员。其中国有公司指财产属于国家所有的公司，包括国有独资公司、两个以上国有企业组成的有限责任公司、股份有限公司；国有企业指财产属于国家所有的从事生产、经营活动的企业；国有事业单位指国家投资兴办管理的科技、教育、文化、卫生、体育、新闻、广播、出版等单位；人民团体指各民主党派、各级工会、共青团、妇联等人民群众性组织。

再次是国家机关、国有公司、企业、事业单位委派到非国有公司、企业、事业单位、社会团体中从事公务的人员。

又次，《最高人民法院、最高人民检察院关于办理国家出资企业中职务犯罪案件具体应用法律若干问题的意见》（法发〔2010〕49号）第6条规定，经国家机关、国有公司、企业、事业单位提名、推荐、任命、批准等，在国有控股、参股公司及其分支机构中从事公务的人员，应当认定为国家工作人员。具体的任命机构和程序，不影响国家工作人员的认定。经国家出资企业中负有管理、监督国有资产职责的组织批准或者研究决定，代表其在国有控股、参股公司及其分支机构中从事组织、领导、监督、经营、管理工作的人员，应当认定为国家工作人员。国家出资企业中的国家工作人员，在国家出资企业中持有个人股份或者同时接受非国有股东委托的，不影响其国家工作人员身份的认定。

最后是其他依照法律从事公务的人员。这里指依照法律规定选举或者任命

---

① 具体内容即："（二）曾因贪污、受贿、挪用公款受过党纪、行政处分的；（三）曾因故意犯罪受过刑事追究的；（四）赃款赃物用于非法活动的；（五）拒不交代赃款赃物去向或者拒不配合追缴工作，致使无法追缴的；（六）造成恶劣影响或者其他严重后果的。"

产生，从事某项公共事务管理的人员。如被依法选出在人民法院履行职务的人民陪审员、履行特定手续被人民检察院聘任的特邀检察员。根据全国人大常委会 2000 年 4 月 29 日关于《刑法》第 93 条第 2 款的解释，村民委员会等村基层组织人员协助人民政府从事以下特定行政管理工作的，属于"其他依照法律从事公务的人员"：①救灾、抢险、防汛、优抚、扶贫、移民、救济款物的管理；②社会捐助公益事业款物的管理；③国有土地的经营和管理；④土地征用补偿费用的管理；⑤代征、代缴税款；⑥有关计划生育、户籍、征兵工作；⑦协助人民政府从事的其他行政管理工作。这些人员从事上述规定的公务，利用职务上的便利，非法占有公共财物的，构成贪污罪。

（4）主观要件是犯罪故意。即行为人明知其利用职务上的便利，索取他人财物，或者非法收受他人财物，为他人谋取利益的行为会损害国家工作人员职务行为的不可收买性，并希望或者放任这种结果发生的心理态度。

（二）受贿罪认定的疑难问题

1. 本罪与非罪的界限

（1）经济往来中受贿罪的认定

《刑法》第 385 条第 2 款规定，国家工作人员在经济往来中，违反国家规定，收受各种名义的回扣、手续费，归个人所有的，以受贿论处。所谓违反国家规定，《刑法》第 96 条规定："本法所称违反国家规定，是指违反全国人民代表大会及其常务委员会制定的法律和决定，国务院制定的行政法规、规定的行政措施、发布的决定和命令。"具体到受贿罪而言，包括新修订《反不正当竞争法》、国务院办公厅 1986 年 5 月 5 日发布的《关于严禁在社会经济活动中牟取非法利益的通知》等。这些法律法规中都有关于禁止账外暗中收受回扣、手续费方面的规定，如有违反，即为违反国家规定。所谓回扣，是指在经济活动中，卖方从收取的价款中扣出一部分回送给买方或其代理人的财物。其表现形式应与贿赂的范围协调一致，即不仅限于金钱，还包括其他实物和物质性利益。按照最新的《反不正当竞争法》（2017 年）删除了旧反不正当竞争法中关于账外暗中给予回扣的禁止性规定，即"在账外暗中给予对方单位或者个人回扣的，以行贿论处；对方单位或者个人在账外暗中收受回扣的，以受贿论处"。新《反不正当竞争法》删除了账外暗中给予回扣的条款，弱化了因入账不当而可能产生的商业贿赂问题。据此，国家法律允许的回扣必须是公开的，且在有关财务账目上如实记载。否则即属受贿。所谓手续费，是指因办理一定的事务或付出一定的劳动而收取的费用。手续费就其本身则言，是一种劳务报酬，并无非法性；但是，如果国家工作人员未付出劳动而收受财物，或者以少量劳动换取高额报酬，那是以其职务行为与所谓的手续费相互交易，是假手续费之名来收受贿赂。以受贿论处的手续费指的就是这种手续费。这种手续费可以有各种名义，如好处费、辛苦费、介绍费、活动费、信息费、酬谢费等等，但究其实质都是贿赂。因收受回扣、手续费而构成受贿罪的，在构成条件上与标准的受贿罪有所不同。即其一，必须是国家工作人员；其二，必须是在经济往来中；其三，必须是违反国家有关规定；其四，必须是收受的回扣、手续费归个人所有。

（2）本罪与接受亲友馈赠的界限

亲朋好友之间礼尚往来，有时伴有物品馈赠，这是联络感情的正当行为。受贿罪中的收受他人财物与接受亲友馈赠在表面上颇为相似，但在法律性质上存在根本性区别。要划清两者之间的界限关键在于行为人接受亲友的财物是否存在权钱交易，具体地要结合考虑双方之间亲友情谊的发展程度，收受财物的数额是否正常，接受财物目的、方式等诸因素进行分析。

（3）本罪与取得合法报酬的界限

在法律、政策允许的范围内，利用自己的知识、技术和劳动，为其他单位或个人承揽业务、提供咨询或者进行其他服务，从中获得劳动报酬的，是合法收入，不属于受贿。即使略有瑕疵，如并非完全利用业余时间，在领取劳动报酬时没有签真名等等，也不宜按受贿处理。但是，实践中有些虽是以辛苦费、酬谢费、劳务费的名义出现的，但实际上并没有付出劳动，是借取得劳动报酬之名行受贿之实。如一些以兼职名义收受贿赂的犯罪中，行为人就是以劳务费、辛苦费的形式掩盖其受贿的实质的。所以，划清受贿罪与取得合法报酬的界限，关键要看行为人是否利用职务上的便利来获取财物的。此外，还要结合分析行为人是否付出了必要的劳动，因为没有必要的劳动其合法报酬即无从谈起。

2. 本罪与贪污罪的界限

本罪与贪污罪的主体都是特殊主体，主观上均为犯罪故意。其主要区别是：（1）行为方式不同。本罪一般表现为行为人利用职务上的便利，索取他人财物，或者非法收受他人财物，为他人谋取利益的行为；贪污罪表现为行为人利用职务上的便利，侵吞、窃取、骗取或者其他手段，非法占有公共财物的行为。而且在利用职务上的便利的含义上也不尽相同。前者的职务范围较为广泛，包括主管、管理、经办钱、物或者人事等各种职权；而后者的职务范围则仅限于主管、管理、经手公共财物或者受委托管理、经营国有财产的权利。前者既包括直接利用本人的职权，还包括利用与职务相关的便利条件；而后者则一般仅限于直接利用本人的职权，不包括间接利用职务之便。（2）受贿行为的对象是贿赂，即他人的财物或者物质性利益；其中既可以是私人所有的财物。也可以是公共财物。贪污的犯罪对象主要是公共财产。（3）主体范围不同。本罪的主体只限于国家工作人员；贪污罪的主体除了国家工作人员而外，还包括非国家工作人员中受国有单位委托管理、经营国有财产的人员。（4）犯罪目的不同。本罪的目的在于获取他人的贿赂；贪污罪的目的在于非法占有公共财物。

3. 本罪与敲诈勒索罪的界限

二者的界限一般不难区分，易于发生混淆的是索贿形式的受贿罪与敲诈勒索罪的界限。两罪之间除了主体要件、客体要件不同外，关键在于客观要件的区别。敲诈勒索罪为行为人单纯使用威胁、要挟的手段迫使被害人交付财物；受贿罪表现为行为人利用职务上的使利，向请托人索要或勒索财物。国家工作人员利用其权势使用威胁要挟手段向请托人敲诈勒索财物的，如果符合受贿罪的数额和情节要求，应当按照受贿罪定罪处罚。

4. 斡旋受贿的认定

斡旋受贿的基本行为特征在于，一个国家工作人员利用另一个国家工作人员的职务行为为请托人谋取不正当利益，并因此索取或者收受贿赂。但是否只要存在这种情况行为人就一定构成斡旋受贿呢？

回答显然是否定的。判断斡旋受贿的成立与否应当立足于受贿罪的犯罪客体要件——职务行为的不可贿买性。正如买卖合同中，卖方必须是对标的物具有处分权的人一样，受贿罪中被贿买的职权应当是行为人自己的职权（无论是直接还是间接），而不能是第三人的职权。如果被贿买的是受贿人的人际关系而非其职权，不符合受贿罪在犯罪客体要件上对国家工作人员职务活动被贿买的要求，因而不能构成受贿罪。也就是说，被斡旋人所以接受斡旋，起决定性作用的因素在于行为人的职务，无论是被斡旋人与行为人之间存在职务活动的依赖关系还是权力上的互相交换关系。但是，如果行为人的职务与被斡旋人的职务之间存在制约关系，则行为人的行为构成一般受贿而非斡旋受贿。

（三）受贿罪的刑事责任

《刑法》第 386 条规定，对犯受贿罪的，根据受贿所得数额及情节，依照本法第 383 条的规定处罚。索贿的从重处罚：

（1）受贿罪的"数额较大"或者有"其他较重情节"是入罪门槛，在本罪的客观要件部分已经阐述。

（2）受贿罪的"数额巨大"或者有"其他严重情节"。前述 2016 年贪污贿赂刑事案件司法解释第 2 条第 1 款规定：贪污或者受贿数额在 20 万元以上不满 300 万元的，应当认定为《刑法》第 383 条第 1 款规定的"数额巨大"，依法判处 3 年以上 10 年以下有期徒刑，并处罚金或者没收财产。该条的第 3 款规定：受贿数额在 10 万元以上不满 20 万元，具有本解释第 1 条第 3 款规定的情形（即多次索贿的；为他人谋取不正当利益，致使公共财产、国家和人民利益遭受损失的；为他人谋取职务提拔、调整的）之一的，应当认定为《刑法》第

383 条第 1 款规定的"其他严重情节",依法判处 3 年以上 10 年以下有期徒刑,并处罚金或者没收财产。

（3）贪污数额特别巨大或者有其他特别严重情节的,处 10 年以上有期徒刑或者无期徒刑,并处罚金或者没收财产。前述 2016 年贪污贿赂刑事案件司法解释第 3 条第 1 款规定,贪污或者受贿数额在 300 万元以上的,应当认定为《刑法》第 383 条第 1 款规定的"数额特别巨大",依法判处 10 年以上有期徒刑、无期徒刑或者死刑,并处罚金或者没收财产。该条第 3 款规定:受贿数额在 150 万元以上不满 300 万元,具有本解释第 1 条第 3 款规定的情形（即多次索贿的;为他人谋取不正当利益,致使公共财产、国家和人民利益遭受损失的;为他人谋取职务提拔、调整的）之一的,应当认定为《刑法》第 383 条第 1 款规定的"其他特别严重情节",依法判处 10 年以上有期徒刑、无期徒刑或者死刑,并处罚金或者没收财产。

（4）终身监禁制度。《刑法》第 383 条限制了本罪死刑的适用——尽量用终身监禁替代死刑。该司法解释的第 4 条进一步明确规定,贪污、受贿数额特别巨大,犯罪情节特别严重、社会影响特别恶劣、给国家和人民利益造成特别重大损失的,可以判处死刑。符合前款规定的情形,但具有自首、立功、如实供述自己罪行、真诚悔罪、积极退赃或者避免、减少损害结果的发生等情节,不是必须立即执行的,可以判处死刑缓期 2 年执行。符合第 1 款规定情形的,根据犯罪情节等情况可以判处死刑缓期 2 年执行,同时裁判决定在其死刑缓期执行 2 年期满依法减为无期徒刑后,终身监禁,不得减刑、假释。必须说明的是,该司法解释第 20 条规定,本解释自 2016 年 4 月 18 日起施行。最高人民法院、最高人民检察院此前发布的司法解释与本解释不一致的,以本解释为准。由此,处理贪污案件,应该采用从旧兼从轻原则。鉴于 2016 年 4 月 18 日发布的解释提高了贪污罪的入罪门槛,是有利于被告的,只是在终身监禁的科处上,新法有趋严的倾向。所以,对于终身监禁的科处,应该慎用之。

2016 年 4 月 18 日发布的贪污贿赂刑事案件司法解释还有如下规定:（1）第 15 条对多次受贿未经处理的,累计计算受贿数额。国家工作人员利用职务上的便利为请托人谋取利益前后多次收受请托人财物,受请托之前收受的财物数额在 1 万元以上的,应当一并计入受贿数额。（2）第 16 条规定,国家工作人员出于贪污、受贿的故意,非法占有公共财物、收受他人财物之后,将赃款赃物用于单位公务支出或者社会捐赠的,不影响贪污罪、受贿罪的认定,但量刑时可以酌情考虑。（3）第 18 条规定,贪污贿赂犯罪分子违法所得的一切财物,应当依照《刑法》第 64 条的规定予以追缴或者责令退赔,对被害人的合法财产应当及时返还。对尚未追缴到案或者尚未足额退赔的违法所得,应当继续追缴或者责令退赔。（4）第 19 条规定，对贪污罪、受贿罪判处 3 年以下有期徒刑或者拘役的，应当并处 10 万元以上 50 万元以下的罚金；判处 3 年以上 10 年以下有期徒刑的，应当并处 20 万元以上犯罪数额 2 倍以下的罚金或者没收财产；判处 10 年以上有期徒刑或者无期徒刑的，应当并处 50 万元以上犯罪数额 2 倍以下的罚金或者没收财产。

四、行贿罪

各级各类科技研究人员，如果为谋取不正当利益，给予国家科技管理人员以财物的，则依法构成行贿罪。陈某甲贪污、行贿案（湖北省武汉市洪山区人民法院刑事判决书〔2014〕鄂洪山刑初字第 00983 号）①、陕西开达化工有限责任公司等贪污、受贿、单位行贿、受贿案（大连市中级人民法院刑事判决书〔2012〕大刑二初字第 64 号）；②《最高检通报保障和促进科技创新十大典型案例之九：“依法查办危害科技创新发展公平竞争环境的行贿犯罪”》③ 等，就是典型案例。

（一）行贿罪的概念和犯罪构成

根据《刑法》第 389 条的规定，行贿罪，是指为谋取不正当利益，给予国家工作人员以财物，情节严重的行为。

---

① 基本案情：被告人陈某甲，武汉理工大学汽车工程学院教师。2011 年至 2014 年期间，被告人陈某甲为承接旅游基础设施建设技术咨询项目，先后多次向湖北省发展和改革委员会社会发展处副处长欧某行贿现金人民币共计 99 000 元整。2011 年至 2014 年期间，被告人陈某甲为出具可行性研究报告，谋取不正当利益，先后多次向武汉理工大学设计研究院总工程师霍某行贿现金人民币 13 000 元整。此案湖北省武汉市洪山区人民法院初审认定为行贿罪。

② 因本案涉及法律关系复杂，涉案人员众多，案情太复杂，难以详细叙述案情，故这里仅摘要有关的判决书部分："陕西开达化工有限责任公司等贪污、受贿、单位行贿、行贿案"，经大连市中级人民法院审理，作出判决（刑事判决书〔2012〕大刑二初字第 64 号）认定："余某某、陈某某为谋取不正当利益，给予国家工作人员财物，侵犯了国有公司的正常工作秩序和国家的廉洁制度，均已构成行贿罪。"

③ 基本案情：2009 年 7 月至 8 月期间，原佛山市南海区科技信息局（后并入佛山市南海区经济和科技促进局）为建设和推广云计算中心及软件公共服务平台（以下简称云计算平台），向佛山市南海区人民政府申请追加科技经费人民币 600 万元及从 2010 年至 2012 年每年投入人民币 100 万元用于项目推广及本地企业扶持。2010 年 9 月至 2013 年 2 月期间，广东金宇恒科技有限公司作为云计算平台建设单位，在时任佛山市南海区科技信息局局长梁某某的帮助下，顺利收取人民币 600 万元项目经费。为感谢梁某某的帮助，以及让其在不符合条件情况下帮忙拨付每年人民币 100 万元扶持资金，郭某某（广东金宇恒科技有限公司法定代表人、董事长、总经理）先后七次送给梁某某共计人民币 16 万元。2013 年 4 月 11 日，广东省佛山市三水区人民检察院以涉嫌单位行贿罪依法对广东金宇恒科技有限公司及吴某某立案侦查。2014 年 3 月 17 日，三水区人民法院以单位行贿罪判处广东金宇恒科技有限公司罚金人民币 16 万元，判处郭某某有期徒刑 1 年零 6 个月，缓刑 3 年。"最高检通报保障和促进科技创新十大典型案例"，载《检察日报》2016 年 7 月 15 日。

本罪的犯罪构成是：

（1）客体要件是国家工作人员公务行为的廉洁奉公秩序。

（2）客观要件为行为人给予国家工作人员以财物的行为。

与受贿的形式相对应，行贿也分为两种情形：（1）行为人主动给予受贿人以财物。在这种情况下，无论行为人意图谋取的正当利益是否实现，均不影响行贿罪的成立。（2）行为人因国家工作人员索要而被动给予其财物。根据《刑法》第389条第3款，在这种情况下，如果没有获得不正当利益的，不构成行贿罪。只有行为人获得了不正当利益的，才构成行贿罪。

《刑法》第389条第1款并没有规定情节和数额，第2款也只是在对"在经济往来中，违反国家规定，给予国家工作人员以财物"的，才规定有"数额较大"这一要素。不过，根据《刑法》第13条的规定，行贿行为也必须达到严重的社会危害性程度才能构成犯罪。也就是说，虽然构成行贿罪没有明确的财物数额方面的要求，但行为人的行为也必须不属于《刑法》第13条所规定的但书的范畴。如果行为人行贿的情节显著轻微危害不大的，不构成行贿罪。依据2016年4月18日最高人民法院、最高人民检察院发布的《关于办理贪污贿赂刑事案件适用法律若干问题的解释》第7条的规定，为谋取不正当利益，向国家工作人员行贿，数额在3万元以上的，应当依照《刑法》第390条的规定以行贿罪追究刑事责任。"行贿数额在一万元以上不满三万元，具有下列情形之一的，应当依照《刑法》第390条的规定以行贿罪追究刑事责任：（1）向三人以上行贿的；（2）将违法所得用于行贿的；（3）通过行贿谋取职务提拔、调整的；（4）向负有食品、药品、安全生产、环境保护等监督管理职责的国家工作人员行贿，实施非法活动的；（5）向司法工作人员行贿，影响司法公正的；（5）造成经济损失数额在五十万元以上不满一百万元的。"

同时，《刑法》第389条第2款规定，在经济往来中，违反国家规定，给予国家工作人员以财物，数额较大的，或者违反国家规定，给予国家工作人员以各种名义的回扣、手续费的，也应以行贿论处。这种行贿必须符合以下几个条件：①发生在经济往来中。②违反国家规定，给予国家工作人员以财物，或者给予国家工作人员以各种名义的回扣、手续费。这里的"国家规定"，不仅包括全国人大及其常委会制定的法律和决定，还应包括国务院制定的行政法规、规章以及发布的决定、命令等。③必须达到"数额较大"。

（3）本罪的主体是一般主体，即年满16周岁、精神正常的自然人均能成为本罪的主体。科技工作人员也符合本罪主体要件。

（4）主观要件为犯罪故意，并且具有谋取不正当利益的犯罪目的。行为人的主观故意认识因素表现为：对行贿对象，也就是受贿人的身份有所认识。行为人认识到其行贿的对象是国家工作人员；行为人认识到自己的行贿行为可能会使国家工作人员违背职务，为自己谋取利益。意志因素，则表现为行为人对于国家工作人员接受贿赂并进而违背职务为自己谋取利益这一结果持追求或者放任的态度。

行贿罪的构成，在主观上还具有谋取不正当利益的目的。至于何为"不正当利益"，根据 1999 年最高人民法院、最高人民检察院《关于在办理受贿犯罪大要案的同时要严肃查处严重行贿犯罪分子的通知》以及《最高人民检察院关于人民检察院直接立案侦查案件立案标准的规定》，是指谋取违反法律、法规、国家政策和国务院各部门规章规定的利益以及"谋取违反法律、法规、国家政策和国务院各部门规章规定的帮助或者方便条件"。"不正当利益"包括：①非法利益，即违反法律、法规、国家政策和国务院各部门规章规定的利益；②要求他人或者单位提供违法的帮助或者方便条件所取得的利益。

（二）行贿罪认定的疑难问题

认定本罪，应注意以下两个问题：

1. 本罪与馈赠礼物的界限

从理论上讲，馈赠是一种民事赠予活动，不具有社会危害性；而行贿是一种犯罪活动，具有严重的社会危害性。二者在性质上完全不同。但在实践中，二者在形式上相当类似。犯罪人往往以馈赠为名行贿赂之实。这就需要正确界定行贿与馈赠，以免刑及无辜或者放纵犯罪。行贿与馈赠之间的本质区别在于，行为人给予对方财物的主观目的不同。馈赠的目的往往与对方的职务无关，没有谋求不正当利益的目的；而行贿则是以财物贿买对方，使之利用职务为自己谋取不正当利益。因此，区分二者，关键还是看行为人在给予国家工作人员礼物时，主观上是否有利用国家工作人员职务上的便利，为自己谋取不正当利益的犯罪目的。

2. 本罪与对公司、企业或其他单位人员行贿罪的界限

两者的区别主要在于：（1）犯罪主体不同。本罪只能由自然人实施；而对公司、企业人员行贿罪则既可以由自然人实施，也可以由单位实施。（2）犯罪客体要件和行贿的对象不同。本罪的客体要件是公务行为的廉洁性，行贿的对象只限于国家工作人员；而对公司、企业人员行贿罪侵犯的客体要件主要是公司、企业或其他单位的管理秩序，行贿的对象只能是公司、企业中除国家工作人员以外的工作人员。

（三）行贿罪的刑事责任

《刑法》第 390 条规定，对犯行贿罪的，处 5 年以下有期徒刑或者拘役；因行贿谋取不正当利益，情节严重的，或者使国家利益遭受重大损失的，处 5 年

以上 10 年以下有期徒刑；情节特别严重的，处 10 年以上有期徒刑或者无期徒刑，可以并处没收财产。行贿人在被追诉前主动交代行贿行为的，可以减轻处罚或者免除处罚。

关于这里的"情节严重"，依据 2016 年 4 月 18 日最高人民法院、最高人民检察院发布的《关于办理贪污贿赂刑事案件适用法律若干问题的解释》第 8 条的规定，犯行贿罪，具有下列情形之一的，应当认定为《刑法》第 390 条第 1 款规定的"情节严重"：（1）行贿数额在 100 万元以上不满 500 万元的；（2）行贿数额在 50 万元以上不满 100 万元，并具有本解释第 7 条第 2 款第 1 项至第 5 项规定的情形之一①的；（3）其他严重的情节。

关于这里的"使国家利益遭受重大损失"，该解释第 8 条第 2 款规定，为谋取不正当利益，向国家工作人员行贿，造成经济损失数额在 100 万元以上不满 500 万元的，应当认定为《刑法》第 390 条第 1 款规定的"使国家利益遭受重大损失"。

关于这里的"情节特别严重"，该解释第 9 条第 1 款规定，犯行贿罪，具有下列情形之一的，应当认定为《刑法》第 390 条第 1 款规定的"情节特别严重"：（1）行贿数额在 500 万元以上的；（2）行贿数额在 250 万元以上不满 500 万元，并具有本解释第 7 条第 2 款第 1 项至第 5 项规定的情形之一的；（3）其他特别严重的情节。

关于这里的"特别重大损失"，该解释第 9 条第 2 款规定为谋取不正当利益，向国家工作人员行贿，造成经济损失数额在 500 万元以上的，应当认定为《刑法》第 390 条第 1 款规定的"使国家利益遭受特别重大损失"。

行贿人在被追诉前主动交代行贿行为的，可以从轻或者减轻处罚。其中，犯罪较轻的，对侦破重大案件起关键作用的，或者有重大立功表现的，可以减轻或者免除处罚。

五、单位受贿罪

属于国家机关、国有公司、企业、事业单位、人民团体范畴的科技管理机构，如果利用科技管理职权，索取他人财物的或者非法收受他人财物，则依法构成单位受贿罪。

（一）单位受贿罪的概念和犯罪构成

根据《刑法》第 387 条的规定，单位受贿罪，是指国家机关、国有公司、

---

① 具体内容为："（1）向三人以上行贿的；（2）将违法所得用于行贿的；（3）通过行贿谋取职务提拔、调整的；（4）向负有食品、药品、安全生产、环境保护等监督管理职责的国家工作人员行贿，实施非法活动的；（5）向司法工作人员行贿，影响司法公正的。"

企业、事业单位、人民团体，索取、非法收受他人财物，为他人谋取利益，情节严重的行为。

本罪的犯罪构成是：

（1）客体要件是国有单位公务活动的廉洁性。

（2）客观要件为索取、非法收受他人财物，为他人谋取利益，情节严重的行为。在这里，无论是索取贿赂形式还是收受贿赂形式，都要求同时具备为他人谋取利益的要件（不同于受贿罪），而且必须是情节严重。所谓情节严重，根据 1999 年最高人民检察院的《关于人民检察院直接受理立案侦查案件立案标准的规定（试行）》，是指"（1）单位受贿数额在 10 万元以上的；（2）单位受贿数额不满 10 万元，但有下列情形之一的：故意刁难、要挟有关单位、个人，造成恶劣影响的；强行索取财物的；致使国家或者社会利益遭受重大损失的"。

同时，《刑法》第 387 条第 2 款规定，在经济往来中，在账外暗中收受各种名义的回扣、手续费，以受贿论。

（3）本罪的主体是国家机关、国有公司、企业、事业单位、人民团体。国家自然科学基金委、国家社科规划办、科协等项目主管机构，以及国有的科研单位，都具备本罪的主体资格。

（4）主观要件是直接故意，并且是为单位获取非法的利益。如果收受财物归自己所有的，则成立受贿罪。

（二）单位受贿罪的刑事责任

《刑法》第 387 条规定，国家机关、国有公司、企业、事业单位、人民团体，索取、非法收受他人财物，为他人谋取利益，情节严重的，对单位判处罚金，并对其直接负责的主管人员和其他直接责任人员，处 5 年以下有期徒刑或者拘役。

依据 2016 年 4 月 18 日最高人民法院、最高人民检察院发布的《关于办理贪污贿赂刑事案件适用法律若干问题的解释》第 19 条第 2 款规定，对刑法规定并处罚金的其他贪污贿赂犯罪，应当在 10 万元以上犯罪数额 2 倍以下判处罚金。

六、对单位行贿罪

任何科研单位、科技研究人员、科技管理人员，为谋取不正当科技利益，给予国家机关、国有公司、企业、事业单位、人民团体以财物的，依法认定为对单位行贿罪。

（一）对单位行贿罪的概念和犯罪构成

根据《刑法》第 391 条的规定，对单位行贿罪，是指单位或和个人为谋取不正当利益，给予国家机关、国有公司、企业、事业单位、人民团体以财物，或者在经济往来中，违反国家规定，给予前述单位各种名义的回扣、手续费的行为。

本罪的犯罪构成是：

（1）客体要件是国家机关或者国有单位公务活动的廉洁性。犯罪对象只能是国家机关、国有公司、企业、事业单位、人民团体。

（2）客观要件即为谋取不正当科技利益，给予国家机关、国有公司、企业、事业单位、人民团体以财物。首先，对单位行贿罪的行为有以下两种形式：一是给予国家机关、国有公司、企业、事业单位、人民团体以财物。这里的财物同样要扩张解释，包括物质性利益。二是在经济往来中，违反国家规定，给予前述单位各种名义的回扣、手续费的行为。其次，对单位行贿的行为必须达到情节严重的程度，才能构成犯罪。根据 1999 年最高人民检察院《关于人民检察院直接受理立案侦查案件立案标准的规定（试行）》，情节严重是指："（1）个人行贿数额在 10 万元以上、单位行贿数额在 20 万元以上的；（2）个人行贿数额不满 10 万元、单位行贿 10 万元以上不满 20 万元，但具有下列情形之一的：一是为谋取非法利益而行贿的；二是向 3 个以上单位行贿的；三是向党政领导、司法工作、行政执法行贿的；四是致使国家或者社会利益遭受重大损失的。"

（3）本罪的主体是一般主体，包括自然人或单位。任何科技研究人员、科技管理人员、科研机构，均具有本罪的犯罪主体资格。

（4）主观要件是犯罪故意，并且以谋取不正当利益为目的。

（二）对单位行贿罪的刑事责任

根据《刑法》第 391 条的规定，为谋取不正当利益，给予国家机关、国有公司、企业、事业单位、人民团体以财物的，或者在经济往来中，违反国家规定，给予各种名义的回扣、手续费的，处 3 年以下有期徒刑或者拘役，并处罚金。

单位犯前款罪的，对单位判处罚金，并对其直接负责的主管人员和其他直接责任人员，依照前款的规定处罚。

这里的罚金数额的确定，依据 2016 年 4 月 18 日最高人民法院、最高人民检察院发布的《关于办理贪污贿赂刑事案件适用法律若干问题的解释》第 19 条第 2 款，对刑法规定并处罚金的其他贪污贿赂犯罪，应当在 10 万元以上犯罪数额 2 倍以下判处罚金。

七、单位行贿罪

任何科研单位，如果为谋取不正当的科技利益而行贿，则构成单位行贿罪。唐德岭等贪污、行贿、单位行贿、受贿案（北京市高级人民法院刑事裁定书〔2018〕京刑终 80 号）①；陕西开达化工有限责任公司等贪污、受贿、单位行贿、受贿案（大连市中级人民法院刑事判决书〔2012〕大刑二初字第 64 号）②等，就是典型案例。

（一）单位行贿罪的概念和犯罪构成

根据《刑法》第 393 条的规定，单位行贿罪，是指单位为谋取不正当利益而行贿，或者违反国家规定，给予国家工作人员以回扣、手续费，情节严重的行为。

本罪的犯罪构成是：

（1）客体要件是国家工作人员职务行为的廉洁性。

（2）客观要件。首先，单位行贿有两种形式：①单位为谋取不正当利益而行贿；②单位违反国家规定，给予国家工作人员以回扣、手续费的行为。其次，单位行贿行为必须达到情节严重的程度，才能构成犯罪。根据 1999 年最高人民检察院《关于人民检察院直接受理立案侦查案件立案标准的规定（试行）》，情节严重是指："1. 单位行贿数额在 20 万元以上的；2. 单位为谋取不正当利益而行贿，数额在 10 万元以上不满 20 万元，但具有下列情形之一的：（1）为谋取非法利益而行贿的；（2）向 3 人以上行贿的；（3）向党政领导、司法工作人员、行政执法人员行贿的；（4）致使国家或者社会利益遭受重大损失的。"

（3）本罪的主体是任何所有制形式的单位。就科研机构而言，无论是事业编制还是企业性质，无论是公有制还是私营企业，均具有本罪的犯罪主体资格。

（4）主观要件是犯罪故意，并且具有谋取不正当利益的目的。

---

① 有关单位行贿的事实：被告人唐德岭在担任被告单位胜利油田汇泽石油技术有限公司（以下简称汇泽公司）法定代表人期间，于 2010 年至 2015 年间，为感谢中国石油天然气集团公司（以下简称中石油）科技管理部副主任、副总经理方某（另案处理）利用职务上的便利，为汇泽公司向中石油下属的中国石油集团长城钻探工程有限公司（以下简称长城钻探公司）等企业销售节油器谋取竞争优势，通过方某之妻魏某（另案处理），给予方某 8 万美元（折合人民币 501 080 元），给予方某之弟方某某（另案处理）人民币 159 万余元（以下未注明的币种均为人民币）。北京市第一中级人民法院判决认定胜利油田汇泽石油技术有限公司构成单位行贿罪。

② 因本案涉及法律关系复杂，涉案人员众多，案情太复杂，难以详细叙述案情，故这里仅摘要有关的判决书部分："陕西开达化工有限责任公司等贪污、受贿、单位行贿、行贿案"，经大连市中级人民法院审理，作出判决（〔2012〕大刑二初字第 64 号刑事判决书）认定："被告单位陕西开达化工有限责任公司、湖南东锐科贸有限公司等，为谋取不正当利益，给予国家工作人员财物，侵犯了国有公司的正常工作秩序和国家的廉洁制度，均已构成单位行贿罪。"

（二）单位行贿罪的刑事责任

《刑法》第393条规定，单位为谋取不正当利益而行贿，或者违反国家规定，给予国家工作人员以回扣、手续费，情节严重的，对单位判处罚金，并对其直接负责的主管人员和其他直接责任人员处5年以下有期徒刑或者拘役，并处罚金。

因行贿取得的违法所得归个人所有的，依照本法第389条、第390条的规定定罪处罚。

这里的罚金数额的确定，依据2016年4月18日最高人民法院、最高人民检察院发布的《关于办理贪污贿赂刑事案件适用法律若干问题的解释》第19条第2款，对刑法规定并处罚金的其他贪污贿赂犯罪，应当在10万元以上犯罪数额2倍以下判处罚金。

若是行贿取得的违法所得归个人所有，不定本罪而应依照行贿罪定罪处罚。

八、利用影响力受贿罪

有"影响力"的科技工作人员，如果利用其"影响力"，收受贿赂，数额较大或者有其他较重的情节的，则依法构成利用影响力受贿罪。

（一）利用影响力受贿罪的概念和犯罪构成

根据《刑法》第388条之一的规定，利用影响力受贿罪，是指国家工作人员的近亲属或者其他与该国家工作人员关系密切的人，通过该国家工作人员职务上的行为，或者利用该国家工作人员职权或者地位形成的便利条件，通过其他国家工作人员职务上的行为，为请托人谋取不正当利益，索取请托人财物或者收受请托人财物，数额较大或者有其他较重情节的行为；以及离职的国家工作人员或者其近亲属以及其他与其关系密切的人，利用该离职的国家工作人员原职权或者地位形成的便利条件实施前述的行为。

本罪的犯罪构成是：

（1）犯罪客体要件，国家工作人员职务行为的不可收买性、公正性。但因国家工作人员不知情（否则构成受贿罪共犯），因而与受贿罪不同，本罪的实质是与国家工作人员密切的关系人，利用国家工作人员的影响力，与请托人进行权钱交易。因此，利用影响力受贿行为会使社会公众对国家工作人员职务行为的不可收买性、公正性的信赖度降低。

（2）犯罪客观要件，即利用影响力收受贿赂，进行权钱交易，为请托人谋取不正当的利益，情节严重的行为。具体包括四种行为方式：

①国家工作人员的近亲属或者其他与该国家工作人员关系密切的人，通过该国家工作人员职务上的行为，为请托人谋取不正当利益，索取请托人财物或

者收受请托人财物，数额较大或者有其他较重情节的行为。

②国家工作人员的近亲属或者其他与该国家工作人员关系密切的人，利用该国家工作人员职权或者地位形成的便利条件，通过其他国家工作人员职务上的行为，为请托人谋取不正当利益，索取请托人财物或者收受请托人财物，数额较大或者有其他较重情节的行为。

③离职的国家工作人员利用该离职的国家工作人员原职权或者地位形成的便利条件，通过其他国家工作人员职务上的行为，为请托人谋取不正当利益，索取请托人财物或者收受请托人财物，数额较大或者有其他较重情节的行为。

④离职的国家工作人员的近亲属以及其他与其关系密切的人，利用该离职的国家工作人员原职权或者地位形成的便利条件，通过其他国家工作人员职务上的行为，为请托人谋取不正当利益，索取请托人财物或者收受请托人财物，数额较大或者有其他较重情节的行为。

上述行为的要点有三：一是利用国家工作人员的公职影响力进行权钱交易；二是为请托人谋取不正当的利益；三是收受财物数额较大或者有其他较重情节。

其中，这里的"不正当利益"，根据 1999 年最高人民法院、最高人民检察院《关于在办理受贿犯罪大要案的同时要严肃查处严重行贿犯罪分子的通知》以及《最高人民检察院关于人民检察院直接立案侦查案件立案标准的规定》附则规定：规定中有关贿赂罪案中的"谋取不正当利益"，是指谋取违反法律、法规、国家政策和国务院各部门规章规定的利益，以及谋取违反法律、法规、国家政策和国务院各部门规章规定的帮助或者方便条件。如果是请托人依法应当或者可能得到，但限于一定的条件而无法得到，或者暂时未能得到的利益，不属于不正当利益。即使采用送钱送物的手段得到了，也不应当视为不正当利益。这里"为请托人谋取不正当利益"，包括承诺（明示或者默示）为请托人谋取、正在为请托人谋取、已经为请托人谋取部分不正当利益、完全满足请托人的不正当利益这四种行为情形。

这里的财物，应然而言，应当对刑法规定"财物"作出修改，使贿赂包括财物和财产性利益，以及非财产性利益，而且，收取非财产性利益对于国家工作员职务行为廉洁性的侵犯也不亚于收取财物和财产性利益，所以，不仅物质性利益而且那些诱惑性强、腐蚀性大的一些非财产性利益如提供色情服务，应当纳入贿赂范围。但是，在刑法修改之前，我们只能将"物质性利益"解释为这里的"贿赂"，这是罪刑法定原则所允许的扩大解释，而不能将非财产性利益纳入贿赂范畴。

这里的数额较大或者有其他较重情节，2016 年 4 月 18 日最高人民法院、最高人民检察院发布的《关于办理贪污贿赂刑事案件适用法律若干问题的解释》第 10 条规定："《刑法》第 388 条之一规定的利用影响力受贿罪的定罪量刑适用标准，参照本解释关于受贿罪的规定执行。"据此，根据该"解释"第 1 条第 1 款的规定，贪污或者受贿数额在 3 万元以上不满 20 万元的，应当认定为《刑法》第 383 条第 1 款规定的"数额较大"，依法判处 3 年以下有期徒刑或者拘役，并处罚金。该解释的第 3 款规定：受贿数额在 1 万元以上不满 3 万元，具有前款第 2 项至第 6 项规定的情形之一，或者具有下列情形之一的，应当认定为《刑法》第 383 条第 1 款规定的"其他较重情节"，依法判处 3 年以下有期徒刑或者拘役，并处罚金：（1）多次索贿的；（2）为他人谋取不正当利益，致使公共财产、国家和人民利益遭受损失的；（3）为他人谋取职务提拔、调整的。

（3）本罪的主体要件，局限于自然人，单位不能构成本罪。就自然人而言，除了必须是年满 16 周岁且精神正常之外，还要求必须是：①国家工作人员的近亲属或者其他与该国家工作人员关系密切的人；②离职的国家工作人员或者其近亲属以及其他与其关系密切的人。按照《刑事诉讼法》第 106 条的规定，"近亲属"是指夫、妻、父、母、子、女、同胞兄弟姊妹。这里的"与其关系密切的人"，目前还没有法定的解释。2007 年最高人民法院、最高人民检察院《关于办理受贿刑事案件适用法律若干问题的意见》第 11 条曾经使用过"特定关系人"的概念：本意见所称"特定关系人"，是指"与国家工作人员有近亲属、情妇（夫）以及其他共同利益关系的人"。现行的法律没有采用"特定关系人"的表述，而是使用了"与其关系密切的人"，尽管这一术语的范围尚没有有权解释，但是可以肯定的是，"与其关系密切的人"是一个比"特定关系人"范围更为宽泛的概念。有学者认为，这里的"关系密切的人"可以包括与其有血缘关系、亲缘关系（亲戚、亲属），或者属于情妇、情夫、秘书、司机、同学、战友、同事、部下、上下级、老朋友、老邻居等。[①] 离职的国家工作人员，即由于退休、离休、辞职、辞退等原因离开了国家工作人员岗位的人。

（4）主观要件，是犯罪故意，具有索取或者收受请托人财物的目的。

（二）利用影响力受贿罪认定的疑难问题

1. 本罪与受贿罪的界限

区分的关键是：（1）犯罪主体不同。本罪的主体范围包括两大类：一类是

[①]　参见黄太云：《〈刑法修正案（七）〉对腐败犯罪相关条文的完善》，《中国检察官》，2009 年第 5 期。

国家工作人员的近亲属或者其他与该国家工作人员关系密切的人；另一类是离职的国家工作人员或者其近亲属以及其他与其关系密切的人。（2）行为方式有点差异。

2. 本罪与共同受贿罪的界限

本罪的行为人与被利用的国家工作人员没有意思联络，无共同受贿的犯罪故意。如果本罪的行为人与被利用的国家工作人员有意思联络，形成共同故意犯罪，则成立受贿罪的共犯。

（三）利用影响力受贿罪的刑事责任

根据《刑法》第388条之一的规定，国家工作人员的近亲属或者其他与该国家工作人员关系密切的人，通过该国家工作人员职务上的行为，或者利用该国家工作人员职权或者地位形成的便利条件，通过其他国家工作人员职务上的行为，为请托人谋取不正当利益，索取请托人财物或者收受请托人财物，数额较大或者有其他较重情节的，处三年以下有期徒刑或者拘役，并处罚金；数额巨大或者有其他严重情节的，处三年以上七年以下有期徒刑，并处罚金；数额特别巨大或者有其他特别严重情节的，处七年以上有期徒刑，并处罚金或者没收财产：

（1）这里的受贿数额较大或者有其他较重情节在前面的客观要件部分已经阐述。

（2）这里的受贿数额巨大或者有其他严重情节。根据前述2016年贪污贿赂刑事案件司法解释第2条第1款规定：贪污或者受贿数额在20万元以上不满300万元的，应当认定为《刑法》第383条第1款规定的"数额巨大"，依法判处3年以上10年以下有期徒刑，并处罚金或者没收财产。该条的第3款规定：受贿数额在10万元以上不满20万元，具有本解释第1条第3款规定的情形（多次索贿的；为他人谋取不正当利益，致使公共财产、国家和人民利益遭受损失的；为他人谋取职务提拔、调整的）之一的，应当认定为《刑法》第383条第1款规定的"其他严重情节"，依法判处3年以上10年以下有期徒刑，并处罚金或者没收财产。

（3）受贿数额特别巨大或者有其他特别严重情节的，处十年以上有期徒刑或者无期徒刑，并处罚金或者没收财产。前述2016年《贪污贿赂刑事案件司法解释》第3条第1款规定，贪污或者受贿数额在300万元以上的，应当认定为《刑法》第383条第1款规定的"数额特别巨大"，依法判处10年以上有期徒刑、无期徒刑或者死刑，并处罚金或者没收财产。该条第3款规定：受贿数额在150万元以上不满300万元，具有本解释第1条第3款规定的情形（多次索贿的；为他人谋取不正当利益，致使公共财产、国家和人民利益遭受损失的；

为他人谋取职务提拔、调整的）之一的，应当认定为《刑法》第 383 条第 1 款规定的"其他特别严重情节"，依法判处十年以上有期徒刑、无期徒刑或者死刑，并处罚金或者没收财产。

此外，2016 年 4 月 18 日发布的贪污贿赂刑事案件司法解释还有如下规定：（1）第 15 条对多次受贿未经处理的，累计计算受贿数额。国家工作人员利用职务上的便利为请托人谋取利益前后多次收受请托人财物，受请托之前收受的财物数额在 1 万元以上的，应当一并计入受贿数额。（2）第 18 条规定，贪污贿赂犯罪分子违法所得的一切财物，应当依照《刑法》第 64 条的规定予以追缴或者责令退赔，对被害人的合法财产应当及时返还。对尚未追缴到案或者尚未足额退赔的违法所得，应当继续追缴或者责令退赔。（3）第 19 条规定，对贪污罪、受贿罪判处 3 年以下有期徒刑或者拘役的，应当并处 10 万元以上 50 万元以下的罚金；判处 3 年以上 10 年以下有期徒刑的，应当并处 20 万元以上犯罪数额 2 倍以下的罚金或者没收财产；判处 10 年以上有期徒刑或者无期徒刑的，应当并处 50 万元以上犯罪数额 2 倍以下的罚金或者没收财产。

"离职的国家工作人员或者其近亲属以及其他与其关系密切的人，利用该离职的国家工作人员原职权或者地位形成的便利条件实施前款行为的，依照前款的规定定罪处罚。"

九、对有影响力的人行贿罪

任何科技工作人员或者科技单位，如果为谋取不正当的科技利益，给有影响力的人以行贿，情节严重的，则依法构成对有影响力的人行贿罪。

（一）对有影响力的人行贿罪的概念和犯罪构成

根据《刑法》第 390 条之一的规定，对有影响力的人行贿罪，是指自然人或者单位为谋取不正当利益，向国家工作人员的近亲属或者其他与该国家工作人员关系密切的人，或者向离职的国家工作人员或者其近亲属以及其他与其关系密切的人行贿，情节严重的行为。

对有影响力的人行贿罪的犯罪构成是：

（1）犯罪客体要件，即国家工作人员职务行为的不可收买性、公正性。

（2）客观要件，即为谋取不正当利益，向国家工作人员的近亲属或者其他与该国家工作人员关系密切的人，或者向离职的国家工作人员或者其近亲属以及其他与其关系密切的人行贿，情节严重的行为。

这里的"为谋取不正当利益""国家工作人员的近亲属或者其他与该国家工作人员关系密切的人""离职的国家工作人员或者其近亲属以及其他与其关

系密切的人"的含义，与前述"利用影响力受贿罪"相同。这里的"行贿"和"贿赂"，与前述"行贿罪"相同。

本罪的入罪标准，这里的数额较大或者有其他较重情节，2016 年 4 月 18 日最高人民法院、最高人民检察院发布的《关于办理贪污贿赂刑事案件适用法律若干问题的解释》第 10 条第 2 款、第 3 款规定："《刑法》第 390 条之一规定的对有影响力的人行贿罪的定罪量刑适用标准，参照本解释关于行贿罪的规定执行。单位对有影响力的人行贿数额在二十万元以上的，应当依照《刑法》第 390 条之一的规定以对有影响力的人行贿罪追究刑事责任。"

（3）主体条件，年满 16 周岁且精神正常的自然人和单位都具有本罪主体资格。

科技工作人员和科技机构，也具有本罪的主体资格。

（4）主观要件，是犯罪故意，并具有谋取不正当利益的目的。

（二）对有影响力的人行贿罪的刑事责任

根据《刑法》第 390 条之一的规定，为谋取不正当利益，向国家工作人员的近亲属或者其他与该国家工作人员关系密切的人，或者向离职的国家工作人员或者其近亲属以及其他与其关系密切的人行贿的，处 3 年以下有期徒刑或者拘役，并处罚金；情节严重的，或者使国家利益遭受重大损失的，处 3 年以上 7 年以下有期徒刑，并处罚金；情节特别严重的，或者使国家利益遭受特别重大损失的，处 7 年以上 10 年以下有期徒刑，并处罚金。

依据 2016 年 4 月 18 日最高人民法院、最高人民检察院发布的《关于办理贪污贿赂刑事案件适用法律若干问题的解释》第 8 条，犯行贿罪，具有下列情形之一的，应当认定为《刑法》第 390 条第 1 款规定的"情节严重"：（1）行贿数额在 100 万元以上不满 500 万元的；（2）行贿数额在 50 万元以上不满 100 万元，并具有本解释第 7 条第 2 款第 1 项至第 5 项规定的情形之一①的；（3）其他严重的情节。

关于这里的"使国家利益遭受重大损失"，该解释第 8 条第 2 款规定，为谋取不正当利益，向国家工作人员行贿，造成经济损失数额在 100 万元以上不满 500 万元的，应当认定为《刑法》第 390 条第 1 款规定的"使国家利益遭受重大损失"。

关于这里的"情节特别严重"，该解释第 9 条第 1 款规定，犯行贿罪，具有

---

① 具体内容为："（1）向三人以上行贿的；（2）将违法所得用于行贿的；（3）通过行贿谋取职务提拔、调整的；（4）向负有食品、药品、安全生产、环境保护等监督管理职责的国家工作人员行贿，实施非法活动的；（5）向司法工作人员行贿，影响司法公正的。"

下列情形之一的，应当认定为《刑法》第 390 条第 1 款规定的"情节特别严重"：（1）行贿数额在 500 万元以上的；（2）行贿数额在 250 万元以上不满 500 万元，并具有本解释第 7 条第 2 款第 1 项至第 5 项规定的情形之一的；（3）其他特别严重的情节。

关于这里的"特别重大损失"，该解释第 9 条第 2 款规定为谋取不正当利益，向国家工作人员行贿，造成经济损失数额在 500 万元以上的，应当认定为《刑法》第 390 条第 1 款规定的"使国家利益遭受特别重大损失"。

行贿人在被追诉前主动交代行贿行为的，可以从轻或者减轻处罚。其中，犯罪较轻的，对侦破重大案件起关键作用的，或者有重大立功表现的，可以减轻或者免除处罚。

单位犯前款罪的，对单位判处罚金，并对其直接负责的主管人员和其他直接责任人员，处 3 年以下有期徒刑或者拘役，并处罚金。

没有谋取不正当利益，因被勒索而行贿的，不构成犯罪。

第三节 侵害税收法律秩序的犯罪

科技研究人员，如果为了少缴税款、虚开增值税专用发票、用于骗取出口退税、抵扣税款发票罪、虚开普通发票，侵害税收法律秩序，情节严重，则依法构成侵害税收法律秩序的科技犯罪。这一类犯罪主要包括：逃税罪、虚开增值税专用发票、用于骗取出口退税、抵扣税款发票罪、虚开发票罪等。

一、逃税罪

科技研究人员和科技单位作为纳税人，如果在科技研发活动中采取欺骗、隐瞒手段进行虚假纳税申报或者不申报，逃避缴纳税款，情节严重，则依法构成逃税罪。

（一）逃税罪的概念和犯罪构成

根据《刑法》第 201 条的规定，逃税罪，是指负有纳税义务和扣缴义务的自然人或单位，故意违反国家税收法规，采取欺骗、隐瞒手段进行虚假纳税申报或者不申报，逃避缴纳税款数额较大并且占应纳税额 10% 以上，或者扣缴义务人采取前款所列手段，不缴或者少缴已扣、已收税款，数额较大，或者是 5 年内因逃避缴纳税款受过刑事处罚或者被税务机关给予 2 次以上行政处罚又逃税的行为。

本罪的犯罪构成是：

（1）客体要件是国家的税收管理秩序。

（2）客观要件是行为人违反国家税收法律法规，采取欺骗、隐瞒手段进行虚假纳税申报或者不申报，逃避缴纳税款数额较大并且占应纳税额 10% 以上，或者扣缴义务人采取前款所列手段，不缴或者少缴已扣、已收税款，数额较大或者是 5 年内因逃避缴纳税款受过刑事处罚或者被税务机关给予 2 次以上行政处罚又逃税的行为。具体而言有三种情形：

①纳税人进行虚假纳税申报或者不申报，逃避缴纳税款数额较大并且占应纳税额 10% 以上。这里的纳税人，是指法律法规规定的负有纳税义务的个人和单位。实践中，纳税人往往伪造、变造、隐匿、擅自销毁账簿、记账凭证，在账簿上多列支出或者不列、少列收入，进行虚假的申报，或者根本不申报。构成逃税罪则要求逃税行为的情节严重，即逃避缴纳税款数额较大并且占应纳税额 10% 以上。这里的数额较大，根据最高人民检察院 2010 年发布的《关于公安机关管辖的刑事案件立案追诉标准（二）》第 57 条的规定，是 5 万元以上。

②扣缴义务人采取前款所列手段，不缴或者少缴已扣、已收税款，数额较大的。这里的扣缴义务人，是指法律法规规定的负有代扣代缴、代收代缴税款义务的单位或者个人。值得注意的是，立法只要求逃税数额较大即可，不要求逃税数额应占应缴税额的 10% 以上。

③根据《刑法》第 204 条第 2 款，纳税人缴纳税款后，采取前款规定的欺骗方法，骗取所缴纳的税款的，依照逃税罪定罪处罚。这里的入罪门槛仍然是逃避缴纳税款数额较大并且占应纳税额 10% 以上。

（3）主体要件是依法负有纳税义务的纳税人和负有代扣代缴、代收代缴税款义务的扣缴义务人，包括单位和自然人。科技研发人员，一般都是高级知识分子，属于高收入阶层，所以，相对于一般公民而言，触犯该罪名的概率较大。

（4）主观要件是犯罪故意。因过失造成少缴或者不缴税款的，不构成犯罪。

（二）逃税罪认定的疑难问题

1. 逃税罪的罪与非罪的界限

按照《刑法》第 201 条、《税收征收管理法》第 63 条和最高人民法院《关于审理偷税抗税刑事案件具体应用法律若干问题的解释》的规定，罪与非罪的界限，可从以下几个方面加以把握：

（1）从逃税额看，凡逃税额总数不足 5 万元且逃税不足应纳税额 10% 的，都属于一般逃税违法行为；只有逃税额占应纳额 10% 以上且逃税额在 5 万元以上的，才构成逃税罪。

（2）纳税人有逃税行为，经税务机关依法下达追缴通知后，补缴应纳税款，缴纳滞纳金，已受行政处罚的，不予追究刑事责任；但是，5 年内因逃避缴纳税款受过刑事处罚或者被税务机关给予 2 次以上行政处罚又逃税除外。

2. 逃税与漏税、欠税的界分

逃税是故意地弄虚作假以逃避纳税义务的行为。漏税是指纳税单位或者个人因为粗心大意、错用税率、漏报项目、不计应税数量销售总额和经营利润等情况，非故意地发生漏交或者少缴税款的行为，客观上也没有弄虚作假的情况。欠税是指纳税人既没有逃税意图，也没有弄虚作假，而是因为法定的原因，不能如期交税，欠缴税款的行为，如经营不善，或者资金周转暂时困难等原因，暂时无力交税等。

（三）逃税罪的刑事责任

《刑法》第 201 条规定，纳税人采取欺骗、隐瞒手段进行虚假纳税申报或者不申报，逃避缴纳税款数额较大并且占应纳税额 10% 以上的，处 3 年以下有期徒刑或者拘役，并处罚金；数额巨大并且占应纳税额 30% 以上的，处 3 年以上 7 年以下有期徒刑，并处罚金。

这里的"逃税数额巨大"，司法实践参照 2002 年最高人民法院《关于审理骗取出口退税刑事案件具体应用法律若干问题的解释》的规定，是指逃税数额在 50 万元以上。

对多次实施逃税行为，未经处理的，按照累计数额计算。

"有第 1 款行为，经税务机关依法下达追缴通知后，补缴应纳税款，缴纳滞纳金，已受行政处罚的，不予追究刑事责任；但是，五年内因逃避缴纳税款受过刑事处罚或者被税务机关给予二次以上行政处罚的除外。"对于理解这一规定，注意以下几点：

（1）这一规定仅适用于纳税人，对扣缴义务人不适用。

（2）一般情况下，经税务机关依法下达追缴通知后，纳税人只要补缴应纳税款，缴纳滞纳金，已受行政处罚的，不予追究刑事责任。但是，5 年内因逃避缴纳税款受过刑事处罚或者被税务机关给予 2 次以上行政处罚的除外，即这种情形仍应追究刑事责任。

（3）这种情形的入罪门槛仍然是逃避缴纳税款数额较大（司法解释是 5 万元以上）并且占应纳税额 10% 以上。

《刑法》第 212 条规定，判处罚金刑、没收财产的，先追缴税款，再执行罚金刑、没收财产。

前述的立案标准规定，纳税人在公安机关立案后再补缴应纳税款、缴纳滞纳金或者接受行政处罚的，不影响刑事责任的追究。

《刑法》第 211 条规定，单位犯本罪的，对单位判处罚金，并对其直接负责的主管人员和其他直接责任人员，依照上述规定处罚。

二、虚开增值税专用发票、用于骗取出口退税、抵扣税款发票罪

各类科技研发人员和科技单位，如果虚开增值税专用发票、用于骗取出口退税、抵扣税款发票，情节严重的，则依法构成虚开增值税专用发票、用于骗取出口退税、抵扣税款发票罪。陈某某等贪污、虚开增值税发票案（山东省济南市中级人民法院刑事判决书〔2017〕鲁 01 刑终 14 号）①；刘某平贪污罪案（山东省高级人民法院刑事裁定书〔2014〕鲁刑二终字第 53 号）②，都涉及虚开发票问题。

（一）虚开增值税专用发票、用于骗取出口退税、抵扣税款发票罪的概念和犯罪构成

根据《刑法》第 205 条的规定，虚开增值税专用发票、用于骗取出口退税、抵扣税款发票罪，是指单位或者个人违反国家专用发票管理规定，故意地为他人虚开、为自己虚开、让他人为自己虚开、介绍他人虚开增值税专用发票或者用于骗取出口退税、抵扣税款发票的行为。

---

① 基本案情：山东大学系事业法人，山东大学医学院系山东大学下属二级机构，成立有山东大学医学院神经生物学研究所（以下简称研究所）等内设机构。被告人陈某某 2006 年 1 月 1 日至 2010 年 12 月 31 日被山东大学聘为"泰山学者"特聘教授。2011 年经山东省考核优秀，纳入二期管理，聘期自 2011 年 3 月 1 日至 2016 年 3 月 1 日。2010 年 3 月 1 日至 2013 年 2 月 28 日被山东大学聘为"长江学者"特聘教授。于 2005 年 12 月被山东大学聘为教授，2006 年 10 月 23 日担任研究所所长。陈某某在担任研究所所长和科研项目负责人期间，利用审批科研项目经费的职务便利，于 2011 年上半年，安排研究所负责经费报销和试剂采购工作的被告人耿某虚开发票套取科研经费。此案中被告人于 2011 年 7 月、2012 年 5 月多次虚开发票，判决书认定："本案中，研究所存在上诉人陈某某安排原审被告人耿某通过虚开发票的方式套取科研经费，由耿某保管于耿某名下个人银行账户并由陈某某决定支出的惯常做法。"因被告人多次虚开发票的行为作为贪污的手段行为，也就是说，陈某某的虚开发票犯罪与贪污罪构成牵连犯，依照刑法理论，应该从一重罪而处断，而不能数罪并罚，故最终认定为其构成贪污罪。

② 基本案情：山东大学系国有事业单位，所属实验动物中心系该大学副处级单位，被告人刘某平自 2002 年 9 月任实验动物中心主任。2003 年 11 月 3 日，山东大学成立山东大学新药评价中心（以下简称药评中心），刘某平任副主任，主持该中心工作，负责该中心日常行政管理、科研经费的支出、试剂耗材及设备采购、合同制工人工资的发放等相关费用报销的签字审核等全面工作。被告人张某光系药评中心通过济南和诺人力资源服务有限公司劳务派遣的方式聘任的员工，自 2004 年 1 月任药评中心行政管理部主管，负责药评中心的日常管理、合同制员工的工资发放和药评中心实验动物、试剂耗材、设备的采购及相关费用的报销等工作。被告人尹某圣系山东大学实验动物中心实验师。2009 年 3 月至 2012 年 3 月，被告人刘某平在担任药评中心副主任及科研项目负责人期间，利用职务上的便利，单独或指使被告人张某光、尹某圣，采取虚开发票的方式，多次套取山东大学公款共计 9 211 970 元。此案经济南市中级人民法院初审认定为贪污罪，山东省高级人民法院终审裁定维持原判。需要说明的是，因其虚开发票行为作为贪污的手段行为，也就是说，刘某平的虚开发票犯罪与贪污罪构成牵连犯，依照刑法理论，应该从一重罪而处断，而不能数罪并罚，故最终认定为构成贪污罪。

本罪的犯罪构成是：

（1）客体要件是国家对增值税发票和其他专用发票的管理秩序。

本罪的犯罪对象是增值税专用发票或者用于骗取出口退税、抵扣税款发票。增值税是对生产、销售商品或者提供服务过程中实现的法定增值额征收税款的一个税种，是一种流转税。增值税专用发票，是指国家根据增值税征收管理的需要设定的，兼记价款及货物或者劳务所负担的增值税税额的一种专用发票。出口退税、抵扣税款的其他发票，是指除增值税发票以外的，具有出口退税、抵扣税款功能的收付款凭证或者完税凭证，如农产品收购发票、废旧物品收购发票、运输发票。

本罪的增值税专用发票或者用于骗取出口退税、抵扣税款发票，不限于真实的，伪造的发票也包括在内。

（2）客观要件为实施了虚开增值税专用发票、用于骗取出口退税、抵扣税款发票的行为。

首先，关于虚开。即开具了与经营活动或者服务的实际内容不实的发票。这里的虚开增值税专用发票或者虚开用于骗取出口退税、抵扣税款的其他发票，是指有为他人虚开、为自己虚开、让他人为自己虚开、介绍他人虚开行为之一。1996年10月17日最高人民法院印发《关于适用〈全国人民代表大会常务委员会关于惩治虚开、伪造和非法出售增值税专用发票犯罪的决定〉的若干问题的解释》的通知（法发〔1996〕30号）第1条规定，具有下列情形之一的，属于"虚开增值税专用发票"：①没有货物购销或者没有提供或接受应税劳务而为他人、为自己、让他人为自己、介绍他人开具增值税专用发票；②有货物购销或者提供或接受了应税劳务但为他人、为自己、让他人为自己、介绍他人开具数量或者金额不实的增值税专用发票；③进行了实际经营活动，但让他人为自己代开不实的增值税专用发票。

其次，虚开增值税专用发票、用于骗取出口退税、抵扣税款发票的入罪数额有一个最低限度。根据2014年11月27日《最高人民法院研究室关于如何适用法发〔1996〕30号司法解释数额标准问题的电话答复》——参照《最高人民法院关于审理骗取出口退税刑事案件具体应用法律若干问题的解释》（2002年9月9日最高人民法院审判委员会第1241次会议通过）的规定，骗取国家税款5万元以上应当依法定罪判刑。

（3）主体要件，对于自然人，任何年满16周岁且精神正常的均具有犯罪主体资格。单位也可以构成本罪。

（4）主观要件是犯罪故意。行为人对虚开增值税专用发票、用于骗取出口退税、抵扣税款发票有明确的认识，并且希望或者放任骗取国家税款。

（二）虚开增值税专用发票、用于骗取出口退税、抵扣税款发票罪的刑事责任

《刑法》第 205 条规定，虚开增值税专用发票或者虚开用于骗取出口退税、抵扣税款的其他发票的，处 3 年以下有期徒刑或者拘役，并处 2 万元以上 20 万元以下罚金；虚开的税款数额较大或者有其他严重情节的，处 3 年以上 10 年以下有期徒刑，并处 5 万元以上 50 万元以下罚金；虚开的税款数额巨大或者有其他特别严重情节的，处 10 年以上有期徒刑或者无期徒刑，并处 5 万元以上 50 万元以下罚金或者没收财产。

"数额较大"，根据 2014 年 11 月 27 日《最高人民法院研究室关于如何适用法发〔1996〕30 号司法解释数额标准问题的电话答复》第 3 条的规定，骗取国家税款 50 万元以上应当依法定罪判刑。"其他严重情节"，根据 2014 年 11 月 27 日《最高人民法院研究室关于如何适用法发〔1996〕30 号司法解释数额标准问题的电话答复》——参照《最高人民法院关于审理骗取出口退税刑事案件具体应用法律若干问题的解释》（2002 年 9 月 9 日最高人民法院审判委员会第 1241 次会议通过）第 4 条的规定，具有下列情形之一的，属于《刑法》第 204 条规定的"其他严重情节"：（1）造成国家税款损失 30 万元以上并且在第一审判决宣告前无法追回的；（2）因骗取国家出口退税行为受过行政处罚，两年内又骗取国家出口退税款数额在 30 万元以上的；（3）情节严重的其他情形。

"数额巨大"，根据 2014 年 11 月 27 日《最高人民法院研究室关于如何适用法发〔1996〕30 号司法解释数额标准问题的电话答复》第 3 条的规定，骗取国家税款 250 万元以上应当依法定罪判刑。"其他特别严重情节"，根据 2014 年 11 月 27 日《最高人民法院研究室关于如何适用法发〔1996〕30 号司法解释数额标准问题的电话答复》——参照《最高人民法院关于审理骗取出口退税刑事案件具体应用法律若干问题的解释》（2002 年 9 月 9 日最高人民法院审判委员会第 1241 次会议通过）第 5 条的规定，具有下列情形之一的，属于《刑法》第 204 条规定的"其他特别严重情节"：（1）造成国家税款损失 150 万元以上并且在第一审判决宣告前无法追回的；（2）因骗取国家出口退税行为受过行政处罚，两年内又骗取国家出口退税款数额在 150 万元以上的；（3）情节特别严重的其他情形。

单位犯本条规定之罪的，对单位判处罚金，并对其直接负责的主管人员和其他直接责任人员，处 3 年以下有期徒刑或者拘役；虚开的税款数额较大或者有其他严重情节的，处 3 年以上 10 年以下有期徒刑；虚开的税款数额巨大或者有其他特别严重情节的，处 10 年以上有期徒刑或者无期徒刑。

《刑法》第 212 条规定，犯本罪被判处罚金、没收财产的，在执行前，应当先由税务机关追缴税款和所骗取的出口退税款。

三、虚开发票罪

任何科技研究人员和科技单位，如果为套取科技经费，虚开其他发票，情节严重，则依法构成虚开发票罪。

（一）虚开发票罪的概念和犯罪构成

根据《刑法》第 205 条之一的规定，虚开发票罪，是指违反国家税收管理法律，虚开增值税专用发票、用于骗取出口退税、抵扣税款发票以外的其他发票，情节严重的行为。

本罪的犯罪构成是：

（1）犯罪客体要件是国家的税收征收管理秩序。犯罪对象即普通发票，是指除了虚开增值税专用发票、用于骗取出口退税、抵扣税款发票之外的其他发票。

（2）客观要件是虚开普通发票，并且情节严重的行为。这里的情节严重，依据 2011 年《最高人民检察院、公安部关于公安机关管辖的刑事案件立案追诉标准的规定（二）的补充规定》第 2 条的规定，虚开增值税专用发票、用于骗取出口退税、抵扣税款发票以外的其他发票，涉嫌下列情形之一的，应予立案追诉：①虚开发票 100 份以上或者虚开金额累计在 40 万元以上的；②虽未达到上述数额标准，但 5 年内因虚开发票行为受过行政处罚 2 次以上，又虚开发票的；③其他情节严重的情形。

（3）主体要件，对于自然人，任何年满 16 周岁且精神正常的均具有犯罪主体资格。单位也是可以构成本罪。

（4）主观要件是犯罪故意。行为人对虚开的是增值税专用发票、用于骗取出口退税、抵扣税款发票之外的发票有明确的认识，并且希望或者放任骗取被国家税款。

（二）虚开发票罪的刑事责任

《刑法》第 205 条之一的规定：

"虚开本法第 205 条规定以外的其他发票，情节严重的，处二年以下有期徒刑、拘役或者管制，并处罚金；情节特别严重的，处二年以上七年以下有期徒刑，并处罚金。这里的情节特别严重，还没有相应的司法解释。

"单位犯前款罪的，对单位判处罚金，并对其直接负责的主管人员和其他直接责任人员，依照前款的规定处罚。"

《刑法》第 212 条规定，犯本罪被判处罚金、没收财产的，在执行前，应当先由税务机关追缴税款和所骗取的出口退税款。

第四节　科技管理渎职罪

一、滥用职权罪

具有国家工作人员身份的科技管理人员和科技研发人员，如果滥用职权，擅权妄为，损害国家科技利益，情节严重，则依法构成滥用职权罪。梁某某滥用职权、受贿案（广东省佛山市中级人民法院刑事判决书〔2014〕佛中法刑二终字第 141 号)①，就是典型案例。

（一）滥用职权罪的概念和犯罪构成

根据《刑法》第 397 条的规定，滥用职权罪是指国家机关工作人员超越职权，违法决定、处理其无权决定、处理的事项，或者违反规定处理公务，致使公共财产、国家和人民利益遭受重大损失的行为。

本罪的犯罪构成是：

（1）客体要件是国家机关的正常管理活动秩序。这里的国家机关包括国家权力机关、行政机关、司法机关、军事机关、监察机关等等。这里的国家机关的正常管理活动秩序，是指国家机关根据宪法和法律的规定为正确执行国家对内、对外职能所进行的管理各项国家事务的活动秩序。不同的国家机关管理着不同的社会公共事务，不同的工作岗位又有其不同的职权。各级各类国家机关根据宪法和法律的规定代表国家行使政治、经济、文化等方面的基本职能。这些职能的正常行使，是实现国家各项任务的重要保证。国家工作人员应当在各自的职责范围内依法履行职责，不得滥用职权。如果滥用职权，任意处理公务，就会破坏国家机关的正常活动秩序，损害国家机关的声誉，并使公共财产、国

---

① 审理查明：上诉人梁某某在 2010 年至 2011 年担任佛山市科技信息局局长、佛山市南海区经济和科技促进局常务副局长期间，为了帮助罗某某的佛山市新航发动力技术有限公司（以下简称"新航发公司"）获取科技扶持资金，指示副局长欧阳某某（另案处理）安排科技管理科科长邓某某（另案处理）协助罗某某进行申请。梁某某违反相关规定，未对新航发公司提供的"项目申报书"等相关资料的真实性、投入资金、经济实力和研发能力进行审核，遂审批同意"关于安排碳化硅陶瓷基复合材料技术及高效节能高速电机系统产业化项目科技经费的请示"，并将该文件报给佛山市南海区人民政府，申请划拨 200 万元科技经费给新航发公司。佛山市南海区财政局针对上述请示文件提出进行项目现场勘察等意见，梁某某未对该意见加以认真研究落实，且梁某某考虑上述项目系唐某乙所推荐，从而积极向区政府主管领导争取拨付该笔资金，使新航发公司在不符合条件的情况下获取 200 万元的科技经费，该公司已使用该资金达 195.476875 万元，致使国家财政资金遭受重大损失。故依法认定梁某某构成滥用职权罪。见"最高检通报保障和促进科技创新十大典型案例"，载《检察日报》2016 年 7 月 15 日。

家和人民利益遭受重大损失。危害国家机关的正常管理活动秩序是本罪的本质之所在。本罪的犯罪对象主要是公共财产或者公民的人身、财产等。

（2）客观要件为国家工作人员滥用职权，致使公共财产、国家和人民利益遭受重大损失的行为。具体有两方面的内容。

首先，行为人有滥用职权的行为。滥用职权的行为主要表现为以下几种情况：一是超越职权，擅自决定或处理没有具体决定、处理权限的事项；二是玩弄职权，随心所欲地对事项作出决定或者处理；三是故意不履行应当履行的职责，或者说任意放弃职责；四是以权谋私、假公济私，不正确地履行职责。

其次，行为人滥用职权的行为造成了公共财产或者国家和人民利益遭受重大损失的严重后果。这里有两个要点：一是滥用职权行为导致了重大损失。根据2012年12月7日发布的《最高人民法院、最高人民检察院关于办理渎职刑事案件适用法律若干问题的解释（一）》（以下简称《渎职案件解释一》）第1条的规定，国家机关工作人员滥用职权（第397条）涉嫌下列情形之一的，应予立案：①造成死亡1人以上，或者重伤3人以上，或者轻伤9人以上，或者重伤2人、轻伤3人，或者重伤1人、轻伤6人以上的；②造成经济损失30万元以上的；③造成恶劣社会影响的；④其他致使公共财产、国家和人民利益遭受重大损失的情形。二是滥用职权行为与重大损失之间必须具有刑法上的因果关系。否则，即便有滥用职权行为，也不构成滥用职权罪。

（3）主体要件，除了要求是自然人年满16周岁且精神正常之外，还要求为国家机关工作人员。国家机关工作人员，是指在国家机关中从事公务的人员，不包括在国家机关中从事劳务的人员。根据2002年12月28日全国人大常委会通过的《关于〈中华人民共和国刑法〉第九章渎职罪主体适用问题的解释》，在依照法律、法规规定行使国家行政管理职权的组织中从事公务的人员，或者在受国家机关委托代表国家机关行使职权的组织中从事公务的人员，或者虽未列入国家机关人员编制但在国家机关中从事公务的人员，在代表国家机关行使职权时，有渎职行为，构成犯罪的，依照刑法关于渎职罪的规定追究刑事责任。根据前述2012年12月《渎职案件解释一》第7条的规定，依法或者受委托行使国家行政管理职权的公司、企业、事业单位的工作人员，在行使行政管理职权时滥用职权，构成犯罪的，应当依照《关于〈中华人民共和国刑法〉第九章渎职罪主体适用问题的解释》的规定，适用渎职罪的规定追究刑事责任。对于以"集体研究"形式实施的渎职犯罪，应当依照分则第9章的规定追究国家机关负有责任的人员的刑事责任。对于具体执行人员，应当在综合认定其行为性质、是否提出反对意见、危害结果大小等情节的基础上决定是否追究刑事责任和应当判处的刑罚。

具有国家工作人员身份的科技研发人员和科技管理人员具备本罪的主体要件。

（4）主观要件是犯罪故意，既可以是直接故意，也可以是间接故意，多数是间接故意。其故意的内容是行为人明知自己滥用职权的行为会发生公共财产、国家和人民利益遭受重大损失的后果，而希望或者放任该危害结果的发生。

（二）滥用职权罪认定的疑难问题

1. 罪与非罪的界限

滥用职权罪以造成重大损失为构成要件，只有造成的损失达到了重大程度的，才能按犯罪处理。国家工作人员在职权范围内严格依照法定的程序和权限处理事务，却因规定本身的不足等原因而导致发生重大损失后果的，属于意外事件，仍然不能以犯罪处理。

2. 滥用职权罪与特殊滥用职权犯罪的界限

《刑法》第 397 条第 1 款后段规定："本法另有规定的，依照规定。"根据这一规定，《刑法》第 397 条规定的滥用职权罪是用来处理一般滥用职权犯罪行为的。鉴于发生在不同领域、由不同主体实施的滥用职权行为的社会危害程度不同，为使法律的规定更加具体和更具可操作性，《刑法》除在第 397 条第 1 款规定了普通的滥用职权罪外，还在其他条文中将某些特定的滥用职权行为规定为独立的犯罪，不以普通的滥用职权罪处罚。因此，司法实践中，要注意这种普通法条与特殊法条的竞合关系。

（三）滥用职权罪的刑事责任

《刑法》第 397 条规定，国家机关工作人员滥用职权或者玩忽职守，致使公共财产、国家和人民利益遭受重大损失的，处 3 年以下有期徒刑或者拘役；情节特别严重的，处 3 年以上 7 年以下有期徒刑。国家机关工作人员徇私舞弊，犯滥用职权罪的，处 5 年以下有期徒刑或者拘役；情节特别严重的，处 5 年以上 10 年以下有期徒刑。本法另有规定的，依照规定。

这里的"情节特别严重"，根据前述 2012 年 12 月的《渎职案件解释一》第 1 条的规定，国家机关工作人员滥用职权，具有下列情形之一的，应当认定为《刑法》第 397 条规定的"情节特别严重"，（1）造成伤亡达到前款第 1 项规定人数 3 倍以上的；（2）造成经济损失 150 万元以上的；（3）造成前款规定的损失后果，不报、迟报、谎报或者授意、指使、强令他人不报、迟报、谎报事故情况，致使损失后果持续、扩大或者抢救工作延误的；（4）造成特别恶劣社会影响的；（5）其他特别严重的情节。

该条第 2 款规定，国家机关工作人员徇私舞弊，犯前款罪的，处 5 年以下有期徒刑或者拘役。这里的"徇私舞弊"是量刑的情节。有"徇私舞弊"情节的，法定刑升格。2006 年《最高人民检察院关于渎职侵权犯罪案件立案标准的规定》（高检发释字〔2006〕2 号）规定：本规定中的"徇私舞弊"，是指国家机关工作人员为徇私情、私利，故意违背事实和法律，伪造材料，隐瞒情况，弄虚作假的行为。国家机关工作人员为了本单位的利益，实施滥用职权行为，构成犯罪的，应依照《刑法》第397条第1款的规定定罪处罚。

这里的"本法另有规定的，依照规定"，是指国家机关工作人员实施滥用职权或者玩忽职守犯罪行为，触犯《刑法》分则第9章第398条至第419条规定的，依照该规定定罪处罚。国家机关工作人员滥用职权或者玩忽职守，因不具备徇私舞弊等情形，不符合分则第9章第398条至第419条规定，但依法构成第397条规定的犯罪的，以滥用职权罪或者玩忽职守罪定罪处罚。

国家机关工作人员实施渎职犯罪并收受贿赂，同时构成受贿罪的，除《刑法》第399条的规定外，以渎职犯罪和受贿罪数罪并罚。国家机关工作人员与他人共谋，利用其职务行为帮助他人实施其他犯罪行为，同时构成渎职犯罪和共谋实施的其他犯罪共犯的，依照处罚较重的规定定罪处罚。

国家机关工作人员与他人共谋，既利用其职务行为帮助他人实施其他犯罪，又以非职务行为与他人共同实施该其他犯罪行为，同时构成渎职犯罪和其他犯罪的共犯的，依照数罪并罚的规定定罪处罚。

国家机关工作人员利用职权侵吞、骗取公共财物，亦具有滥用职权的性质，如果因其贪污行为又致使其他公共财产、国家和人民利益遭受重大损失，则同时触犯滥用职权罪与贪污罪，属想象竞合，宜择一重罪处罚。

二、玩忽职守罪

具有国家工作人员身份的科技管理人员和科技研发人员，如果玩忽职守，懒政不作为，情节严重，则依法构成玩忽职守罪。《最高检通报保障和促进科技创新十大典型案例之8："依法惩治国家工作人员利用审批、监管职权妨害科技创新的职务犯罪"》[①] 等，就是典型案例。

---

① 基本案情：2008年至2013年3月期间，邓某某先后任职广东省佛山市南海区科技信息局科技管理科科长、该局副局长，利用经手、审批科技项目的便利，在广东某科技股份有限公司等多家企业向南海区科技局申报认定资格、申报项目过程中，收受陈某、周某、卢某、崔某、王某等人红包、好处费共计人民币106.2万元，为相关公司、人员谋取利益。梁某某任职南海区科技信息局局长和南海区经济和科技促进局常务副局长期间，在佛山市新航发动力有限公司申请科技扶持资金时不按照要求履行审批职责，帮助该公司向南海区政府申请200万元人民币科技扶持资金，且后续没有按照规定监督该笔资金的使用情况，造成国家财政资金损失的严重后果。此外，梁某某还利用职务之便，非法收受何某某、郭某某、崔某某、吴某等人赠送公司股份和钱物共计人民币44万元。2013年3月15日，广东省佛山市南海区人民检察院以涉嫌玩忽职守、受贿罪依法对邓某某立案侦查。2014年6月9日，南海区人民法院以玩忽职守罪、受贿罪判处邓某某有期徒刑6年零6个月，没收违法所得106.2万元。"最高检通报保障和促进科技创新十大典型案例"，载《检察日报》，2016年7月15日。

（一）玩忽职守罪的概念与犯罪构成

根据《刑法》第397条的规定，玩忽职守罪是指国家机关工作人员严重不负责任，不履行或者不正确履行职责，致使公共财产、国家和人民利益遭受重大损失的行为。

本罪的犯罪构成是：

（1）客体要件是国家机关的正常管理活动秩序。任何一个国家机关工作人员，都应当恪尽职守，勤勉履职，完成国家机关赋予的任务。一切擅离职守的不履行职责行为或马虎草率的不认真履行职责的行为，都是对国家机关工作人员职务活动勤政性原则的侵犯，从而危害到国家机关的正常管理活动秩序。

（2）客观要件为行为人玩忽职守，致使公共财产或者国家和人民利益遭受重大损失的行为。具体包括两方面的内容。首先，行为人实施了玩忽职守行为。所谓玩忽职守，是指国家机关工作人员严重不负责任，不履行或者不正确履行职责。玩忽职守具体表现为：一是不履行职责，即没有实施其职务上所要求实施的行为，如工作极端不负责任，草率行事，搪塞敷衍，不执行有关规章制度等；二是擅离职守，即在执行职务期间，违背其职责义务，擅自脱离工作岗位，撒手不管；三是未尽职责，即虽有履行其职责的行为，但没有彻底履行。玩忽职守行为一般表现为不作为。其次，行为人玩忽职守造成公共财产或者国家和人民利益遭受了重大损失的严重后果。这里有两个要点：一是玩忽职守行为导致了重大损失。是否造成了公共财产、国家和人民利益的重大损失，是区分玩忽职守罪与一般玩忽职守行为的界限。如果玩忽职守行为没有造成损失，或者虽然造成了损失，但损失尚未达到重大程度，那就属于一般玩忽职守行为，不能以玩忽职守罪追究行为人的刑事责任，而只能依据有关政策和法律的规定，追究其他法律责任或者给予行为人党纪政纪处理。根据2012年12月7日发布的《渎职案件解释一》第1条的规定，国家机关工作人员玩忽职守（第397条）涉嫌下列情形之一的，应予立案：①造成死亡1人以上，或者重伤3人以上，或者轻伤9人以上，或者重伤2人、轻伤3人以上，或者重伤1人、轻伤6人以上的；②造成经济损失30万元以上的；③造成恶劣社会影响的；④其他致使公共财产、国家和人民利益遭受重大损失的情形。二是玩忽职守行为与重大损失之间必须具有刑法上的因果关系。否则，即便有玩忽职守行为，但重大损失不是玩忽职守行为造成的，故不构成玩忽职守罪。

（3）主体要件，除了自然人年满16周岁且精神正常之外，还要求为国家机关工作人员。国家机关工作人员是指在国家机关中从事公务的人员，不包括在国家机关中从事劳务的人员。根据2002年12月28日全国人大常委会通过的

《关于〈中华人民共和国刑法〉第九章渎职罪主体适用问题的解释》，在依照法律、法规规定行使国家行政管理职权的组织中从事公务的人员，或者在受国家机关委托代表国家机关行使职权的组织中从事公务的人员，或者虽未列入国家机关人员编制但在国家机关中从事公务的人员，在代表国家机关行使职权时，有渎职行为，构成犯罪的，依照刑法关于渎职罪的规定追究刑事责任。根据前述 2012 的司法解释《渎职案件解释一》第 7 条的规定，依法或者受委托行使国家行政管理职权的公司、企业、事业单位的工作人员，在行使行政管理职权时玩忽职守，构成犯罪的，应当依照《全国人民代表大会常务委员会关于〈中华人民共和国刑法〉第九章渎职罪主体适用问题的解释》的规定，适用渎职罪的规定追究刑事责任。国家机关负责人员违反决定，或者指使、授意、强令其他国家机关工作人员违法履行职务或者不履行职务，构成分则第 9 章规定的渎职犯罪的，应当依法追究刑事责任。对于以"集体研究"形式实施的渎职犯罪，应当依照分则第 9 章的规定追究国家机关负有责任的人员的刑事责任。对于具体执行人员，应当在综合认定其行为性质、是否提出反对意见、危害结果大小等情节的基础上决定是否追究刑事责任和应当判处的刑罚。

科技研发人员和科技管理人员属于上述范围的，具备本罪的主体要件，可以构成犯罪。

（4）主观要件为犯罪过失，即行为人应当预见自己对工作严重不负责，不履行或者不正确履行职责的行为，有可能使公共财产、国家和人民利益遭受重大损失，但却因疏忽大意而没有预见，或者虽然已经预见到该危害结果可能会发生，但却轻信可以避免，以致发生了造成严重损失的危害结果。行为人主观上是否有过失，不仅是区分玩忽职守罪与滥用职权罪的一个关键，也是区分玩忽职守行为与工作失误的界限。所谓工作失误，是行为人由于政策不明确、业务能力和水平有限等原因，以致决策不当，从而造成公共财产、国家和人民利益损失的行为。在这种情况下，行为人主观上没有犯罪的过失，而是想把工作做好，但实际上事与愿违。工作失误与玩忽职守有本质的区别，对此不能按玩忽职守罪处理。

（二）玩忽职守罪认定的疑难问题

1. 罪与非罪的界限

玩忽职守罪与一般玩忽职守行为区分的关键在于是否造成了公共财产或者国家和人民利益的重大损失。如果玩忽职守的行为只造成了一般的损失，则按一般的违法、违纪行为处理，不以玩忽职守罪处罚。只有造成了重大损失的，才可能构成玩忽职守罪。

2. 玩忽职守罪与滥用职权罪的界限

玩忽职守罪与滥用职权罪有很多相似之处，二者都规定在刑法的同一个条文中，犯罪的主体都是国家机关工作人员，犯罪的客观方面都要求造成了公共财产或者国家和人民利益的重大损失。它们的区别表现在：第一，客观要件不同，玩忽职守罪通常表现为不作为，滥用职权罪只能表现为作为。第二，主观要件不同，玩忽职守罪是过失，滥用职权罪是故意。

3. 普通玩忽职守罪与特殊玩忽职守的犯罪的界限

《刑法》第397条第1款规定："本法另有规定的，依照规定。"根据这一规定，《刑法》第397条规定的玩忽职守罪是用来处理一般玩忽职守的犯罪行为的。鉴于发生在不同领域、由不同主体实施的玩忽职守罪行为的社会危害程度不同，为使法律的规定更加具体和更具可操作性，刑法还在其他条文中将某些特定的玩忽职守行为规定为独立的犯罪，不以普通的玩忽职守罪处罚。因此，要注意这种普通法条与特别法条的竞合关系。根据2006年7月26日公布的《最高人民检察院关于渎职侵权犯罪案件立案标准的规定》，主体不符合《刑法》第9章所规定的特殊渎职罪的主体要件，但其玩忽职守应以犯罪论处的，按照《刑法》第397条的规定以玩忽职守罪追究刑事责任。

（三）玩忽职守罪的刑事责任

《刑法》第397条规定，国家机关工作人员玩忽职守，致使公共财产、国家和人民利益遭受重大损失的，处3年以下有期徒刑或者拘役；情节特别严重的，处3年以上7年以下有期徒刑。本法另有规定的，依照规定。

国家机关工作人员徇私舞弊，犯前款罪的，处5年以下有期徒刑或者拘役；情节特别严重的，处5年以上10年以下有期徒刑。本法另有规定的，依照规定。

这里的情节严重，根据前述2012年的《渎职案件解释一》第1条的规定，国家机关工作人员玩忽职守，具有下列情形之一的，应当认定为《刑法》第397条规定的"情节特别严重"，（1）造成伤亡达到前款第1项规定人数3倍以上的；（2）造成经济损失150万元以上的；（3）造成前款规定的损失后果，不报、迟报、谎报或者授意、指使、强令他人不报、迟报、谎报事故情况，致使损失后果持续、扩大或者抢救工作延误的；（4）造成特别恶劣社会影响的；（5）其他特别严重的情节。

这里的"徇私舞弊"是量刑的情节。有"徇私舞弊"情节的，法定刑升格。根据2003年11月13日最高人民法院《全国法院审理经济犯罪案件工作座谈会纪要》的内容，此处的"徇私舞弊"，应理解为徇个人私情、私利。国家机关工作人员为了本单位的利益，实施玩忽职守行为，构成犯罪的，应依照《刑法》第397条第1款的规定定罪处罚。

侵害社会法益的科技犯罪

第一节　非国家工作人员科技腐败、渎职的犯罪

除了"国有公司、企业事业单位、人民团体"之外的其他公司、企业或者其他单位的科技工作人员，都属于非国家工作人员，如果有腐败、渎职行为，情节严重的，则构成相应的科技犯罪。本节讨论非国家工作人员受贿罪、对非国家工作人员行贿罪、职务侵占罪、挪用资金罪等。

一、非国家工作人员受贿罪

在横向课题立项、科技合作和课题结项等管理环节，具有非国家工作人员身份的科技研发人员、科技管理人员（如非"国有公司、企业或者其他单位"的工作人员等），如果利用职务上的便利，索取他人财物或者非法收受他人的财物，为他人谋取利益，情节严重的，则依法构成非国家工作人员受贿罪。王某某非国家工作人员受贿案（上海市浦东新区人民法院刑事判决书〔2008〕浦刑初字第 2108 号）①，就是典型案例。

（一）非国家工作人员受贿罪的概念和犯罪构成

根据《刑法》第 163 条规定，非国家工作人员受贿罪，是指公司、企业或者其他单位的工作人员利用职务上的便利，索取他人财物或者非法收受他人的财物，为他人谋取利益，数额较大的

---

① 法院审理认为，被告人王某某作为公司工作人员，利用职务上的便利，非法收受他人贿赂，为他人谋取利益，数额较大，其行为已构成非国家工作人员受贿罪。判决如下：一、被告人王某某犯非国家工作人员受贿罪，判处有期徒刑一年，缓刑一年。（缓刑考验期限，从判决确定之日起计算。）二、追缴的赃款人民币一万六千五百元，应予没收。

行为。公司、企业或者其他单位的工作人员利用职务上的便利，在经济往来中，违反国家规定，收受各种名义的回扣、手续费，归个人所有的，按照非国家工作人员受贿罪定罪处罚。

本罪的犯罪构成是：

（1）客体要件是公司、企业或者其他单位业务活动的廉洁秩序；在索贿的情况下，还包括他人的所有权。

（2）客观要件，即公司、企业或者其他单位的工作人员利用职务上的便利，索取他人财物或者非法收受他人的财物，为他人谋取利益，数额较大的行为。首先，行为方式有二：一是行为人利用职务上的便利，实施了索取或者收受贿赂的行为；二是公司、企业或者其他单位的工作人员利用职务上的便利，在经济往来中，违反国家规定收受各种名义的回扣、手续费的行为。这里的利用职务上的便利，即公司、企业或者其他单位的工作人员利用自己职务上主管、经管、负责或者参与某项工作的职务上的便利条件。这里的"索取贿赂"，是指公司、企业或者其他单位的工作人员以为他人谋取利益为条件，向他人索要财物的行为。这里的"收受贿赂"，是指公司、企业或者其他单位的工作人员利用其职务上的便利，接受他人主动送予的财物的行为。其次，这里的为他人谋取利益，也要做扩张解释：既包括为他人谋取合法利益，也包括为他人谋取非法利益。只要行为人承诺、着手或者完成了为他人谋利的行为，均可认为具备了为他人谋取利益的要件。最后，行为人实施上述索取或者非法收受贿赂行为，必须达到数额较大，才能构成犯罪。2016 年 4 月 18 日最高人民法院、最高人民检察院发布的《关于办理贪污贿赂刑事案件适用法律若干问题的解释》第 11 条第 1 款规定：《刑法》第 163 条规定的非国家工作人员受贿罪、第 271 条规定的职务侵占罪中的"数额较大""数额巨大"的数额起点，按照本解释关于受贿罪、贪污罪相对应的数额标准规定的二倍、五倍执行。由此，本罪的数额较大，是指受贿数额在 6 万元以上 100 万元以下。

（3）本罪的主体是特殊主体，包括公司、企业或者其他单位的工作人员。1997 年修订的《刑法》规定的本罪主体范围是"公司、企业的工作人员"，2006 年《刑法修正案（六）》将其扩展至公司、企业以外的"其他单位的工作人员"。所谓"公司的工作人员"，具体是指有限责任公司、股份有限公司的董事、监事或职工。"企业的工作人员"，是指企业中非国家工作人员的职工，包括各种所有制成分的企业中非国家工作人员的行政人员、业务人员和其他受聘从事企业事务的人员。"其他单位的工作人员"，是指公司、企业的工作人员以外的其他单位的工作人员，如事业单位的医生、银行职员。

具体而言，根据最高人民法院、最高人民检察院关于办理商业贿赂刑事案件适用法律若干问题的意见》（法发〔2008〕33 号）的下述内容："二、刑法第 163 条、第 164 条规定的"其他单位"，既包括事业单位、社会团体、村民委员会、居民委员会、村民小组等常设性的组织，也包括为组织体育赛事、文艺演出或者其他正当活动而成立的组委会、筹委会、工程承包队等非常设性的组织。三、《刑法》第 163 条、第 164 条规定的"公司、企业或者其他单位的工作人员"，包括国有公司、企业以及其他国有单位中的非国家工作人员。"

由此，科技研发人员、科技管理人员、科技机构，均具有本罪的犯罪主体资格。

（4）主观要件是犯罪故意。在认识因素上，认识到对方给其财物，是为了利用其职务谋取利益，该财物是其职务行为的不正当报酬；在意志因素上，行为人或者具有索贿强行收受贿赂的意志，或者具有利用其职务之便收受贿赂，才为他人谋取利益的意志。

（二）本罪与受贿罪的界限

二者的主观要件都是犯罪故意，客观要件均有利用职务上的便利索取，或者非法收受他人财物的行为，这是相同或者相似的。其主要区别是：（1）犯罪客体要件不同。受贿罪的客体是国家工作人员职务行为的不可收买性，本罪的客体是公司、企业工作人员职务行为的不可收买性。（2）客观要件有差异。受贿罪的索贿不以为他人谋取利益为要件，只有收受贿赂的受贿形式才以为他人谋取利益为必备要件；本罪则无论是索取贿赂还是收受贿赂，均以为他人谋取利益为必备要件。（3）犯罪主体不同。受贿罪的主体是国家工作人员；本罪的主体是不具有国家工作人员身份的公司、企业或其他单位的工作人员。

（三）非国家工作人员受贿罪的刑事责任

《刑法》第 163 条规定（根据《刑法修正案（六）》修订），公司、企业或者其他单位的工作人员利用职务上的便利，索取他人财物或者非法收受他人财物，为他人谋取利益，数额较大的，处 5 年以下有期徒刑或者拘役；数额巨大的，处 5 年以上有期徒刑，可以并处没收财产。

这里的数额巨大，2016 年 4 月 18 日最高人民法院、最高人民检察院发布的《关于办理贪污贿赂刑事案件适用法律若干问题的解释》，是指受贿数额在100 万元以上。

公司、企业或者其他单位的工作人员在经济往来中，利用职务上的便利，违反国家规定，收受各种名义的回扣、手续费，归个人所有的，依照前款的规定处罚。

二、对非国家工作人员行贿罪

任何科技研发人员、科技管理人员或者科技单位，如果在横向课题管理中，为谋取不正当利益，给非国家工作人员以贿赂，情节严重的，则依法构成对非国家工作人员行贿罪。

（一）对非国家工作人员行贿罪的概念和犯罪构成

根据《刑法》第 164 条第 1 款规定，对非国家工作人员行贿罪，是指为谋取不正当利益，给予公司、企业或者其他单位的工作人员等非国家工作人员以财物，数额较大的行为。

本罪的犯罪构成是：

（1）客体要件是公司、企业或者其他单位中的非国家工作人员职务行为的廉洁性。

（2）客观要件是给予公司、企业或者其他单位工作人员以财物，数额较大的行为。给予财物，既可以是行为人主动送给，又可以是应公司、企业或者其他单位工作人员的要求、索取而被动给予。这里的财物应该扩张解释，包括物质性利益。这里的数额较大，2016 年 4 月 18 日最高人民法院、最高人民检察院发布的《关于办理贪污贿赂刑事案件适用法律若干问题的解释》，是指行贿数额在 6 万元以上 200 万元以下。

（3）本罪的主体是一般主体，自然人及单位均可构成本罪。所以，任何科技研发人员、科技管理人员，以及科技单位，也都具有本罪的犯罪主体资格。

（4）主观要件是犯罪故意，且为直接故意。其目的则是为了使公司、企业或者其他单位工作人员利用其职务之便为自己谋取不正当利益。不正当利益，是指违反法律、法规、国家政策和国务院各部门规章规定的利益，以及要求公司、企业或者其他单位工作人员提供违反法律、法规、国家政策或者国务院各部门规章的帮助或者方便条件所获得的利益。至于谋取的不正当利益是否实现，则对本罪成立没有影响。如果没有谋取不正当利益的企图，而是为了得到自己的正当利益，即使给予了公司、企业或者其他单位工作人员一定财物，也不能构成本罪。

（二）对非国家工作人员行贿罪的刑事责任

《刑法》第 164 条（根据《刑法修正案（六）》修订）规定，为谋取不正当利益，给予公司、企业或者其他单位的工作人员以财物，数额较大的，处三年以下有期徒刑或者拘役；数额巨大的，处三年以上十年以下有期徒刑，并处罚金。

这里的数额巨大，2016 年 4 月 18 日最高人民法院、最高人民检察院发布的《关于办理贪污贿赂刑事案件适用法律若干问题的解释》，是指行贿数额在 200 万元以上。

这里的罚金数额的确定，依据 2016 年 4 月 18 日最高人民法院、最高人民检察院发布的《关于办理贪污贿赂刑事案件适用法律若干问题的解释》第 19 条第 2 款规定，对刑法规定并处罚金的其他贪污贿赂犯罪，应当在十万元以上犯罪数额二倍以下判处罚金。

单位犯本罪的，对单位判处罚金，并对其直接负责的主管人员和其他直接责任人员，依照上述规定处罚。

行贿人在被追诉前主动交代行贿行为的，可以减轻处罚或者免除处罚。

第二节　侵犯知识产权的犯罪

科技工作人员（包括研发人员和管理人员）本身是知识和技术的创造者，同时，也是由于职业的特点，他们也最容易侵犯别人的知识产权，如果情节严重的，则构成相应的科技犯罪。本节讨论侵犯著作权罪、假冒专利罪、侵犯商业秘密罪。

一、侵犯著作权罪

任何人，包括任何科技研工作人员和科技机构，如果侵犯他人的著作权，情节严重的，则构成侵犯著作权罪。北京某某鸿运公司等侵犯著作权案（北京市通州区人民法院刑事判决书〔2016〕京 0112 刑初 22 号）[1]；《最高检通报保障和促进科技创新十大典型案例之 2："依法惩治侵犯著作权犯罪加大对网络侵权盗版犯罪打击力度"》[2] 等，即是典型案例。

---

[1] 北京市通州区人民法院审理，认为，"被告单位双华鸿运公司、千下电子公司以营利为目的，未经著作权人华创证券公司许可，通过信息网络传播华创证券公司的文字作品，情节严重，其行为构成侵犯著作权罪；被告人王×1 作为上述两被告单位直接负责的主管人员，其行为亦构成侵犯著作权罪；上述两被告单位及被告人王×1 依法均应予惩处。北京市通州区人民检察院指控被告单位双华鸿运公司、千下电子公司、被告人王×1 犯侵犯著作权罪罪名成立。"摘自"北京某某鸿运公司等侵犯著作权案等侵犯著作权案"（北京市通州区人民法院刑事判决书〔2016〕京 0112 刑初 22 号）。

[2] 基本案情：自 2013 年 11 月起，被告人何某凯等人运营"笑傲江湖"私服并通过销售元宝（游戏币）营利，玩家充值元宝的方法是通过购买盛大一卡通，移动、联通、电信电话卡，通过第三方支付平台"易宝平台"进行充值，易宝平台扣除手续费后进行结算划款。据易宝平台出具的交易明细，被告人何利凯在易宝支付平台上所使用的商户进款总额共计人民币 31 万余元。2015 年 11 月 2 日，海淀区人民法院以侵犯著作权罪判处被告人何利凯等三人有期徒刑三年至二年不等，适用缓刑，各并处罚金人民币十六万元至十万元不等。参见"最高检通报保障和促进科技创新十大典型案例"，载《检察日报》2016 年 7 月 15 日。

（一）侵犯著作权罪的概念和犯罪构成

根据《刑法》第 217 条规定，侵犯著作权罪，是指以营利为目的，未经著作权人或者与著作权有关的权益人许可，复制发行其文字、音乐、电视、录像、计算机软件及其他作品；出版他人享有专有出版权的图书；或者未经制作者许可复制发行其制作的录音录像作品；制作、出售假冒他人署名的美术作品，违法所得数额较大或者有其他严重情节的行为。

本罪的犯罪构成是：

（1）客体要件，既包括国家的著作权管理秩序，又包括他人的著作权和与著作权有关的权益。所谓"著作权"，也称"版权"，是作者或其他著作权人对其创作出来的文学、艺术和科学作品所依法享有的专有权利。根据《著作权法》的规定，著作权包括以下五个方面的人身权和财产权：发表权、署名权、修改权、保护作品完整权、使用权和获得报酬权；与著作权有关的权益主要是指出版者、表演者、录音录像制作者等拥有的著作邻接权。侵犯著作权罪即是对上述著作权和与著作权有关权益的直接侵犯。

本罪的犯罪对象是他人的作品、图书、录音、录像制品和他人署名的美术作品。所谓"作品"，是指人们借以表现自己思想、情感的文学、艺术和科学方面的智力成果。"图书"，是指作品经出版者编辑加工、版式设计、封面设计等技术处理并排版、印刷、装订后予以发行的书刊出版物。"录音录像制品"，是指任何有声音的原始录制品或电影、电视、录像作品以外的任何有伴音或者无伴音的连续相关形象的原始录制品。"他人署名的美术作品"，是指自己或请人制作而在其上面冒署其他人姓名的美术作品。如果侵犯的对象不属于上述范围的，则不构成本罪。

（2）客观要件是违反著作权保护、管理法律、法规，有下列侵犯著作权情形之一，违法所得数额较大或者有其他严重情节的行为：①未经著作权人许可，复制发行其作品；②出版他人享有专有出版权的图书；③未经录音录像制作者许可，复制发行其音像制品；④制作、销售假冒他人署名的美术作品。

这里的"未经著作权人许可"，是指没有得到著作权人授权或者伪造、涂改著作权人授权许可文件或者超出授权许可范围的情形。

根据 2004 年 12 月 22 日最高人民法院、最高人民检察院《关于审理非法出版物刑事案件具体应用法律若干问题的解释》和 2007 年 4 月 4 日《最高人民法院、最高人民检察院关于办理侵犯知识产权刑事案件具体应用法律若干问题的解释（二）》的规定，这里的"复制发行"，包括复制、发行或者既复制又发行，是指行为人以营利为目的，未经著作权人许可而实施的复制、发行或者既复制又发行其文字作品、音乐、电影、电视、录像作品、计算机软件及其他作品的行为。非法出版、复制、发行他人作品，侵犯著作权构成犯罪的，按照侵犯著作权罪定罪处罚。侵权产品的持有人通过广告、征订等方式推销侵权产品的，属于这里的"发行"。通过信息网络向公众传播他人文字作品、音乐、电影、电视、录像作品、计算机软件及其他作品，或者通过信息网络传播他人制作的录音录像制品的行为，应当视为本条规定的"复制发行"。侵权产品的持有人通过广告、征订等方式推销侵权产品的，属于本条规定的"发行"。

这里的违法所得数额较大或者有其他严重情节。违法所得数额，是指非法获利数额。根据2004年《最高人民法院、最高人民检察院关于办理侵犯知识产权刑事案件具体应用法律若干问题的解释》第5条规定：以营利为目的，实施《刑法》第217条所列侵犯著作权行为之一，违法所得数额在3万元以上的，属于"违法所得数额较大"；具有下列情形之一的，属于"有其他严重情节"，应当以侵犯著作权罪判处3年以下有期徒刑或者拘役，并处或者单处罚金：①非法经营数额在5万元以上的；②未经著作权人许可，复制发行其文字作品、音乐、电影、电视、录像作品、计算机软件及其他作品，复制品数量合计在一千张（份）以上的；③其他严重情节的情形。

2007年4月4日《最高人民法院、最高人民检察院关于办理侵犯知识产权刑事案件具体应用法律若干问题的解释（二）》第1条规定：以营利为目的，未经著作权人许可，复制发行其文字作品、音乐、电影、电视、录像作品、计算机软件及其他作品，复制品数量合计在500张（份）以上的，属于《刑法》第217条规定的"有其他严重情节"；复制品数量在2500张（份）以上的，属于《刑法》第217条规定的"有其他特别严重情节"。

2008年最高人民检察院、公安部《关于公安机关管辖的刑事案件立案追诉标准的规定（一）》（公通字〔2008〕36号）第26条规定，以营利为目的，未经著作权人许可，复制发行其文字作品、音乐、电影、电视、录像作品、计算机软件及其他作品，或者出版他人享有专有出版权的图书，或者未经录音、录像制作者许可，复制发行其制作的录音、录像，或者制作、出售假冒他人署名的美术作品，涉嫌下列情形之一的，应予立案追诉：①违法所得数额3万元以上的；②非法经营数额5万元以上的；③未经著作权人许可，复制发行其文字作品、音乐、电影、电视、录像作品、计算机软件及其他作品，复制品数量合计500张（份）以上的；④未经录音录像制作者许可，复制发行其制作的录音录像制品，复制品数量合计500张（份）以上的；⑤其他情节严重的情形。

本条规定的"非法经营数额"，是指行为人在实施侵犯知识产权行为过程中，制造、储存、运输、销售侵权产品的价值。已销售的侵权产品的价值，按照实际销售的价格计算。制造、储存、运输和未销售的侵权产品的价值，按照标价或者已经查清的侵权产品的实际销售平均价格计算。侵权产品没有标价或者无法查清其实际销售价格的，按照被侵权产品的市场中间价格计算。

（3）主体要件是任何年满 16 周岁且精神正常的人均可构成本罪。单位也可构成本罪。科技工作人员和科技单位，作为高级知识分子和专门从事知识的生产者，相对于一般公民而言，若不自觉，触犯该罪名的概率较大。

（4）主观要件是犯罪故意，并且具有营利的目的。前述立案标准第 26 条还提示：以刊登收费广告等方式直接或者间接收取费用的情形，属于本条规定的"以营利为目的"。行为人出于过失，如误认为他人作品已过保护期而复制发行，或虽系故意，但出于追求名誉等非营利目的的，则不能构成本罪。

（二）侵犯著作权罪的刑事责任

《刑法》第 217 条规定，以营利为目的，侵犯著作权，违法所得数额较大或者有其他严重情节的，处 3 年以下有期徒刑或者拘役，并处或者单处罚金；违法所得数额巨大或者有其他特别严重情节的，处 3 年以上 7 年以下有期徒刑，并处罚金。

其中，"违法所得数额巨大或者有其他特别严重情节"是加重情节。根据 2004《最高人民法院、最高人民检察院关于办理侵犯知识产权刑事案件具体应用法律若干问题的解释》第 1 条第 2 款规定，以营利为目的，实施《刑法》第 217 条所列侵犯著作权行为之一，违法所得数额在 15 万元以上的，属于"违法所得数额巨大"；具有下列情形之一的，属于"有其他特别严重情节"，应当以侵犯著作权罪判处 3 年以上 7 年以下有期徒刑，并处罚金：①非法经营数额在 25 万元以上的；②未经著作权人许可，复制发行其文字作品、音乐、电影、电视、录像作品、计算机软件及其他作品，复制品数量合计在 5000 张（份）以上的；③其他特别严重情节的情形。

2007 年 4 月 4 日《最高人民法院、最高人民检察院关于办理侵犯知识产权刑事案件具体应用法律若干问题的解释（二）》第 3 条规定，侵犯知识产权犯罪，符合刑法规定的缓刑条件的，依法适用缓刑。有下列情形之一的，一般不适用缓刑：①因侵犯知识产权被刑事处罚或者行政处罚后，再次侵犯知识产权构成犯罪的；②不具有悔罪表现的；③拒不交出违法所得的；④其他不宜适用缓刑的情形。

该解释的第 4 条规定，对于侵犯知识产权犯罪的，人民法院应当综合考虑犯罪的违法所得、非法经营数额、给权利人造成的损失、社会危害性等情节，依法判处罚金。罚金数额一般在违法所得的一倍以上五倍以下，或者按照非法经营数额的 50% 以上一倍以下确定。

该解释的第 5 条规定，被害人有证据证明的侵犯知识产权刑事案件，直接向人民法院起诉的，人民法院应当依法受理；严重危害社会秩序和国家利益的侵犯知识产权刑事案件，由人民检察院依法提起公诉。

《刑法》第 220 条规定，单位犯本罪的，对单位判处罚金，对其直接负责的主管人员和其他直接责任人员，依上述规定追究刑事责任。

二、假冒专利罪

任何人，包括科技工作人员和科技单位，如果假冒他人专利，情节严重的，则依法构成假冒专利罪。

（一）假冒专利罪的概念和犯罪构成

根据《刑法》第 216 条规定，假冒专利罪，是指违反国家专利管理法规，在专利有效期内，假冒他人专利，情节严重的行为。

本罪的犯罪构成：

（1）客体要件是以他人的专利权为核心的国家专利管理秩序。也可表述为纳入国家整体法律秩序的他人的专利权。

（2）客观要件为违反专利管理法规，在法定的专利有效期限内，假冒他人专利，情节严重的行为。

这里的假冒专利，根据 2004 年 12 月 22 日最高人民法院、最高人民检察院《关于审理非法出版物刑事案件具体应用法律若干问题的解释》第 10 条规定，实施下列行为之一的，属于"假冒他人专利"行为：①未经许可，在其制造或者销售的产品、产品的包装上标注他人专利号的；②未经许可，在广告或者其他宣传材料中使用他人的专利号，使人将所涉及的技术误认为是他人专利技术的；③未经许可，在合同中使用他人的专利号，使人将合同涉及的技术误认为是他人专利技术的；④伪造或者变造他人的专利证书、专利文件或者专利申请文件的。

这里的情节严重，根据 2004 年 12 月 22 日最高人民法院、最高人民检察院《关于审理非法出版物刑事案件具体应用法律若干问题的解释》第 4 条规定，假冒他人专利，具有下列情形之一的，属于"情节严重"，应当以假冒专利罪判处 3 年以下有期徒刑或者拘役，并处或者单处罚金：①非法经营数额在 20 万元以上或者违法所得数额在 10 万元以上的；②给专利权人造成直接经济损失 50 万元以上的；③假冒两项以上他人专利，非法经营数额在 10 万元以上或者违法所得数额在 5 万元以上的；④其他情节严重的情形。

2004 年 12 月 22 日最高人民法院、最高人民检察院《关于审理非法出版物刑事案件具体应用法律若干问题的解释》第 12 条规定，本解释所称"非法经营数额"，是指行为人在实施侵犯知识产权行为过程中，制造、储存、运输、销售侵权产品的价值。已销售的侵权产品的价值，按照实际销售的价格计算。制造、储存、运输和未销售的侵权产品的价值，按照标价或者已经查清的侵权产品的实际销售平均价格计算。侵权产品没有标价或者无法查清其实际销售价格的，按照被侵权产品的市场中间价格计算。多次实施侵犯知识产权行为，未经行政处理或者刑事处罚的，非法经营数额、违法所得数额或者销售金额累计计算。

（3）主体要件是任何年满 16 周岁且精神正常的人均可构成本罪。单位也可构成本罪。鉴于科技工作人员和科技单位，一般都与高新技术的生产密切关联，若不自觉的话，相对于一般公民而言，触犯该罪名的概率较大。

（4）主观要件是犯罪故意。构成本罪不以营利为目的，所以，出于损坏他人的专利产品信誉、生产、销售假冒伪劣产品的，也可构成本罪。不过，如果行为人出于过失侵犯了他人的专利权的，则不能构成本罪。

（二）假冒专利罪的刑事责任

《刑法》第 216 条规定，假冒他人专利，情节严重的，处三年以下有期徒刑或者拘役，并处或者单处罚金。

《刑法》第 220 条规定，单位犯本罪的，对单位判处罚金，对其直接负责的主管人员和其他直接责任人员，依上述规定追究刑事责任。

2007 年 4 月 4 日《最高人民法院、最高人民检察院关于办理侵犯知识产权刑事案件具体应用法律若干问题的解释（二）》第 3 条规定，侵犯知识产权犯罪，符合刑法规定的缓刑条件的，依法适用缓刑。有下列情形之一的，一般不适用缓刑：（1）因侵犯知识产权被刑事处罚或者行政处罚后，再次侵犯知识产权构成犯罪的；（2）不具有悔罪表现的；（3）拒不交出违法所得的；（4）其他不宜适用缓刑的情形。

该解释的第 4 条规定，对于侵犯知识产权犯罪的，人民法院应当综合考虑犯罪的违法所得、非法经营数额、给权利人造成的损失、社会危害性等情节，依法判处罚金。罚金数额一般在违法所得的一倍以上五倍以下，或者按照非法经营数额的 50% 以上一倍以下确定。

该解释的第 5 条规定，被害人有证据证明的侵犯知识产权刑事案件，直接向人民法院起诉的，人民法院应当依法受理；严重危害社会秩序和国家利益的侵犯知识产权刑事案件，由人民检察院依法提起公诉。

三、侵犯商业秘密罪

任何科技研发人员或者科技管理人员，以及任何科技单位，如果把科技活动中所知悉的公司、企业的经营诀窍、商业秘密非法披露或者使用，情节严重的，则构成侵犯商业秘密罪。西安市中级人民法院于 2006 年 2 月 22 日判决的西安市人民检察院诉裴某良侵犯商业秘密案，就是典型案例。①《最高检通报保障和促进科技创新十大典型案例之 3："依法惩治侵犯商业秘密犯罪加大对侵犯商业秘密犯罪的打击力度"》② 等，即是典型案例。

（一）侵犯商业秘密罪的概念和犯罪构成

根据《刑法》第 219 条规定，侵犯商业秘密罪，是指以盗窃、利诱、胁迫或者其他不正当手段获取权利人的商业秘密，或者非法披露、使用或者允许他人使用其所掌握的或获取的商业秘密，以及违反约定或者特殊要求披露、使用或者允许他人使用其所掌握的商业秘密，给商业秘密的权利人造成重大损失的行为。

本罪的犯罪构成是：

（1）客体要件，既包括国家的市场经济秩序，又包括他人的商业秘密权。本罪侵犯的对象是商业秘密。所谓"商业秘密"③，依据《刑法》第 219 条第 3

---

① 陕西省高级人民法院认为，"凌钢连铸机主设备设计具有实用性，不为公众所知悉，能为权利人带来经济利益，权利人为其采取了保密措施，因此该技术是权利人西安重研所依法受保护的商业秘密。上诉人裴某良身为西安重研所的高级工程师，明知凌钢连铸机主设备图纸是西安重研所的商业秘密，自己与西安重研所签订过含有保密条款的劳动合同，对西安重研所的商业秘密负有保密义务，仍利用工作上的便利，将凌钢连铸机主设备图纸的电子版私自复制据为己有，后又将该电子版交由中冶公司使用，以至给西安重研所造成特别严重的后果。裴某良的行为构成侵犯商业秘密罪，应依法惩处。原判定罪准确。"西安市人民检察院诉裴某良侵犯商业秘密案，资料来源于北大法宝数据库（法宝引证码）CLI C. 67420，访问时间 2018 年 6 月 22 日。

② 基本案情：2010 年 9、10 月间，被告人吴广利用其在上海药明康德新药开发有限公司（以下简称药明康德）担任合成研究员的工作便利，先后数次采用拆换其他研究人员办公用保密电脑硬盘的方法，窃取药明康德的研发资料。2011 年 3 月至 6 月间，被告人吴广为虚假宣传个人研发能力，将窃取的新型化合物结构式中的 89 个在互联网网站公开披露，导致药明康德直接经济损失人民币 2 686 103. 43 元。浦东新区人民检察院于 2012 年 9 月 26 日对吴广提起公诉。浦东新区人民法院受理后，于 2013 年 8 月 5 日召开庭前会议，同年 8 月 22 日、9 月 22 日不公开开庭审理了本案。判决书确认了起诉书指控的犯罪事实，认定被告人吴广构成侵犯商业秘密罪，判处被告人吴广有期徒刑三年六个月，并处罚金人民币十万元。参见"最高检通报保障和促进科技创新十大典型案例"，载《检察日报》2016 年 7 月 15 日。

③ 2017 年 11 月 4 日公布的新修订的《反不正当竞争法》（自 2018 年 1 月 1 日起施行）第 9 条规定："本法所称的商业秘密，是指不为公众所知悉、具有商业价值并经权利人采取相应保密措施的技术信息和经营信息。"在刑法没有做出修改之前，鉴于罪刑法定原则，本书仍采用《刑法》的规定（即原来《反不正当竞争法》第 10 条的表述）。

款规定，是指不为公众所知悉、能为权利人带来经济利益、具有实用性，并经权利人采取保密措施的技术信息和经营信息。所谓"不为公众所知悉"，是指该信息不能从公开渠道直接获取。所谓"能为权利人带来经济利益，具有实用性"，是指该信息有确定的经济利益或者竞争优势。所谓"权利人采取保密措施"，包括订立保密协议，建立保密制度及采取其他合理的保密措施。所谓"权利人"，是指依法对商业秘密享有所有权或者使用权的公民、法人或者其他组织。所谓"技术信息和经营信息"，包括设计程序、产品配方、制作工艺、制作方法、管理决窍、客户名单、货源情报，产销策略、招投标中的标底及标书内容等信息。侵犯商业秘密的行为，不仅使商业秘密权利人的合法权益受到了侵害，更使公平、有序的市场秩序受到了侵害。

（2）客观要件是违反国家反不正当竞争法律法规的规定，侵犯商业秘密，给商业秘密的权利人造成重大损失的行为。具体包括三种：①以盗窃、利诱、胁迫或者其他不正当手段获取权利人的商业秘密。②披露、使用或者允许他人使用以不正当手段获取权利人的商业秘密。所谓"披露"，是指通过各种方式向他人泄露商业秘密。有的采取口头告知如当面告诉、电话告知等；有的采取书面方式，如提供商业秘密的原件、复制件、用信件告知其内容等；有的采取让其阅读、抄录、复制商业秘密等。只要通过其行为能让他人了解，获知商业秘密，不管其方式如何，都应以披露论处。所谓"使用"，则是指将获知的商业秘密用于生产、经营活动。披露、使用或者允许他人使用权利人的商业秘密必须是通过的以盗窃、利诱、胁迫或者其他不正当的手段获取的。如果不是通过不正当的手段获取的，即使有披露或者使用行为，也不能以本行为论。③违反约定或者违反权利人有关保守商业秘密的要求，披露、使用或者允许他人使用其所掌握的商业秘密。除通过不正当手段而获取了商业秘密以外的其他人，如果违反约定或者违反了权利人有关保守商业秘密的要求，而向他人泄露或自己使用或允许他人使用商业秘密的，即构成本行为。

侵犯商业秘密的行为，必须给权利人造成重大损失的，才构成犯罪。这里的权利人，是指商业秘密的所有人和经商业秘密所有人许可的商业秘密使用人。

2004 年 12 月 8 日最高人民法院、最高人民检察院《关于办理侵犯知识产权刑事案件具体应用法律若干问题的解释》第 7 条规定，给商业秘密的权利人造成损失数额在 50 万元以上的，属于"给商业秘密的权利人造成重大损失"，应当以侵犯商业秘密罪判处刑罚。2010 年最高人民检察院、公安部《关于公安机关管辖的刑事案件立案追诉标准的规定（二）》第 73 条规定，侵犯商业秘密，涉嫌下列情形之一的，应予立案追诉：①给商业秘密权利人造成损失数额在 50 万元以上的；②因侵犯商业秘密违法所得数额在 50 万元以上的；③致使商业秘密权利人破产的；④其他给商业秘密权利人造成重大损失的情形。

（3）主体要件是任何年满 16 周岁且精神正常的人均可构成本罪。单位也可构成本罪。科技研发人员和科技管理人员因为工作关系极易接触到他人的商业秘密，相对于一般公民而言，触犯该罪名的概率较大。科技单位在横向联系中也极易接触到其他单位的商业秘密，也容易触犯该罪名。

（4）主观要件是犯罪故意。过失不构成本罪。至于行为人出于何种动机而实施犯罪，不影响本罪的成立，只是量刑时考虑的情节。明知或者应知是侵犯商业秘密的行为，获取、使用或者披露他人的商业秘密的，以侵犯商业秘密论。

（二）侵犯商业秘密罪认定的疑难问题

（1）划清罪与非罪的界限。侵犯商业秘密的行为，如果没有给权利人造成重大损失，则属《反不正当竞争法》由监督检查部门责令停止违法行为，处 10 万元以上 50 万元以下的罚款；情节严重的，处 50 万元以上 300 万元以下的罚款。

（2）划清本罪与非法获取国家秘密罪的界限。非法获取国家秘密罪，是指以窃取、刺探、收买的方法，非法获取国家秘密的行为。区分二者的界限应当注意在商业秘密与国家秘密存在交叉关系时的法律适用。司法实践中，国家秘密中的国民经济和社会发展的秘密事项以及科学技术中的秘密事项可能同时也属于商业秘密，或者说有些商业秘密完全可以成为国家秘密。如行为人的行为同时构成侵犯商业秘密罪和侵犯国家秘密罪的，属于一行为触犯数罪的想象竞合犯，应从一重罪从重处断。

（三）侵犯商业秘密罪的刑事责任

《刑法》第 219 条规定，侵犯商业秘密，给商业秘密的权利人造成重大损失的，处 3 年以下有期徒刑或者拘役，并处或者单处罚金；造成特别严重后果的，处 3 年以上 7 年以下有期徒刑，并处罚金。

依照 2007 年 4 月发布的《最高人民法院、最高人民检察院关于办理侵犯知识产权刑事案件具体应用法律若干问题的解释（二）》第 7 条，实施《刑法》第 219 条规定的行为之一，给商业秘密的权利人造成损失数额在 50 万元以上的，属于"给商业秘密的权利人造成重大损失"，应当以侵犯商业秘密罪判处 3 年以下有期徒刑或者拘役，并处或者单处罚金。给商业秘密的权利人造成损失数额在 250 万元以上的，属于《刑法》第 219 条规定的"造成特别严重后果"，应当以侵犯商业秘密罪判处 3 年以上 7 年以下有期徒刑，并处罚金。

该解释第 3 条规定，侵犯知识产权犯罪，符合刑法规定的缓刑条件的，依法适用缓刑。有下列情形之一的，一般不适用缓刑：（1）因侵犯知识产权被刑事处罚或者行政处罚后，再次侵犯知识产权构成犯罪的；（2）不具有悔罪表现的；（3）拒不交出违法所得的；（4）其他不宜适用缓刑的情形。

该解释的第 4 条规定，对于侵犯知识产权犯罪的，人民法院应当综合考虑犯罪的违法所得、非法经营数额、给权利人造成的损失、社会危害性等情节，依法判处罚金。罚金数额一般在违法所得的一倍以上五倍以下，或者按照非法经营数额的 50% 以上一倍以下确定。

该解释的第 5 条规定，被害人有证据证明的侵犯知识产权刑事案件，直接向人民法院起诉的，人民法院应当依法受理；严重危害社会秩序和国家利益的侵犯知识产权刑事案件，由人民检察院依法提起公诉。

《刑法》第 220 条规定，单位犯本罪的，对单位判处罚金，并对其直接负责的主管人员和其他直接责任人员，依上述规定追究刑事责任。

第三节　违背科技诚信原则的犯罪

科技工作人员的科技活动应该严格遵守诚信原则。如果不讲诚信，实施欺诈行为，则可能构成相应的科技犯罪。本节讨论在科技领域中的串通投标罪、合同诈骗罪、提供虚假证明文件罪、出具证明文件重大失实罪等。

一、串通投标罪

任何科技工作人员或者科技单位，如果在横向科技项目的立项环节，投标人相互串通投标，或者投标人与招标人串通投标，情节严重的，则依法构成串通投标罪。

（一）串通投标罪的概念和犯罪构成

根据《刑法》第 223 条规定，串通投标罪，是指投标人相互串通投标报价，损害招标人或者其他投标人的利益，情节严重的行为，或者投标人与招标人串通投标，损害国家、集体、公民的合法利益的行为。

本罪的犯罪构成：

（1）客体要件是公平竞争的市场交易秩序。

（2）客观要件为投标人相互串通投标报价，损害招标人或者其他投标人利益，或者投标人与招标人串通投标，损害国家、集体、公民的合法利益，情节严重的行为。所谓投标人相互串通投标报价，就是投标人之间私下相互串通，联手抬高标价或者压低标价的方式，以损害招标人利益或者排挤其他投标人。

投标人串通投标行为分类包括以下几种类型：①投标人之间相互约定，一致提高或压低投标报价。②投标人相互约定，在类似招标中轮流以高价位或者低价位中标。③投标人之间就标价之外其他事项进行串通，以排挤其他竞争对手。④投标人之间先进行内部竞价，内定中标人，然后再参加投标。⑤投标人之间其他损害招标人利益或社会公共利益的手段。

投标者与招标者串标，即招标人在开标前开启投标文件，并将投标情况告知某投标人，或者协助投标人撤换投标文件，更改报价；招标人向投标人泄露标底；招标人商定，投标时压低或抬高标价，中标后再给投标人或招标者额外补偿，招标人预先内定中标人；招标者为某一特定的投标者量身定做招标文件，排斥其他投标者。

2010 年最高人民检察院、公安部印发《最高人民检察院、公安部关于公安机关管辖的刑事案件立案追诉标准的规定（二）》第 76 条，串通投标案，投标人相互串通投标报价，或者投标人与招标人串通投标，涉嫌下列情形之一的，应予立案追诉：①损害招标人、投标人或者国家、集体、公民的合法利益，造成直接经济损失数额在 50 万元以上的；②违法所得数额在 10 万元以上的；③中标项目金额在 200 万元以上的；④采取威胁、欺骗或者贿赂等非法手段的；⑤虽未达到上述数额标准，但两年内因串通投标，受过行政处罚二次以上，又串通投标的；⑥其他情节严重的情形。

（3）主体要件必须是具有招标人和投标人的身份。所谓招标人是指在招标投标活动中以择优选择中标人为目的的提出招标项目、进行招标的法人或者其他组织。简单地讲，就是提出项目，进行招标的法人和组织（不能是自然人）。投标人是指在招标投标活动中以中标为目的响应招标、参与竞争的法人或其他组织，一些特殊招标项目如科技项目也允许个人参加投标。

在科技过程中，科技工作人员（包括科技管理人员）或者科技机构，可以因科技项目的横向联合或者发包而进行招标投标事宜，因而具备本罪的主体资格。

（4）主观要件是犯罪故意，一般具有通过串通投标，达到使自己以理想的标价中标，谋取非法利益的目的。

（二）本罪的刑事责任

《刑法》第 223 条规定，投标人相互串通投标报价，损害招标人或者其他投标人利益，情节严重的，处 3 年以下有期徒刑或者拘役，并处或者单处罚金。

投标人与招标人串通投标，损害国家、集体、公民的合法利益的，依照前款的规定处罚。

《刑法》第231条规定，单位犯本罪的，对单位判处罚金，并对其直接负责的主管人员和其他直接责任人员，依照上述规定处罚。

二、合同诈骗罪

任何科技工作人员或者科技单位，如果在科技项目的申报、科技合作、成果转让等过程中，通过签订、履行合同实施诈骗，情节严重的，则依法构成合同诈骗罪。

（一）合同诈骗罪的概念和犯罪构成

依据《刑法》第224条规定，合同诈骗罪，是指以非法占有为目的，在签订、履行合同过程中，以虚构事实或隐瞒真相的方法，骗取对方当事人财物，数额较大的行为。

本罪的构成要件是：

（1）客体要件，既包括市场经济的诚实、公平交易的合同秩序，又包括合同对方当事人的财产所有权。以人身权利为内容的合同，无法对市场交易秩序造成危害，不能成为本罪侵害的客体。

（2）客观要件是在签订、履行合同过程中，虚构事实或隐瞒真相，骗取对方当事人财物，数额较大的行为。本条规定了五种行为方式：①以虚构的单位或者冒用他人名义签订合同。②以伪造、变造、作废的票据或者其他虚假的产权证明，作为自己能够履行合同的证据，以骗得对方当事人签订合同。③没有实际履行能力，以先履行小额合同或者部分履行合同的方法，诱骗对方当事人继续签订和履行合同。④收受对方当事人给付的货物、货款、预付款或者担保财产后逃匿，即卷款潜逃行为。⑤以其他方法骗取对方当事人财物。

以上五种行为方式的共同特征是：行为人明知自己没有实际履行合同的能力，没有履约诚意，故意制造假象（虚构事实或者隐瞒真相），使对方当事人产生错觉，由此，仿佛自愿地与行为人签订合同，从而达到利用签订、履行合同以骗取对方当事人财物的目的。

构成本罪，必须是诈骗数额较大的他人财物。2010年最高人民检察院、公安部印发《最高人民检察院、公安部关于公安机关管辖的刑事案件立案追诉标准的规定（二）》第77条规定，合同诈骗案（《刑法》第224条）以非法占有为目的，在签订、履行合同过程中，骗取对方当事人财物，数额在2万元以上的，应予立案追诉。

（3）本罪的主体是一般主体，凡年满16周岁精神正常的自然人，都具有刑事责任能力。单位也可构成本罪。本罪是在合同的签订和履行过程中发生的，主体是合同的当事人一方。科技工作人员或者科技机构，在横向科技项目申报、科技研发合作，以及科技成果转移、市场化等过程中，经常利用合同约定科技工作事宜，也极易触犯本罪。

（4）主观要件是犯罪故意，并且具有非法占有公私财物的目的。行为人主观上没有上述诈骗故意，只是由于种种客观原因，导致合同不能履行或所欠债务无法偿还的，不能以本罪论处。行为人主观上的非法占有目的，既包括行为人意图本人对非法所得的占有，也包括意图为单位或第三人对非法所得的占有。诈骗故意产生的时间，既可能是行为人实施签订合同行为之前或行为开始之时，也可能产生在签订、履行合同的过程中。

（二）合同诈骗罪认定的疑难问题

（1）合同诈骗罪罪与非罪的区分，应当注意以下两点：①注意区分合同诈骗与一般合同纠纷的界限，区分二者的关键在于，行为人主观上有无非法占有他人财物的目的。如果行为人虽然在签订、履行合同的过程中存在一些虚构事实、隐瞒真相的行为，但主观上并无非法占有对方当事人财物的目的的，对这种情形不能以本罪论处。②注意区分与一般违法行为的界限。根据前述立案标准，未达到上述追诉标准（即不满 2 万元）的合同诈骗行为，应以一般违法行为处理。

（2）本罪与诈骗罪、贷款诈骗罪的界限。本罪与诈骗罪的关系是特别法与一般法的关系，本罪被包容在诈骗罪之中；本罪与贷款诈骗罪是另一个场合的特别法与一般法的关系，本罪包容贷款诈骗罪。法律适用原则是特别法优于普通法。

（三）合同诈骗罪的刑事责任

《刑法》第 224 条规定：以非法占有为目的，在签订、履行合同过程中，骗取对方当事人财物，数额较大的，处 3 年以下有期徒刑或者拘役，并处或者单处罚金；数额巨大或者有其他严重情节的，处 3 年以上 10 年以下有期徒刑，并处罚金；数额特别巨大或者有其他特别严重情节的，处 10 年以上有期徒刑或者无期徒刑，并处罚金或者没收财产。

《刑法》第 231 条规定，单位犯本罪的，对单位判处罚金，对其直接负责的主管人员和其他直接责任人员，依上述规定追究刑事责任。

三、提供虚假证明文件罪

任何科技工作人员或者科技单位，如果在科技活动中，就有关资产评估、验资、验证、会计、审计、法律服务等，提供虚假证明文件，情节严重的，则依法构成提供虚假证明文件罪。廖某某提供虚假证明文件案（广东省韶关市中级人民法院刑事判决书〔2016〕粤02刑终302号)①，就是典型的案例。

（一）提供虚假证明文件罪的概念和犯罪构成

根据《刑法》第229条规定，提供虚假证明文件罪，是指承担资产评估、验资、验证、会计、审计、法律服务等职责的中介组织的人员，故意提供虚假的证明文件，情节严重的行为。

本罪的犯罪构成：

（1）客体要件是国家对中介市场的管理秩序。

（2）客观要件为中介组织人员提供虚假的资产评估、验资、验证、审计、会计、法律证明文件，情节严重的行为。这里的提供，既包括有偿提供，也包括无偿提供。这里的虚假的证明文件，是指虚假的资产评估报告、验资证明、验证证明、财务会计报告、审计报告、环境评价报告、地质勘察报告，以及其他法律意见书等。这里的情节严重，《最高人民检察院公安部关于公安机关管辖的刑事案件立案追诉标准的规定（二）》的通知（公通字〔2010〕23号，2010年5月7日）第81条规定，承担资产评估、验资、验证、会计、审计、法律服务等职责的中介组织的人员故意提供虚假证明文件，涉嫌下列情形之一的，应予立案追诉：①给国家、公众或者其他投资者造成直接经济损失数额在50万元以上的。②违法所得数额在10万元以上的。③虚假证明文件虚构数额在100万元且占实际数额30%以上的。④虽未达到上述数额标准，但具有下列情形之一的：一是在提供虚假证明文件过程中索取或者非法接受他人财物的；二是两年内因提供虚假证明文件，受过行政处罚二次以上，又提供虚假证明文件的。⑤其他情节严重的情形。

（3）犯罪主体要件，必须是承担资产评估、验资、验证、会计、审计、法律服务职责的中介组织的人员，有出具相应法律文书的资格。单位亦可构成本罪。

科技工作人员、科技单位由于其专业往往是某一领域的专家或者专注于某一领域的研究，因而具有一定的鉴定资格，从而容易触犯本罪。

---

① 审理查明，2005年7月至2013年4月，被告人廖某某利用先后担任七〇五地质大队总工程师办公室副主任、主任的职务便利，在负责广东省新丰县南湖坑钼多金属矿探矿权的项目年检、延续过程中，与先后时任七〇五地质大队副总工程师、总工程师的黎某（另案处理）共谋，为使该探矿权的年检以及延续通过韶关市国土资源管理局的审批，出具了虚假的《南湖坑钼多金属矿矿产资源勘查项目年度报告》《年度普查会计报表》《南湖坑钼多金属矿地质详查中间性成果报告》等年检以及延续所需的材料，致使李某某、景安公司利用探矿权作掩盖，"以采代探"进行非法开采的行为得以持续，导致国家利益遭受重大损失。2012年5月和2013年4月，广东省翁源县国土局和韶关市国土局先后对景安公司的非法开采行为进行了查处。经鉴定，景安公司在新丰县南湖坑钼多金属矿探矿点非法开采的行为造成国家矿产资源损失452.89万元。法院认定廖某某构成提供虚假证明文件罪。

（4）主观要件是犯罪故意。

（二）本罪的刑事责任

《刑法》第 229 条规定，承担资产评估、验资、验证、会计、审计、法律服务等职责的中介组织的人员故意提供虚假证明文件，情节严重的，处五年以下有期徒刑或者拘役，并处罚金。

索取他人财物或者非法收受他人财物，犯本罪的，处 5 年以上 10 年以下有期徒刑，并处罚金。

最高人民法院、最高人民检察院于 2016 年 12 月发布的《关于办理环境污染刑事案件适用法律若干问题的解释》第 9 条规定，环境影响评价机构或其人员，故意提供虚假环境影响评价文件，情节严重的，应当以提供虚假证明文件罪定罪处罚。

单位犯本罪的，对单位判处罚金，并对其直接负责的主管人员和其他直接责任人员，依照上述规定处罚。

四、出具证明文件重大失实罪

任何科技工作人员或者科技单位，如果在科技活动中就有关资产评估、验资、验证、会计、审计、法律服务等，出具证明文件有重大失实，情节严重的，则依法构成出具证明文件重大失实罪。

（一）出具证明文件重大失实罪的概念和犯罪构成

根据《刑法》第 229 条规定，出具证明文件重大失实罪，是指承担资产评估、验资、验证、会计、审计、法律服务等职责的中介组织的人员，严重不负责任，出具的证明文件有重大失实，造成严重后果的行为。

本罪的犯罪构成：

（1）客体要件是国家对中介市场的管理秩序。

（2）客观要件为行为人严重不负责任，出具的证明文件有重大失实，造成严重后果的行为。如果行为没有造成严重后果的不构成犯罪。这里的造成严重后果，《最高人民检察院公安部关于公安机关管辖的刑事案件立案追诉标准的规定（二）》的通知（公通字〔2010〕23 号，2010 年 5 月 7 日）第 82 条规定，承担资产评估、验资、验证、会计、审计、法律服务等职责的中介组织的人员严重不负责任，出具的证明文件有重大失实，涉嫌下列情形之一的，应予立案追诉：①给国家、公众或者其他投资者造成直接经济损失数额在 100 万元以上的；②其他造成严重后果的情形。

（3）犯罪主体是特殊主体，即必须是承担资产评估、验资、验证、会计、审计、法律服务等职责的中介组织的人员。单位亦可构成本罪。

科技工作人员、科技单位由于其专业往往是某一领域的专家或者专注于某一领域的研究，因而具有一定的鉴定资格，因而容易触犯本罪。

（4）主观要件是犯罪过失。

（二）出具证明文件重大失实罪的刑事责任

《刑法》第 229 条规定，承担资产评估、验资、验证、会计、审计、法律服务等职责的中介组织的人员，严重不负责任，出具的证明文件有重大失实，造成严重后果的，处三年以下有期徒刑或者拘役，并处或者单处罚金。

最高人民法院、最高人民检察院 2016 年 12 月发布的《关于办理环境污染刑事案件适用法律若干问题的解释》第 9 条规定，环境影响评价机构或其人员，严重不负责任，出具的环境影响评价文件存在重大失实，造成严重后果的，应当以出具证明文件重大失实罪定罪处罚。

《刑法》第 231 条规定，单位犯本罪的，对单位判处罚金，并对其直接负责的主管人员和其他直接责任人员，依照上述规定处罚。

第四节　其他破坏科技法律秩序的犯罪

当行为人非法侵入计算机系统、非法获取计算机信息系统数据或者非法控制计算机信息系统，或者破坏计算机系统，危害科技利益，以及聚众扰乱科研工作秩序，危害科技利益，构成犯罪的，都属于科技犯罪的范畴。故本节将阐述非法侵入计算机系统罪；非法获取计算机信息系统数据、非法控制计算机信息系统罪；破坏计算机系统罪和聚众扰乱社会秩序罪。

一、非法侵入计算机系统罪、破坏计算机信息系统罪

（一）非法侵入计算机信息系统罪、破坏计算机信息系统罪的概念和犯罪构成

非法侵入计算机信息系统罪，是指违反国家规定，侵入国家事务、国防建设、尖端科学技术的计算机信息系统的行为。

破坏计算机信息系统罪，是指违反国家规定，对计算机信息系统功能进行删除、修改、增加、干扰、造成计算机信息系统不能正常运行，或者对计算机信息系统中存储、处理或传输的数据和应用程序进行删除、修改、增加的操作，造成计算机不能运行，或者故意制作、传播计算机病毒等破坏程序，影响计算机系统正常运行，导致严重后果的行为。

两罪的犯罪构成是：

（1）两罪的客体要件均是国家对计算机信息系统管理的法律秩序，但是侧重点有所不同。前罪主要是针对国家事务、国防建设、尖端科学技术等领域的计算机信息系统管理的法律秩序。其中国家事务的范围包括"政治、经济活动，也包括金融海关管理等"领域的活动。① 计算机信息系统，是指由计算机及其相关的和配套的设备、设施（含网络）构成的，按照一定的应用目标和规则对信息进行采集、加工、存储、传输、检索等处理的人机系统。《计算机安全系统保护条例》第 3 条规定，计算机信息系统的安全保护，是保障计算机及其相关的和配套的设备、设施（含网络）的安全，保障信息的安全，保障计算机功能的正常发挥，以维护计算机信息系统的有效运行。在科学技术日益发达的今天，计算机信息系统被广泛地应用于国家事务、国防建设、尖端科学技术等领域。计算机信息系统一旦被"黑客"侵入或被破坏，其后果往往是难以设想的。

非法侵入计算机信息系统罪的犯罪对象必须是国家事务、国防建设、尖端科学技术的计算机信息系统。

（2）客观要件，前罪为违反国家规定，侵入国家事务、国防建设、尖端科学技术的计算机信息系统的行为；后罪为违反国家规定，对计算机信息系统功能进行删除、修改、增加、干扰、造成计算机信息系统不能正常运行，后果严重的，或者对计算机信息系统中存储、处理或传输的数据和应用程序进行删除、修改、增加的操作，或者制作、传播计算机病毒等破坏程序，影响计算机系统正常运行，导致严重后果的行为。

所谓违反国家规定，主要是指违反《计算机安全保护条例》及其相关法规。在非法侵入计算机信息系统罪中，侵入是指未经国家有关主管部门合法授权和批准，通过计算机终端侵入国家重要计算机信息系统或进行数据截收的行为。在破坏计算机信息系统罪中，计算机信息系统功能，是指计算机系统按照一定的应用目标和规则对信息进行采集、加工、存储、传输、检索等处理的功能和能力。数据，是指计算机实际处理的一切文字、符号、声音、图像等有意义的结合。计算机程序，是指为了得到某种结果而由计算机等具有信息处理能力的装置执行的代码化指令序列，或者可被自动转换成代码化指令序列的符号化指令序列或者符号化语句序列。计算机应用程序，是指用户使用数据库的一种方式，是用户按数据库授予的子模式的逻辑结构，书写对数据进行操作和运算的程序。对上述对象的破坏，包括对功能进行删除、修改、增加、干扰，对数据和应用程序进行删除、修改、增加的操作，制作、传播计算机病毒等破坏程序。

再者，两罪的客观要件上的主要区别还在于非法侵入计算机信息系统罪属

---

① 最高人民法院刑事审判一、二庭：《刑事审判参考》，法律出版社 2001 年版，第 53 页。

于行为犯，而破坏计算机信息系统罪必须达到后果严重，即或者造成计算机信息系统不能正常运行，或者影响计算机系统的正常运行，后果严重的情形。

（3）两罪的主体均属于一般主体，即年满 16 周岁且精神正常的人即可构成本罪。实践中，往往是具有相当的计算机专业知识和精通的计算机操作技能的人。单位可以构成本罪。

（4）两罪的主观要件均是犯罪故意。过失侵入或者过失的破坏行为，不构成该二罪。

（二）非法侵入计算机系统罪、破坏计算机信息系统罪的认定

该两罪的主要区别在于前者属于刑法中的行为犯，后者属于刑法中的结果犯，此外两者行为方式也不同，前者仅仅要求侵入，后者则还要要求破坏及后果。在实践中，非法侵入存在善意入侵和恶意入侵，尤其是恶意入侵，往往伴生破坏结果，在这种情况之下，往往存在吸收关系，以破坏计算机信息系统罪处理；如果未加破坏侵入后又实施其他犯罪行为，则可能存在其他的牵连关系。

（三）非法侵入计算机信息系统罪、破坏计算机信息系统罪的刑事责任

《刑法》第 285 条第 1 款规定，犯非法侵入计算机信息系统罪的，处 3 年以下有期徒刑。

《刑法》第 286 条规定，犯破坏计算机信息系统罪的，处 5 年以下有期徒刑或者拘役；后果特别严重的，处 5 年以上有期徒刑。

《刑法》第 285 条第 4 款规定和《刑法》第 286 条第 4 款规定，单位犯罪的，对单位判处罚金，并对其直接负责的主管人员和其他直接责任人员，依照各该款的规定处罚。

二、非法获取计算机信息系统数据、非法控制计算机信息系统罪

（一）概念和犯罪构成

自然人或者单位违反国家规定，侵入国家事务、国防建设、尖端科学技术以外的计算机信息系统或者采用其他技术手段，获取该计算机信息系统中存储、处理或者传输的数据，或者对该计算机信息系统实施非法控制，情节严重的行为。

本罪的犯罪构成是：

犯罪客体要件是国家事务、国防建设、尖端科学技术以外的计算机管理的法律秩序。行为对象是国家事务、国防建设、尖端科学技术以外的计算机信息系统及其存储、处理、传输的信息资料。

客观要件是违反国家规定，侵入国家事务、国防建设、尖端科学技术以外的计算机信息系统或者采用其他技术手段，获取该计算机信息系统中存储、处理或者传输的数据，或者对该计算机信息系统实施非法控制，情节严重的行为。

主体要件是年满 16 周岁且精神正常。实践中，往往是具有相当的计算机专业知识和精通的计算机操作技能的人。单位可以构成本罪。

主观要件是犯罪故意。过失行为，不构成本罪。

（二）本罪的刑事责任

《刑法》第 285 条第 2 款规定，犯本罪的，处 3 年以下有期徒刑或者拘役，并处或者单处罚金；情节特别严重的，处 3 年以上 7 年以下有期徒刑，并处罚金。

《刑法》第 285 条第 4 款规定，单位犯本罪的，对单位判处罚金，并对其直接负责的主管人员和其他直接责任人员，依照各该款的规定处罚。

三、聚众扰乱社会秩序

（一）聚众扰乱社会秩序罪的概念和犯罪构成

聚众扰乱社会秩序罪，是指聚众扰乱社会秩序，情节严重，致使工作、生产、营业、教学、科研、医疗无法进行，造成严重损失的行为。

本罪的犯罪构成是：

（1）客体要件为国家管理社会法律秩序，即国家机关、企事业单位和人民团体的工作、生产、营业、教学、科研和医疗法律秩序。

（2）客观要件为在首要分子的纠集之下，聚众扰乱国家机关、企事业单位与人民团体的正常活动，情节严重的行为。扰乱是指对于正常工作的干扰和破坏，如在上述场所大肆喧嚣哄闹，围攻甚至侮辱、殴打上述机构的工作人员。所谓情节严重，是指使工作、生产、营业、教学、科研和医疗工作无法进行，造成严重的损失。

（3）主体要件是年满 16 周岁且精神正常的自然人。但刑事责任的承担者只限于聚众行为中的首要分子或者积极参加者，对于一般的参加者，法律不与追责。

（4）主观要件是犯罪故意。

（二）聚众扰乱社会秩序罪的刑事责任

《刑法》第 290 条规定，犯本罪的，对首要分子，处 3 年以上 7 年以下有期徒刑；对于其他积极参加者，处 3 年以下有期徒刑、拘役、管制或者剥夺政治权利。

Chapter 3

第三章

侵害个人法益的科技犯罪

第一节 占有型侵犯财产罪

本节阐述职务侵占罪、挪用资金罪和盗窃罪。实践中曾经发生的农民工偷"天价葡萄"案，客观上就危害了科技利益。

一、职务侵占罪

身为非国有公司、企业的科技工作人员，如果利用职务便利，把单位的科技器材变卖处理，中饱私囊，情节严重的，则依法构成职务侵占罪。陈某某职务侵占、挪用资金案（广东省佛山市中级人民法院刑事裁定书〔2003〕佛刑终字第 49 号)[①]，就是典型案例。

（一）职务侵占罪的概念和犯罪构成

根据《刑法》第271条规定，职务侵占罪是指公司、企业或其他单位的人员，利用职务上的便利，将本单位的财物非法占为己有，数额较大的行为。

本罪的犯罪构成：

（1）犯罪客体要件是公司、企业或者其他单位的财产所有权。犯罪对象是行为人所属的公司、企业或者其他单位的财物。此处的"公司"，是指按照《中华人民共和国公司法》的规定设立的公司；"企业"是指除上述公司以外的依法设立的营利性经济组织；"其他单位"是指除上述公司、企业以外的非国有的社会团体和经济组织。

---

① 二审法院判决认为："上诉人陈某某身为公司人员，利用职务上的便利，采用虚报采购物品价格的手段，将本单位资金据为己有，其行为已构成职务侵占罪，侵占资金数额巨大。"

（2）客观要件为行为人利用职务上的便利，将本单位的财物非法占为己有，数额较大的行为。具体包括三个方面内容：

①必须有利用职务上的便利的行为。所谓"利用职务上的便利"，是指行为人利用其在本单位担任的职务所形成的主管、管理或者经手本单位财物的方便条件。如公司经理利用其调配本单位财物的权利，财会人员利用其管理、经手账目、钱财的方便等。如果行为人只是利用工作上的便利，如利用自己因工作关系熟悉环境、了解情况、便于出入单位等方面的方便条件，实施犯罪的，不构成本罪。

②必须实施了将本单位财物非法占为己有的行为。非法占有的方式有多种多样，主要表现为窃取、骗取、侵吞等。实践中，主要表现形式有：利用职务之便窃取；伪造单据、涂改账目等方法骗取；因执行单位的职务行为控制了财物之后应上交而不上交加以侵吞等。

③非法侵占财物达到数额较大。根据2016年《最高人民法院最高人民检察院关于办理贪污贿赂刑事案件适用法律若干问题的解释》第11条规定，《刑法》第271条规定的职务侵占罪中的"数额较大""数额巨大"的数额起点，按照本解释关于受贿罪、贪污罪相对应的数额标准规定的二倍、五倍执行。由此，本罪的侵占财物是否达到"数额较大"，是指6万元以上（即3万的二倍以上）。

（3）主体要件为在公司、企业或者其他单位中担任一定的职务因而主管、管理或者经手财物的人员。根据《刑法》第271条第2款的规定，本罪的主体只能是公司、企业或者其他单位中的不具有国家工作人员身份的人。国有公司、企业或者其他国有单位中从事公务的人员和国有公司、企业或者其他国有单位委派到非国有公司、企业以及其他单位从事公务的人员有前款行为的，依照本法第382条、第383条的规定定罪处罚。

非公司、企业或者其他单位人员与公司、企业或者其他单位的人员勾结，利用公司、企业或者其他单位人员的职务便利，共同侵占该单位财物非法占为己有，数额较大的，构成本罪的共犯。

（4）主观要件是直接故意，并且具有非法占有本单位财物的目的。

（二）职务侵占罪与其他犯罪的界限

1. 与侵占罪的主要区别

侵占罪，是指以非法占有为目的，将代为保管的他人财物或者他人的遗忘物、埋藏物非法占为己有，数额较大，拒不退还或者拒不交出的行为。将他人的遗忘物或者埋藏物非法占为己有，数额较大，拒不交出的，也构成侵占罪。

二者的区别主要有：（1）侵占的对象不同；（2）犯罪主体范围不同；（3）客观行为不同。

2. 与贪污罪的区别

职务侵占罪属于侵犯财产罪，其与贪污罪无论在主观要件还是在客观要件上都具有相同之处：二者在主观要件都是犯罪故意，并且以非法占有为目的，客观要件都以利用职务上的便利为必备条件。其主要区别：（1）犯罪客体要件与犯罪对象不同。本罪的客体要件是国家工作人员职务行为的廉洁性，犯罪对象主要是包括国有财产在内的公共财物。后者的客体要件是非国有单位的财物所有权，犯罪对象可以是公共财产，也可以是私营企业、合资企业、合作企业中的非公有财产。（2）犯罪主体不同。本罪的主体是国家工作人员，以及虽不具有国家工作人员的身份但受委托管理、经营国有财产的人员。而职务侵占罪的主体是公司、企业或其他单位中不具有国家工作人员身份的工作人员。

最高人民法院 2000 年 6 月 27 日通过的《关于审理贪污、职务侵占案件如何认定共同犯罪几个问题的解释》规定，公司、企业或者其他单位中，不具有国家工作人员身份的人与国家工作人员勾结，分别利用各自的职务便利，共同将本单位财物非法占为己有的，按照主犯的犯罪性质定罪。

（三）职务侵占罪的刑事责任

《刑法》第 271 条第 1 款规定，公司、企业或者其他单位的人员，利用职务上的便利，将本单位财物非法占为己有，数额较大的，处五年以下有期徒刑或者拘役；数额巨大的，处五年以上有期徒刑，可以并处没收财产。

关于这里的数额巨大。根据 2016 年《最高人民法院、最高人民检察院关于办理贪污贿赂刑事案件适用法律若干问题的解释》第 11 条规定，《刑法》第 271 条规定的职务侵占罪中的"数额较大""数额巨大"的数额起点，按照本解释关于受贿罪、贪污罪相对应的数额标准规定的二倍、五倍执行。由此，本罪的侵占财物是否达到"数额巨大"，是指 100 万元以上（即 20 万元的五倍以上）。

国有公司、企业或者其他国有单位中从事公务的人员和国有公司、企业或者其他国有单位委派到非国有公司、企业以及其他单位从事公务的人员有前款行为的，依照本法第 382 条、第 383 条的规定定罪处罚。

二、挪用资金罪

身为非国有的公司、企业的科技研发人员和科技管理人员，如果利用职务便利，挪用科技经费，数额较大或者有其他情节严重的，则依法构成挪用资金罪。陈某某职务侵占、挪用资金案（广东省佛山市中级人民法院刑事裁定书〔2003〕佛刑终字第49号）①，就是典型案例。

（一）挪用资金罪的概念和犯罪构成

根据《刑法》第272条规定，挪用资金罪，是指公司、企业或者其他单位的工作人员，利用职务上的便利挪用本单位资金归个人使用或者借贷给他人，数额较大、超过三个月未还的，或者虽未超过三个月，但数额较大，进行营利活动的，或者进行非法活动的行为。

本罪的犯罪构成是：

（1）客体要件是复杂客体，其中主要是公司、企业或者其他单位的财产所有权，同时还侵犯了公司、企业或者其他单位的财务管理秩序。本罪的犯罪对象只能是行为人所在公司、企业或者其他单位的资金。

（2）客观要件为利用职务上的便利，挪用本单位资金归个人使用或者借贷给他人，数额较大、超过三个月未还的，或者虽未超过三个月，但数额较大，进行营利活动的，或者进行非法活动的行为。构成本罪必须同时具备以下三个要件：

①必须有利用职务上的便利挪用资金的行为。所谓"利用职务上的便利"，是指利用自己在本单位所担任的职务所形成的主管、管理、经手的便利。

②挪用本单位资金归个人使用或者借贷给他人使用。所谓"归个人使用"，是指将挪用的资金归本人或者其他自然人使用。所谓"借贷给他人"，是指挪用人以个人名义将所挪用的资金借给其他自然人或者单位。

③挪用本单位资金必须符合法定"情节严重"条件，才能构成本罪。根据《刑法》第272条的规定，挪用本单位资金具有以下三种情形之一的，才能构成本罪：

第一，挪用本单位资金归个人使用或者借贷给他人，数额较大，超过3个月未还的。根据2016年《最高人民法院最高人民检察院关于办理贪污贿赂刑事案件适用法律若干问题的解释》第11条第2款规定，《刑法》第272条规定的挪用资金罪中的"数额较大""数额巨大"及"进行非法活动"情形的数额起点，按照本解释关于挪用公款罪"数额较大""情节严重"以及"进行非法活动"的数额标准规定的二倍执行。由此，这里的"数额巨大"，是指10万元以上（即5万元的2倍以上）。"超过3个月未还"，是指挪用时间过了3个月，且已经被司法机关发现，但仍未归还的。如果未满3个月或者虽然超过3个月，但在案发前已经主动归还的，都不构成犯罪。

---

① 二审法院判决认为："上诉人陈某某身为公司人员，利用职务上的便利，将科卫公司的项目研制、开发经费挪作个人使用，超过三个月不归还，其行为构成挪用资金罪。"

第二，挪用本单位资金归个人使用或者借贷给他人，虽未超过 3 个月，但数额较大、进行营利活动的。这里的"进行营利活动"，是指用所挪用的资金进行经营或者其他获取利润的行为，至于是否实际获得利润并不影响本罪的成立。这里的"数额较大"，仍是指挪用本单位资金人民币 10 万元以上。

第三，挪用本单位资金归个人使用或者借给他人，进行非法活动的。这里的"非法活动"是广义的，包括一般违法行为，如赌博、嫖娼等；也包括犯罪行为，如走私、贩毒等。尽管对这种挪用情形法律既未规定挪用的时间期限，也未规定数额较大，但是也并非无论挪用多少都可以构成犯罪。根据 2016 年《最高人民法院、最高人民检察院关于办理贪污贿赂刑事案件适用法律若干问题的解释》应是指 6 万元以上；对于单位的资金挪用时间极为短暂的，也不以作为犯罪处理。

（3）主体要件是公司、企业或者其他单位中担任一定的职务而主管、管理或经手资金的，不具有国家工作人员身份的人员，均可构成本罪。如果这些单位中的国家工作人员利用职务上的便利，挪用本单位资金归个人使用或者借贷给他人的，应以挪用公款罪定罪处罚。

需要注意的是：（1）根据最高人民法院《关于对受委托管理、经营国有财产人员挪用国有资金行为如何定罪问题的批复》，对于受国家机关、国有公司、企业、事业单位、人民团体委托，管理、经营国有财产的非国家工作人员，可以构成本罪。（2）根据最高人民法院 2000 年 12 月的《关于挪用尚未注册成立公司资金的行为适用法律问题的批复》，在公司登记注册前，筹建公司的工作人员，也可以构成本罪。

（4）主观要件是犯罪故意，即明知是单位资金而仍然挪作他用，并具有非法、违规使用单位资金的目的。至于基于何种动机，不影响本罪的成立。

（二）挪用资金罪与其他犯罪主要区别

1. 本罪与挪用公款罪的界限

二者的主要区别是：（1）客体要件和犯罪对象不同。本罪的客体要件是国家工作人员职务行为的廉洁性，犯罪对象是公款（也包括特定公物）；挪用资金罪的客体要件是非国有单位资金的所有权，犯罪的对象是非国有单位的资金。（2）犯罪主体不同。本罪的主体只能是国家工作人员，如果是受国有公司、企业或者其他单位委派在非国有公司、企业以及其他单位从事公务的人员挪用本单位资金的，以挪用资金罪处罚。挪用资金罪的主体是除国家工作人员以外的公司、企业及其他单位的人员。

2. 挪用资金罪与职务侵占罪的界限

两个犯罪的犯罪主体完全相同，主观要件都是犯罪故意，客观上都表现为利用职务上的便利，因而可能发生混淆。二者的区别表现在：（1）侵犯对象不同。挪用资金罪侵犯的对象只能是本单位的资金；而职务侵占罪侵犯的对象包括本单位的资金和其他财物。（2）客观要件有所不同。挪用资金罪是擅自将本单位资金挪归个人使用或者借贷给他人使用，但并未转移资金所有权，行为人挪用资金只是对资金的暂时使用，而非永久性占有；而职务侵占罪则表现为以侵吞、盗窃、骗取等手段，非法占有本单位财物，这里的占有是永久性占有。（3）犯罪目的不同。挪用资金罪是以非法使用为目的，用后是要归还的；而职务侵占罪是以非法占有为目的，而且是永久性地占有。

（三）挪用资金罪的刑事责任

《刑法》第 272 条规定，公司、企业或者其他单位的工作人员，利用职务上的便利，挪用本单位资金归个人使用或者借贷给他人，数额较大、超过 3 个月未还的，或者虽未超过 3 个月，但数额较大、进行营利活动的，或者进行非法活动的，处 3 年以下有期徒刑或者拘役；挪用本单位资金数额巨大的，或者数额较大不退还的，处 3 年以上 10 年以下有期徒刑。

这里的"数额巨大"，根据 2016 年《最高人民法院、最高人民检察院关于办理贪污贿赂刑事案件适用法律若干问题的解释》，在用于非法活动的情况下，是指 200 万元以上；在用于进行营利活动或者其他个人活动的、归个人使用或者借贷给他人的情况下，是指 400 万元以上。

这里的"不退还"，是指挪用资金原想归还，但因挥霍、经营亏损或者其他原因在案发后仍无法归还。

三、盗窃罪

（一）盗窃罪的概念和犯罪构成

盗窃罪，是指以非法占有为目的，窃取数额较大的公私财物，或者多次盗窃、入户盗窃、携带凶器盗窃、扒窃公私财物的行为。

本罪的犯罪构成是：

（1）客体要件是公私财物所有权。

（2）客观要件为秘密窃取数额较大的公私财物，或者多次盗窃、入户盗窃、携带凶器盗窃、扒窃公私财物的行为。秘密窃取财物是本罪区别于其他侵犯财产罪的本质特征。有不少论者对盗窃罪的"秘密性"提出了质疑，如有论者认为，秘密窃取只是盗窃的通常情况，国外刑法理论与司法实践承认公开盗窃的情况。从"秘密与公开"的角度区分盗窃和抢夺存在着混淆主观要素和客观要素、颠倒认定犯罪顺序等方面的缺陷。盗窃和抢夺的区别在于对象是否属于他人紧密占有的财物，行为是否构成对物暴力。所谓盗窃，是指以非法占有为目的，违反被害人意志，采用和平手段，将他人占有的财物转为自己或第三人占有。由此，只要是不能认定为抢夺的以和平手段取得他人财物的行为，不论公开与否，均应以盗窃罪论处。这样，盗窃罪就成了侵犯财产罪的兜底规定，凡是不符合其他犯罪构成要件的严重侵犯他人财产的行为，均可构成盗窃罪。①所谓"秘密窃取"，是指行为人采取自以为不会被财物所有人、保管人发觉的方法，暗中取走财物的行为。秘密窃取的手段多种多样，如开门撬锁、翻墙越壁、潜入室内窃取财物，在公共场所掏兜、割包窃取财物等等。不论采用何种秘密手段，即使在公共场所众目睽睽之下扒窃，只要行为人认为被害人未发现就构成秘密窃取。放置于未封闭也无人看守的地方的财物，如卸在路边的货物，晾在住宅楼下的衣物等，只要按一般人的观念能够认识到是有主财产而非抛弃物，行为人认为被害人不知而取走，也构成秘密窃取。此外，在特殊情况下，行为人不是取走财物而是以被害人不知的方法消费公私财物的，也构成盗窃行为。如刑法典第265条的规定，以牟利为目的，盗接他人通信线路、复制他人电信号码或者明知是盗接、复制电信设备、设施而使用的，按照盗窃罪定罪处刑。又如2000年5月24日最高人民法院《关于审理扰乱电信市场管理秩序案件具体应用法律若干问题的解释》第7条、第8条规定，"将电信卡非法充值后使用，造成电信资费损失数额较大的"，"盗用他人公共信息网络上网账号、密码上网，造成他人电信资费损失数额较大的"，以盗窃罪定罪处罚。

本罪的行为对象是国有、集体所有或者公民私人所有的各种财物，一般是动产和能从不动产中分离出来的物品。从物的形态上看，本罪的犯罪对象主要是有形物，但电力、煤气、天然气等无形财产，也可以成为本罪的犯罪对象。根据刑法规定，通信线路、电信号码、电信设备、设施也可成为盗窃罪的犯罪对象。近年理论和实务界对虚拟财产，如网络游戏装备等是否可以构成盗窃罪的犯罪对象也进行了一定的讨论。我们认为，从社会和虚拟财产的发展趋势来看，应当将虚拟财产作为盗窃犯罪的犯罪对象。违禁品与非法占有的财物，如毒品、淫秽光盘、贪污得来的赃款、赌博的赌资等等同样可以成为盗窃罪的犯罪对象。但是，盗窃一些刑法特别规定罪名的特殊对象的，不构成盗窃罪，而构成刑法特别规定的罪名。如盗窃技术成果等商业秘密，应当按照侵犯商业秘密罪定罪处刑。类似的还有盗窃枪支、弹药、爆炸物、林木、尸体、古文化遗址、古墓葬、武器装备、军用物资等，也均不构成盗窃罪，而构成刑法特别规定的罪名。人的活体不能成为本罪的犯罪对象，以偷盗活体的方式犯罪的，不构成盗窃罪，可以构成其他罪名，如以出卖为目的偷盗婴幼儿的，构成拐卖妇

---

① 张明楷："盗窃与抢夺的界限"，载《法学家》2006年第2期。

女儿童罪；以勒索财物为目的偷盗婴幼儿的，构成绑架罪；以收养为目的偷走不满 14 周岁的儿童的，构成拐骗儿童罪。

秘密窃取的公私财物数额较大的，才能构成盗窃罪。根据 2013 年《最高人民法院、最高人民检察院关于办理盗窃刑事案件适用法律若干问题的解释》第 1 条的规定，盗窃公私财物价值 1000 元至 3000 元以上、3 万元至 10 万元以上、30 万元至 50 万元以上的，应当分别认定为刑法第 264 条规定的"数额较大""数额巨大""数额特别巨大"。各省、自治区、直辖市高级人民法院、人民检察院可以根据本地区经济发展状况，并考虑社会治安状况，在前款规定的数额幅度内，确定本地区执行的具体数额标准，报最高人民法院、最高人民检察院批准。在跨地区运行的公共交通工具上盗窃，盗窃地点无法查证的，盗窃数额是否达到"数额较大""数额巨大""数额特别巨大"，应当根据受理案件所在地省、自治区、直辖市高级人民法院、人民检察院确定的有关数额标准认定。

除了通常的盗窃行为之外，刑法把多次盗窃、入户盗窃、携带凶器盗窃、扒窃公私财物的行为，也规定为犯罪。实施以上行为的，不要求盗的财物的价值达到数额较大。根据 2013 年《最高人民法院、最高人民检察院关于办理盗窃刑事案件适用法律若干问题的解释》第 3 条规定，二年内盗窃三次以上的，应当认定为"多次盗窃"。非法进入供他人家庭生活，与外界相对隔离的住所盗窃的，应当认定为"入户盗窃"。携带枪支、爆炸物、管制刀具等国家禁止个人携带的器械盗窃，或者为了实施违法犯罪携带其他足以危害他人人身安全的器械盗窃的，应当认定为"携带凶器盗窃"。在公共场所或者公共交通工具上盗窃他人随身携带的财物的，应当认定为"扒窃"。

（3）主体要件为年满 16 周岁并且精神正常。根据 2002 年 7 月 8 日最高人民检察院《关于单位有关人员组织实施盗窃行为如何适用法律问题的批复》，单位有关人员为谋取单位利益组织实施盗窃行为，情节严重的，应当以盗窃罪追究直接责任人员的刑事责任。如果是行为人利用职务之便实施的窃取单位的财产的，不构成盗窃罪，而应该视行为人的主体身份，可能依法构成贪污罪或者职务侵占罪。

（4）主观要件是直接故意，并具有非法占有公私财物的目的。这里的"非法占有"包括据为己有、赠送他人等处置方法。如果行为人没有非法占有的目的，如未经物主同意擅自借用，用完归还的；私自使用代人保存的钱物，用后偿还的；或者误将公私财物当作自己的财物而拿走的，都不能构成本罪。行为人在行为时必须认为自己非法取财的行为为被害人所不知，明知被害人知晓而非法取财则不能构成盗窃罪。

根据《刑法》第 265 条的规定，盗接他人通信线路、复制他人电信号码或者明知是盗接、复制电信设备、设施而使用的，必须以牟利为目的，才按照盗窃罪定罪处罚。根据最高人民法院《关于审理盗窃案件具体应用法律若干问题的解释》的规定，所谓"以牟利为目的"，是指为了出售、出租、自用、转让等谋取经济利益的。

（二）盗窃罪的刑事责任

《刑法》第 264 条根据盗窃罪的不同数额和情节规定了 3 个量刑的档次：

（1）犯盗窃罪的，处 3 年以下有期徒刑、拘役或者管制，并处或者单处罚金；

（2）数额巨大或者情节严重的，处 3 年以上 10 年以下有期徒刑，并处罚金或者没收财产；

（3）数额特别巨大或者有其他特别严重情节的，处 10 年以上有期徒刑或者无期徒刑，并处罚金或者没收财产。

根据 2013 年《最高人民法院、最高人民检察院关于办理盗窃刑事案件适用法律若干问题的解释》第 12 条规定，"盗窃未遂，具有下列情形之一的，应当依法追究刑事责任：（1）以数额巨大的财物为盗窃目标的；（2）以珍贵文物为盗窃目标的；（3）其他情节严重的情形。盗窃既有既遂，又有未遂，分别达到不同量刑幅度的，依照处罚较重的规定处罚；达到同一量刑幅度的，以盗窃罪既遂处罚。"第 13 条规定，"单位组织、指使盗窃，符合刑法第 264 条及本解释有关规定的，以盗窃罪追究组织者、指使者、直接实施者的刑事责任。"

第二节　毁坏型侵犯财产罪

本节阐述故意毁坏财物罪和破坏生产经营罪，这两个罪都可能破坏科技法律秩序，因而属于科技犯罪。

一、故意毁坏财物罪

故意毁坏财物罪，是指故意毁灭或者损坏公私财物，数额较大或者有其他严重情节的行为。

本罪的犯罪构成：

客体要件是公私财产所有权。犯罪对象是各种公私财物。但是如果破坏的是法律有特别规定的公私财物，侵犯了其他客体，如电力设备、公用电信设施等，就不构成本罪，而是构成其他犯罪。

客观要件为毁坏公私财物，数额较大或者有其他严重情节的行为。这里的

"毁坏"，是指毁灭和损坏，也就是使公私财物遭到破坏，使其价值或者使用价值全部或者部分丧失。毁坏的方法多种多样，但如果使用放火、爆炸等危险方法，并足以危及公共安全的，则应以放火罪、爆炸罪等危害公共安全罪论处。毁坏公私财物必须达到数额较大或者有其他严重情节的，才构成犯罪。2008 年《最高人民检察院、公安部关于公安机关管辖的刑事案件立案追诉标准的规定（一）》第 33 条规定，"故意毁坏公私财物，涉嫌下列情形之一的，应予立案追诉：（1）造成公私财物损失 5000 元以上的；（2）毁坏公私财物三次以上的；（3）纠集三人以上公然毁坏公私财物的；（4）其他情节严重的情形。"

主体要件是年满 16 周岁并且精神正常。任何具备犯罪主体条件的人，包括科技工作人员（研发人员和管理人员），也可构成本罪。

主观要件是犯罪故意，犯罪目的是毁坏公私财物。犯罪动机可以是报复、泄愤等。动机不影响犯罪的成立。

本罪的刑事责任

《刑法》第 275 条规定，犯本罪的，处 3 年以下有期徒刑、拘役或者罚金；数额巨大或者有其他特别严重情节的，处 3 年以上 7 年以下有期徒刑。

二、破坏生产经营罪

破坏生产经营罪，是指由于泄愤报复或者其他个人目的，毁坏机器设备、残害耕畜或者以其他方法破坏生产经营的行为。

本罪的犯罪构成是：

客体要件，既包括公私财产所有权，也包括生产经营活动的正常秩序。所谓"生产经营活动"，是指一切生产、流通、交换、分配环节中的正常生产和经营行为。既包括国有、集体单位的生产经营活动，也包括中外合资、中外合作、外商独资企业以及私营企业、个体户的生产经营活动。犯罪对象是在生产经营中正在使用的，与生产经营活动直接相关的机器设备、牲畜和其他设备、用具。客观要件是毁坏机器、残害耕畜或者以其他方法破坏生产经营的行为。所谓"其他方法"是指毁坏机器、残害耕畜以外任何破坏生产经营的方法，如切断电缆、毁坏庄稼、破坏水源等等。2008 年《最高人民检察院、公安部关于公安机关管辖的刑事案件立案追诉标准的规定（一）》第 34 条规定，"由于泄愤报复或者其他个人目的，毁坏机器设备、残害耕畜或者以其他方法破坏生产经营，涉嫌下列情形之一的，应予立案追诉：（1）造成公私财物损失五千元以上的；（2）破坏生产经营三次以上的；（3）纠集三人以上公然破坏生产经营的；（4）其他破坏生产经营应予追究刑事责任的情形。"

主体要件是年满 16 周岁并且精神正常。任何具备犯罪主体条件的人，包括科技工作人员（研发人员和管理人员），也可构成本罪。

主观要件是犯罪故意，并且具有泄愤报复或者其他个人目的。

本罪的刑事责任

《刑法》第 276 条规定，犯本罪的，处 3 年以下有期徒刑、拘役或者管制；情节严重的，处 3 年以上 7 年以下有期徒刑。

R eferences 主要参考文献

1. 蔡道通:《经济犯罪"兜底条款"的限制解释》,《国家检察官学院学报》,2016 年第 3 期。

2. 蔡军:《刍议入罪慎行与严密法网二律背反之化解》,《江西社会科学》,2013 年第 6 期。

3. 藏冬斌:《刑法保障机能与保护机能的立法调整和司法实现》,《法学家》,2002 年第 3 期。

4. 曹昌祯:《科技法学——新兴法律交叉学科》,《科技与法律》,2007 年第 1 期。

5. 曾粤兴、于涛:《刑罚的伦理分析》,《法治研究》,2011 年第 8 期。

6. 陈家林:《刑法中的构成要件保护范围理论研究》,《湖南社会科学》,2015 年第 2 期。

7. 陈乃蔚:《关于完善我国技术移转法律制度的若干思考》,《信息网络与高新技术法律前沿 (2005)》,2005 - 06 - 01,中国会议。

8. 陈世伟:《三大法系违法性认识比较研究》,《河北法学》,2006 年第 3 期。

9. 陈伟:《刑事立法的政策导向与技术制衡》,《中国法学》,2013 年 3 期。

10. 陈晓明:《风险社会之刑法应对》,《法学研究》,2009 年第 6 期。

11. 陈兴良:《构成要件:犯罪论体系核心概念的反拨与再造》,《法学研究》,2011 年第 2 期。

12. 陈兴良:《四要件犯罪构成的结构性缺失及其颠覆》,《现代法学》,2009 年第 6 期。

13. 陈兴良:《社会危害性理论——一个反思性检讨》,《法学研究》,2000 年第 1 期。

14. 陈泽宪、李少平、黄京平主编：《当代中国的社会转型与刑法调整》，中国公安大学出版社 2013 年版。

15. 陈泽宪：《关于我国刑法学研究转型的思考》，《法学研究》，2013 年第 1 期。

16. 陈忠林：《现行犯罪构成理论共性比较》，《现代法学》，2010 年第 1 期。

17. 陈忠林：《刑法散得集Ⅱ》，重庆：重庆大学出版社，2012 年版。

18. 储槐植、高维俭：《犯罪构成理论结构比较论略》，《现代法学》，2009 年第 6 期。

19. 戴玉忠、刘明祥主编：《犯罪与行政违法行为的界限及惩罚机制的协调》，北京大学出版社 2008 年版。

20. 邓子滨：《犯罪论的体系更迭与学派之争》，《法学研究》，2013 年第 1 期。

21. 董邦俊：《环境法与环境刑法衔接问题思考》，《法学论坛》，2014 年第 2 期。

22. 董玉庭：《违规使用科研经费引发贪污犯罪》，《中国社会科学报》，2012 年 2 月 1 日。

23. 段启俊：《重大环境污染事故犯罪的立法完善》，《学术界》，2008 年第 2 期。

24. 段瑞春：《创新与法治——新常态、新视野、新探索》，中国政法大学出版社 2016 年版。

25. 段瑞春：《科技与法律：现代文明的双翼——中国科学技术法学 25 年（1985—2010）》，中国科学技术出版社 2010 年版。

26. 樊文：《犯罪控制的惩罚主义及其效果》，《法学研究》，2011 年第 3 期。

27. 方泉：《犯罪论体系的演变》，中国人民公安大学出版社 2008 年版。

28. 冯军：《犯罪化的思考》，《法学研究》，2008 年第 3 期。

29. 冯军："环境犯罪三元化制裁体系之建构"，《河北大学学报（哲社版）》，2015 年第 4 期。

30. 冯卫国：《刑法中不作为之作为义务来源再探讨》，《法治研究》，2011 年第 6 期。

31. 冯亚东：《犯罪构成本体论》，《中国法学》，2007 年第 4 期。

32. 付立庆：《犯罪概念的分层含义与阶层犯罪论体系的再宣扬》，《法学评论》，2015 年第 2 期。

33. 付立庆：《犯罪构成理论》，法律出版社 2010 年版。

34. 高铭暄：《对主张以三阶层犯罪成立体系取代我国通行犯罪构成理论者的回应》，《刑法论丛》，2009 年第 3 卷。

35. 高铭暄：《关于中国刑法学犯罪构成理论的思考》，《法学》，2010 年第 2 期。

36. 高维俭：《刑法情节的基本概念与适用规范探究》，《人民检察》，2009 年第 1 期。

37. 高艳东：《刑事可罚根据论纲》，西南政法大学 2005 届博士学位论文。

38. 郭泽强：《主观主义与中国刑法关系论纲》，《环球法律评论》，2005 年第 4 期。

39. 韩轶：《我国累犯制度立法之完善》，《法商研究》，2006 年第 3 期。

40. 何秉松主编：《刑法教科书（上卷）》（修订版），中国法制出版社 2000 年版。

41. 何立荣等：《风险刑法正当性探析》，《社会科学家》，2013 年第 11 期。

42. 何敏：《新"人本理念"与职务发明专利制度的完善》，《法学》，2012 第 9 期。

43. 何敏：《知识产权客体新论》，《中国法学》，2014 年第 6 期。

44. 何荣功：《经济自由与经济刑法正当性的体系思考》，《法学评论》，2014 年第 6 期。

45. 何荣功：《经济自由与刑法理性：经济刑法的范围界定》，《法律科学》，2014 年第 3 期。

46. 何悦：《科技法学》，法律出版社 2009 年版。

47. 侯艳芳：《环境资源犯罪常规性治理研究》，北京大学出版社 2017 年版。

48. 胡学相等：《对人身危险性理论的反思》，《中国刑事法杂志》，2013 年第 9 期。

49. 黄华生：《两极化刑事政策之批判》，《法律科学》，2008 年第 6 期。

50. 黄京平：《修正后刑法及相关司法解释的溯及力判断规则》，《中国检察官》，2016 年第 7 期。

51. 黄明儒：《我国有关行政犯性质的学说及评析》，《国家检察官学院学报》，2004 年第 6 期。

52. 黄伟明：《论刑罚本位立场之倡导》，《法治研究》，2013 年第 2 期。

53. 黄武双：《美国商业秘密保护法的不可避免泄露规则及对我国的启示》，《法学》，2007 年第 8 期。

54. 黄晓亮：《论间接结果及其扩张刑罚功能之限制》，《法商研究》，2016 年第 2 期。

55. 贾济东、赵秉志："我国犯罪构成理论体系之完善"，《法商研究》，2014 年第 3 期。

56. 贾凌：《刑事一体化问题研究述评》，《刑法论丛》，2009 年第 4 卷。

57. 贾学胜：《美国对环境犯罪的刑法规制及其启示》，《暨南学报》，2014 年第 4 期。

58. 贾宇、舒洪水：《论行政刑罚》，《中国法学》，2005 年第 1 期。

59. 贾宇等：《论法定犯罪目的的实质》，《法律科学》，2010 年第 4 期。

60. 将兰香等：《环境刑法的效率分析》，中国政法大学出版社 2011 年版。

61. 姜明安：《行政法》，北京大学出版社高等教育出版社 2005 年版。

62. 蒋坡、陈乃蔚、刘晓海、王迁、芦琦、朱国华：《加强科技法学学科建设纵横论》，《科技与法律》，2007 年第 1 期。

63. 蒋坡：《科技法学理论与实践》，上海人民出版社 2009 年版。

64. 焦旭鹏：《风险刑法的基本立场》，法律出版社 2014 年版。

65. 金泽刚：《论结果加重犯的因果关系》，《东方法学》，2013 年第 4 期。

66. 柯耀成：《变动中的刑法思想》，中国政法大学出版社 2003 年版。

67. 赖早兴："英美法系国家犯罪构成要件之辨正及其启示"，《法商研究》，2007 年第 4 期。

68. 劳东燕：《公共政策与风险社会的刑法》，《中国社会科学》，2007 年第 3 期。

69. 黎宏："我国犯罪构成体系不必重构"，《法学研究》，2006 年第 1 期。

70. 黎宏：《刑法学总论》，法律出版社 2016 年版。

71. 李邦友等：《行为犯既遂后中止探讨》，《中国刑事法杂志》，2009 年第 10 期。

72. 李恩慈："刑事责任的二元评价"，《法学杂志》，2005 年第 5 期。

73. 李风梅："刑法立法拟制研究"，《北京师范大学学报》，2013 年第 4 期。

74. 李光禄、牛忠志：《科技法理论与实务热点问题研究》，中国社会科学出版社 2007 年版。

75. 李洁：《中国犯罪构成理论体系构建基本思路论纲》，《南京大学法律评论》，2009 年第 1 卷。

76. 李兰英等：《风险社会的刑法调适》，《河北法学》，2012 年第 4 期。

77. 李立众：《期待可能性理论研究诸失误之匡正》，《现代法学》，2004 年第 6 期。

78. 李林：《风险社会背景下我国危险犯立法趋势研究》，《东北大学学报》，2012 年第 2 期。

79. 李卫红：《现实与逻辑演绎的刑事政策》，《法学评论》，2012 年第5 期。

80. 李翔：《论刑法修正与刑罚结构调整》，《华东政法大学学报》，2016 年第 4 期。

81. 李晓明：《论刑法与行政刑法的并立》，《法学杂志》，2017 年第 2 期。

82. 李永升、朱建华主编：《经济犯罪学》，法律出版社 2012 年版。

83. 李玉香等：《规制学术不当行为的比较分析和借鉴》，《科技与法律》，2016 年第 4 期。

84. 利子平、章洁：《刑事禁止令之性质探究》，《南昌工程学院学报》，2015 年第 5 期。

85. 梁根林：《犯罪论体系与刑法学科建构》，《法学研究》，2013 年第1 期。

86. 梁根林主编：《刑法体系与犯罪构造》，北京大学出版社 2016 年版。

87. 林维：《刑法中从业禁止研究》，《江西警察学院学报》，2016 年第1 期。

88. 林亚刚：《危害行为若干争议问题研究》，《河北法学》，2013 年第8 期。

89. 刘德法等：《论多次犯》，《法治研究》，2011 年第 9 期。

90. 刘广三、庄乾龙：《对犯罪构成刑事推定功能的质疑》，《中国刑事法杂志》，2011 年第 7 期。

91. 刘军：《该当与危险：新型刑罚目的对量刑的影响》，《中国法学》，2014 年第 2 期。

92. 刘明祥：《不能用行为共同说解释我国刑法中的共同犯罪》，《法律科学》，2017 年第 1 期。

93. 刘明祥：《论我国刑法不采取共犯从属性说及利弊》，《中国法学》，2015 年第 2 期。

94. 刘仁文、焦旭鹏：《风险刑法的社会基础》，《法学论坛》，2014 年第3 期。

95. 刘仁文：《宽严相济的刑事政策研究》，《当代法学》，2008 年第 1 期。

96. 刘士心：《论可罚的违法性》，《中国刑事法杂志》，2009 年第 3 期。

97. 刘士心：《刑法中的行为理论研究》，人民出版社 2012 年出版。

98. 刘霜：《论我国刑法中行为结构层次理论的构建》，《河南大学学报》，2006 年第 5 期。

99. 刘宪权：《刑事立法应力戒情绪》，《法学评论》，2016 年第 1 期。

100. 刘宪权等：《论刑法中法律拟制的法理基础》，《苏州大学学报》，2014年第 4 期。

101. 刘孝敏：《法益的体系性位置与功能》，《法学研究》，2007 年第 1 期。

102. 刘艳红等：《犯罪行为与犯罪人格的关系：或联说之提倡》，《法学评论》，2010 年第 6 期。

103. 刘艳红：《实质犯罪论》，中国人民大学出版社，2014 年版。

104. 刘瑛：《知识产权法律服务平台的创新探索》，《科技与法律》，2010年第 10 期。

105. 刘远：《规范 vs 法益：基于〈刑法〉第 13 条的司法逻辑分析》，《甘肃政法学院学报》，2011 年第 3 期。

106. 刘之雄：《论犯罪构成的情节要求》，《法学评论》，2003 年第 1 期。

107. 刘志伟：《〈刑法修正案（九）〉的犯罪化立法问题》，《华东政法大学学报》，2016 年第 2 期。

108. 柳忠卫：《刑事政策视野中犯罪未完成形态立法模式的理性建构》，《法学家》，2012 年第 3 期。

109. 楼佰坤：《论犯罪行为系统化研究的范围与方法》，《江汉论坛》，2015年第 5 期。

110. 芦琦：《科技法学：广域学科背景下的概念研究》，《科技与法律》，2008 年第 4 期。

111. 卢建平：《犯罪门槛下降及其对刑法体系的挑战》，《法学评论》，2014年第 6 期。

112. 卢建平：《宽严相济与刑法修正》，《清华法学》，2017 年第 1 期。

113. 卢勤忠：《程序性构成要件要素概念的提倡》，《法律科学》，2016 年第 6 期。

114. 陆诗忠：《论抽象危险犯理论研究中的若干认识误区》，《河南大学学报（社会科学版）》，2016 年第 3 期。

115. 罗玉中：《科技法学》，华中科技大学出版社 2005 年版。

116. 吕凯等：《科技创新时代我国网络著作权保护的现状分析与对策研究》，《科学管理研究》，2013 年第 6 期。

117. 吕忠梅：《〈环境保护法〉的前世今生》，《政法论丛》，2014 年第 5 期。

118. 马克昌：《比较刑法原理——外国刑法学总论》，武汉大学出版社 2002年版。

119. 马荣春：《犯罪论体系的甄别：人权性、构造性与统领性》，《东方法学》，2016 年第 3 期。

120. 马松建等：《新形势下我国环境危险犯立法探析》，《中州学刊》，2013年第 8 期。

121. 马治国：《西部知识产权保护战略》，知识产权出版社 2007 年版。

122. 马治国：《中国科技法律问题研究》，陕西人民出版社 2001 年版。

123. 马忠法：《国际技术转让法律制度理论与实务研究》，法律出版社 2007年版。

124. 梅传强：《犯罪心理学研究的核心问题——刑事责任的心理基础》，《现代法学》，2003 年第 2 期。

125. 莫洪宪、彭文华：《德、日犯罪论体系之利弊分析》，《刑法论丛》，2009 年第 3 卷。

126. 莫洪宪：《犯罪论构造应注重的规范性要素》，《湖北警官学院学报》，2007 年第 1 期。

127. 莫开勤等：《无被害人犯罪研究》，《保定学院学报》，2015 年第 5 期。

128. 聂立泽："结果加重犯罪责关系新论"，《河南社会科学》，2011 年第6 期。

129. 牛忠志：《论犯罪本质的义务违反说优越于法益说》，《法学论坛》，2014 年第 1 期。

130. 牛忠志：《论科技法在我国法律体系中的部门法地位》，《科技与法律》，2007 年第 5 期。

131. 欧锦雄：《犯罪的定义对犯罪构成边界之限制》，《法商研究》，2016年第 2 期。

132. 欧锦雄：《复杂疑难案件下犯罪构成理论的优劣比对》，《中国刑事法杂志》，2011 年第 3 期。

133. 欧阳本祺：《犯罪构成体系的价值评价：从存在论走向规范论》，《法学研究》，2011 年第 1 期。

134. 潘教峰：《新科技革命与三元融合社会——关于雄安新区建设的宏观思考》，《中国科学院院刊》，2017 年第 11 期。

135. 彭凤莲：《刑事政策的精神：惩治犯罪与促进社会发展的统一》，《法学杂志》，2012 年第 6 期。

136. 彭文华：《犯罪的价值判断与行为的归罪模式》，《法学》，2016 年第8 期。

137. 彭文华：《犯罪构成论体系的逻辑构造》，《法制与社会发展》，2014年第 4 期。

138. 齐文远：《刑法应对社会风险之有所为与有所不为》，《法商研究》，2011 年第 4 期。

139. 齐文远：《修订刑法应避免过度犯罪化倾向》，《法商研究》，2016 年第 3 期。

140. 钱叶六：《期待可能性理论的引入及限定性适用》，《法学研究》，2016 年第 1 期。

141. 钱叶六：《双层区分制下正犯与共犯的区分》，《法学研究》，2012 年第 1 期。

142. 屈学武：《中国刑法上的罪量要素存废评析》，《政治与法律》，2013 年第 1 期。

143. 屈耀伦：《试论环境犯罪的刑法完善》，《兰州文理学院学报》，2016 年第 1 期。

144. 曲伶俐：《犯罪化基准论纲》，《法学论坛》，2009 年第 3 期。

145. 曲新久：《区分扩张解释与类推适用的路径新探》，《法学家》，2012 年第 1 期。

146. 阮方民：《罪刑法定原则司法化的障碍及其克服》，《华东政法学院学报》，2002 年第 6 期。

147. 阮齐林：《中国刑法学犯罪论体系之完善》，《法学研究》，2013 年第 1 期。

148. 石经海：《从极端到理性刑罚个别化的进化及其当代意义》，《中外法学》，2010 年第 6 期。

149. 时建中：《对反价格垄断行政执法机制和体制的延伸思考》，《中国物价》，2013 年第 11 期。

150. 时延安：《刑法调整违反经济规制行为的边界》，《中国人民大学学报》，2017 年第 1 期。

151. 寿步：《互联网市场竞争中滥用市场支配地位行为的认定》，《暨南学报（哲学社会科学版）》，2012 年第 5 期。

152. 寿步：《网络安全法若干基本概念辨析》，《科技与法律》，2017 年第

153. 舒洪水：《危险犯中危险状态的判断》，《法律科学》，2012 年第 5 期。

154. 宋伟：《基因技术的挑战及应对原则》，《科技进步与对策》，2002 年第 3 期。

155. 宋伟：《知识产权管理》，中国科学技术大学出版社 2010 年年版

156. 苏永生：《污染环境罪的罪过形式研究》，《法商研究》，2016 年第 2 期。

157. 孙昌军等：《刑法人格主义的检讨与革新》，《西南政法大学学报》，2006 年第 1 期。

158. 孙国祥：《行政犯违法性判断的从属性和独立性研究》，《法学家》，2017 年第 1 期。

159. 孙万怀：《风险刑法的现实风险与控制》，《法律科学》，2013 年第 6 期。

160. 孙万怀：《违法相对性理论的崩溃》，《政治与法律》，2016 年第 3 期。

161. 孙燕山：《中国社会转型期刑事政策调整特点探析》，《河北学刊》，2014 年第 6 期。

162. 孙玉荣：《科技法学》，北京工业大学出版社 2013 年版，第 10 页。

163. 谭启平、朱涛：《科技法的调整对象重述》，《科技与法律》，2011 年第 2 期。

164. 谭启平、朱涛：《论国家科技计划项目合同的私法属性及制度构建》，《现代法学》，2013 年第 2 期。

165. 唐稷尧，詹坚强：《三阶层犯罪论体系与犯罪构成体系：实证考察下的廓清、反思与借鉴》，《法律科学》，2011 年第 6 期。

166. 陶鑫良、张冬梅：《我国知识产权人才培养与学科建设的沿革回顾与发展建言》，《中国发明与专利》，2018 年第 4 期。

167. 陶鑫良：《我国职务发明立法十个关系问题探讨》，《福建江夏学院学报》，2017 第 4 期。

168. 田宏杰：《行政犯的法律属性及其责任》，《法学家》，2013 年第 3 期。

169. 童德华等：《风险社会的刑法的三个基本面相》，《山东警察学院学报》，2011 年第 3 期。

170. 童伟华、李希慧：《违法性认识在故意犯罪成立中的地位》，《石油大学学报（社会科学版）》，2003 年第 5 期。

171. 童伟华：《日本刑法中违法性判断的一元论与相对论述评》，《河北法学》，2009 年第 11 期。

172. 汪明亮：《过剩犯罪化的道德恐慌视角分析》，《法治研究》，2014 年第 9 期。

173. 王安异：《重申犯罪主体论以人为本的刑法意义》，《中外法学》，2010 年第 3 期。

174. 王充：《论构成要件的属性问题—违法有责类型说的提倡》，《法律科学》，2016 年第 2 期。

175. 王利荣：《犯罪与法律责任的均衡之义》，《法治论丛》，2008 年第 4 期。

176. 王鹏祥：《单位犯罪的立法缺陷及其完善》，《法学杂志》，2009 年第 5 期。

177. 王世洲：《科学界定法益概念指引刑法现代化》，《检察日报》，2018 年 7 月 26 日。

178. 王文华："行政犯罪与行政违法的界定及立法方式"，《东方法学》，2004 年第 4 期。

179. 王秀梅等：《中美白领犯罪之腐败犯罪刑罚适用比较研究》，《法学杂志》2017 年第 7 期。

180. 王政勋：《定量因素在犯罪构成中的地位》，《政法论坛》，2007 年第 4 期。

181. 王政勋：《论客观解释立场与罪刑法定原则》，《法律科学》，2011 年第 1 期。

182. 王志祥，曾粤兴：《修正的犯罪构成理论之辨正》，《法商研究》，2003 年第 1 期。

183. 王志祥：《犯罪构成的定量因素论纲》，《河北法学》，2007 年第 4 期。

184. 王志远：《立体化犯罪成立理论的前序性展开》，吉林大学 2005 届博士学位论文。

185. 魏昌东：《中国经济刑法法益追问与立法选择》，《政法论坛》，2016 年第 6 期。

186. 魏东：《我国传统犯罪构成理论的实质合理性与逻辑自洽性》，《人民检察》，2011 年第 11 期。

187. 吴邠光等：《刑法中的被害人基本理论界定》，《广西社会科学》，2011 年第 3 期。

188. 吴大华等：《风险社会语境下环境犯罪的立法思考》，《政治与法律》，2006 年第 4 期。

189. 吴情树：《治安管理处罚法与刑法的衔接》，《三明学院学报》，2008 年第 1 期。

190. 吴占英：《如何科学解读〈刑法修正案（八）〉第 4 条?》，《政法论丛》，2014 年第 4 期。

191. 夏勇：《风险社会中的风险辨析刑法学研究中风险误区之澄清》，《中外法学》，2014 年第 2 期。

192. 向朝阳：《复合罪过形式理论之合理性质疑》，《法学评论》，2005 年第 3 期。

193. 肖洪：《论刑法的调整对象》，中国检察出版社 2008 年版。

194. 肖中华：《刑法目的及其实践价值》，《法治研究》，2015 年第 5 期。

195. 谢望原、张宝：《论打击错误及其理论选择》，《现代法学》，2015 年第 5 期。

196. 邢志人："经济犯罪明知共犯的解释适用"，《辽宁大学学报》，2015 年第 4 期。

197. 熊永明：《建言增设新罪现象的反思》，《法学论坛》，2015 年第 3 期。

198. 徐岱：《期待可能性的机能：扩张或紧缩》，《吉林大学社会科学学报》，2002 年第 6 期。

199. 徐松林等：《以刑制罪——一种逆向刑事裁判路径》，《法治社会》，2016 年第 2 期。

200. 许发民：《二层次四要件犯罪构成论———兼议正当化行为的体系地位》，《法律科学》，2007 年第 4 期。

201. 许玉秀：《当代刑法思潮》，中国民主法制出版社 2005 年版。

202. 严励：《广义刑事政策视角下的刑事政策横向结构分析》，《北方法学》，2011 年第 3 期。

203. 杨丽娟、陈凡：《论科技法产生和发展的两大文化基石》，《科学学研究》，2004 第 8 期。

204. 杨解君：《行政法与行政诉讼法》，北京：清华大学出版社，2009 年版。

205. 杨兴培：《犯罪构成原论》（修订版），北京：北京大学出版社，2014 年版。

206. 姚建龙：《刑法学总论》，北京大学出版社 2016 年版。

207. 叶良芳：《法条何以会竞合？》，《法律科学》，2014 年第 1 期。

208. 易继明：《中国科技法学年刊》，北京大学出版社 2008 年版。

209. 易继明等：《科技法学》，高等教育出版社 2006 年版。

210. 阴建峰：《论共同过失犯罪》，《山东公安专科学校学报》，2001 年第 6 期。

211. 应松年：《行政法与行政诉讼法（第二版）》，法律出版社，2009 年版。

212. 游伟等：《论行政犯的相对性及其立法问题》，《法学家》，2008 年第 6 期。

213. 于阜民等：《海洋生态损害行为刑事责任论》，《当代法学》，2009 年第 3 期。

214. 于改之等："刑事立法：在目的和手段之间"，《现代法学》，2016 第 2 期。

215. 于改之：《法域冲突的排除：立场、规则与适用》，《中国法学》，2018 第 4 期。

216. 于世忠：《缓刑的执行及其机制的完善》，《行政与法》，2002 年第 5 期。

217. 于志刚：《从业禁止制度的定位与资格限制、剥夺制度的体系化》，《法学评论》，2016 年第 1 期。

218. 于志刚：《犯罪的规范性评价和非规范性评价》，《政法论坛》，2011 年第 2 期

219. 袁彬：《刑法与相关部门法的关系模式及其反思》，《中南大学学报（社会科学版）》，2015 年第 1 期。

220. 袁林等：《用刑法替代劳教制度的合理性质疑》，《法商研究》，2014 年第 6 期。

221. 张爱艳：《刑事责任能力本质之新解》，《兰州学刊》，2011 年第 5 期。

222. 张福德：《美国环境犯罪严格刑事责任的演化与评析》，《北方法学》，2013 年第 1 期。

223. 张森等：《数罪并罚原则及方法辨析》，《河南师范大学学报》，2009 年第 3 期。

224. 张明楷：《实质解释论的再提倡》，《中国法学》，2010 年第 4 期。

225. 张明楷：《刑法学（上）、（下）》（第五版），法律出版社 2016 年版。

226. 张明楷：《新刑法与法益侵害说》，《法学研究》，2000 年第 1 期。

227. 张平：《专利联营之反垄断规制分析》，《现代法学》，2007 年第 3 期。

228. 张平等：《我国高校专利技术转化现状、问题及发展研究》，《中国高教研究》，2011 年第 12 期。

229. 张绍谦：《〈刑法修正案（八）〉对我国刑罚制度的修改与补充》，《中州学刊》，2011 年第 3 期。

230. 张天虹：《量刑公正及判断标准》，《法学杂志》，2011 年第 2 期。

231. 张文显：《法理学》（第四版），北京大学出版社高等教育出版社 2013 年版。

232. 张霞、周文升：《中外环境犯罪形态与因果关系认定之比较》，《山东社会科学》，2013 年第 9 期。

233. 张心向：《犯罪构成之三维形态解读》，《法学杂志》，2011 年第 4 期。

234. 张旭、顾阳：《行政犯罪中刑事责任与行政责任聚合之处断规则》，《辽宁大学学报（哲学社会科学版）》，2012 年第 3 期。

235. 张永红：《我国犯罪构成要件的新表述》，《甘肃政法学院学报》，2007年第3期。

236. 张远煌：《宽严相济刑事政策时代精神解读》，《江苏警官学院学报》，2008年第2期。

237. 张智辉等："行政处罚与刑事处罚的衔接"，《人民检察》，2010年第9期。

238. 张智辉、洪流：《论让人身自由罚回归刑事司法体系》，《湘潭大学学报（哲学社会科学版）》，2018年第4期。

239. 赵丙贵：《结果加重犯的本然、实然和应然》，《当代法学》，2019年第1期。

240. 赵秉志、彭文华：《文化模式与犯罪构成模式》，《法学研究》，2011年第5期。

241. 赵秉志、王志祥：《中国犯罪构成理论的发展历程与未来走向》，《刑法论丛》，2009年第3卷·总第19卷。

242. 赵秉志：《论犯罪构成要件的逻辑顺序》，《政法论坛（中国政法大学学报）》，2003年第6期。

243. 赵微、王昭振：《有组织犯罪界定及其组织行为实行行为化》，《法学家》，2008第6期。

244. 赵星：《再论违法性认识》，《法学论坛》，2016年第6期。

245. 郑丽萍：《轻罪重罪之法定界分》，《中国法学》，2013年第2期。

246. 周光权：《犯罪构成四要件说的缺陷：实务考察》，《现代法学》，2009年第6期。

247. 周光权：《犯罪构成要件理论的论证及其长远影响》，《政治与法律》，2017年第3期。

248. 周少华：《刑法规范的语言表达及其法治意义》，《政治与法律》，2016年第4期。

249. 周详：《四要件与三阶层犯罪论体系共生论》，《中外法学》，2012年第3期。

250. 周佑勇等：《行政执法与刑事执法相衔接的程序机制研究》，《东南大学学报》，2008年第1期。

251. 周长军：《犯罪论体系的程序向度：研究误区与理论反思》，《清华法学》，2008年第3期。

252. 周长军：《刑法教义学与犯罪论体系的分野》，《政法论丛》，2009年第3期。

253. 朱建华等：《不作为犯之归责问题初探》，《南昌大学学报（人文社科版）》，2014 年第 5 期。

254. 朱雪忠：《辨证看待中国专利的数量与质量》，《中国科学院院刊》，2013 第 4 期。

255. 左坚卫：《论现代企业制度对防控企业刑事风险的价值》，《云南社会科学》，2016 年 4 期。

256. ［德］汉斯·海因里希·耶塞克、托马斯·魏根特著：《德国刑法教科书（总论）》，徐久生译，中国法制出版社，2001 年版。

257. ［德］克劳斯·罗克辛：《德国刑法学总论（第 1 卷）》，王世洲译，法律出版社 2005 年版。

258. ［德］李斯特、施密特：《德国刑法教科书》，徐久生译，法律出版社 2006 年版。

259. ［德］乌尔斯·金德霍伊泽尔：《刑法总论教科书》，蔡贵生译，北京大学出版社 2015 年版。

260. ［日］大谷实：《刑法讲义总论》（新版第 2 版），黎宏译，中国人民大学出版社 2008 年版。

261. ［日］前田雅英：《刑法总论讲义》，曾文科译，北京大学出版社 2017 年版。

262. ［日］山口厚：《刑法总论》，付立庆译，中国人民大学出版社 2018 年版。

263. ［日］野村稔：《刑法总论》，全理其、何力译，法律出版社 2011 年版。

264. ［英］J. C. 史密斯，B. 霍根：《英国刑法》，李贵芳等译，法律出版社 2000 年版。

265. See A. P. Simester and G. R. Sullivan, Criminal Law Theory and Doctrine, Second Edition , Hart Publishing 2004, p167.

266. Paul H. Robinson, The Role of Moral Philosophers in the Competition Between Deontological and Empirical Desert, WM. &MAPY law Review 48, 2007.

267. Paul. Stookes, A practical approach to environmental law. York: Oxford University Press, 2009.

268. Birnbaum, Uber das Erfrdemis einer Rechtsverletzung zum Begriff des Verbrechens usw. , in: Archiv des Criminalrechts, Neue Folge, Bd. 15 (1834), 149ff.